Carsten Zelle (Hrsg.)

Allgemeine Literaturwissenschaft

Carsten Zelle (Hrsg.)

Allgemeine Literaturwissenschaft

Konturen und Profile im Pluralismus

Westdeutscher Verlag

Die Deutsche Bibliothek – CIP-Einheitsaufnahme

Allgemeine Literaturwissenschaft : Konturen und Profile im Pluralismus / Carsten Zelle (Hrsg.). – Opladen : Westdt. Verl., 1999

Der Westdeutsche Verlag ist ein Unternehmen der Bertelsmann Fachinformation GmbH.

http://www.westdeutschervlg.de

Höchste inhaltliche und technische Qualität unserer Produkte ist unser Ziel. Bei der Produktion und Verbreitung unserer Bücher wollen wir die Umwelt schonen: Dieses Buch ist auf säurefreiem und chlorfrei gebleichtem Papier gedruckt. Die Einschweißfolie besteht aus Polyäthylen und damit aus organischen Grundstoffen, die weder bei der Herstellung noch bei der Verbrennung Schadstoffe freisetzen.

Umschlaggestaltung: Christine Huth, Wiesbaden

ISBN 978-3-531-12933-4 ISBN 978-3-322-93525-0 (eBook)
DOI 10.1007/978-3-322-93525-0

Inhalt

Vorbemerkung

Carsten Zelle

Die Allgemeine Literaturwissenschaft ist ein von Natur aus 'labiles' Fach zwischen den Nationalphilologien, den Feldern traditioneller Literaturphilosophie bzw. Ästhetik und den neuen Medienwissenschaften. Die besondere „Labilität"[1] der Allgemeinen Literaturwissenschaft im Fächersystem wird ergänzt von einem ungeklärten Verhältnis zur Komparatistik. Das Verhältnis von Allgemeiner und Vergleichender Literaturwissenschaft schwankt trotz der geläufigen institutionellen Doppeldenomination.

Im Zuge seiner Unterscheidung von monoliteraler Nationalliteratur („Littérature nationale"), biliteraler Komparatistik („Littérature comparée") und polyliteraler Allgemeiner Literaturwissenschaft („Littérature générale") betrachtete Paul Van Tieghem letztere quasi als Telos und Krönung literaturwissenschaftlicher Arbeit.[2] Die Kritik an der falschen Konzeption einer eigenständigen Nationalliteratur im Namen eines europäischen Literaturensembles der Themen, Topoi, Formen und Gattungen führte dagegen bei René Wellek dazu, die Grenzen zwischen Komparatistik und Allgemeiner Literaturwissenschaft als „fließend" zu bezeichnen und den übergreifenden Begriff „'Literaturwissenschaft'" zu favorisieren.[3] Gerade die von Wellek als „zwangsläufig" herausgestellten Überschneidungen mit der Komparatistik führten jedoch auch zu dem Vorschlag, den Ausdruck 'Allgemeine Literaturwissenschaft' möglichst ganz zu vermeiden: „Zu viele Köpfe stellen sich [...] zu Unterschiedliches darunter vor."[4]

Als Lehre von den Prinzipien und Methoden der wissenschaftlichen Literaturbetrachtung ist die Allgemeine Literaturwissenschaft integraler Teil der Vergleichenden Literaturwissenschaft ebenso wie jeder einzelsprachlichen Philologie.[5] Ein solcher Versuch, AL inhaltlich zu fixieren und disziplinär zu situieren, veranschaulicht sogleich die prekäre Lage, in der sich begibt, wer Konturen und Profile des Fachs diskutieren will in einem Moment, in dem die Anrainerdisziplinen — je nach Sichtweise — in Bewegung bzw. in die Krise geraten sind, und zwar durch

---

1 Wilfried Barner: „Das Besondere des Allgemeinen. Zur Lage der Allgemeinen Literaturwissenschaft aus der Sicht eines 'Neugermanisten'". In: *Die sog. Geisteswissenschaften. Innenansichten.* Hg. Wolfgang Prinz, Peter Weingart. Frankfurt am Main 1990, 189-203, hier: 190.

2 Paul Van Tieghem: *La littérature comparée.* Paris 1931, 175.

3 René Wellek: „Die Theorie der Vergleichenden Literaturwissenschaft" [engl. 1953]; abgedr. in: *Vergleichende Literaturwissenschaft.* Hg. Hans Norbert Fügen. Düsseldorf, Wien 1973, 101-107, hier: 106.

4 Henry H. H. Remak: „Definition und Funktion der Vergleichenden Literaturwissenschaft" [1961, [2]1971]. In: *Komparatistik. Aufgaben und Methoden.* Hg. Horst Rüdiger. Stuttgart, Berlin, Köln, Mainz 1973, 11-54, hier: 23.

5 Vgl. Horst Oppel: „Zur Situation der Allgemeinen Literaturwissenschaft". In: *Die Neueren Sprachen* N.F. 2 (1953), 4-17, hier: 4, und Dietrich Scheunemann: „Komparatistik". In: *Erkenntnis der Literatur.* Hg. Dietrich Harth, Peter Gebhardt. Stuttgart 1982, 228-242, hier: 238.

wechselnde Theorievorgaben seit der 'Methodendiskussion' einerseits, eine mehrfache (interkulturell, -textuell und -medial) Erweiterung des Literaturbegriffs seit den frühen 70er Jahren (sowie eine damit verbundene 'Verwissenschaftlichung' der Literaturbetrachtung) andererseits. Für keinen der im ersten Satz dieses Absatzes genannten Begriffe wäre heute wohl unter Fachvertretern leicht Konsens zu erzielen, z.B. darüber, ob hermeneutische Praktiken wie Textauslegung oder Interpretation, literaturgeschichtliche Gelehrsamkeit oder Literaturkritik ('criticism') als Formen *wissenschaftlicher* Literaturbetrachtung passieren dürften. Szientifisch ausgerichtete Literaturwissenschaftler würden wohl in allen drei Fällen negativ votieren.

Nun ist freilich die Krise im allgemeinen die normale zeitliche Verlaufsform der Moderne und die Krise der Literaturwissenschaft im besonderen ihr permanenter, d.h. wissenschaftliche Innovation und geistige Regsamkeit indizierender Zustand. Bereits die früheste literaturwissenschaftsgeschichtliche Bestandsaufnahme stellte „das Dickicht der prinzipiellen, methodologischen und sachlichen Meinungsverschiedenheiten in der gegenwärtigen Literaturforschung" fest und konstatierte mit Blick auf die Germanistik: „Das Bild, das die deutsche Literaturforschung der Gegenwart [...] darbietet, ist [...] Chaos."[6] Das war 1928.

Interdisziplinäre Öffnungen, Gegenstandserweiterungen, Methodenpluralismus etc. und eine daraus folgende Unübersichtlichkeit sind keineswegs neu bzw. Spezifika der gegenwärtigen Situation der Literaturwissenschaft oder gar ihr „postmodernes" Symptom. Krisen — sei es „The Crisis of Comparative Literature", d.h. die Debatte über den französischen oder amerikanischen Weg in der Vergleichenden Literaturwissenschaft der 50er/60er Jahre, sei es die „Krise der Germanistik", die DIE ZEIT 1997 ironischerweise durch die Auflösung der Disziplin für beendet erklärt hat — sind Zeichen intensiver Diskussionsfreude und beschleunigter Fachevolution, für die — das ist freilich richtig — curriculare Strukturen zu finden sind, damit die Forschungsdynamik sich nicht in studentischer Orientierungslosigkeit rächt.

Gerade hat *arcadia*. Zeitschrift für Allgemeine und Vergleichende Literaturwissenschaft das humanistische „'One world'-Programm" ihrer Gründerjahre über Bord geworfen und die traditionelle Konzentration auf den westlichen Kanon zugunsten des „Kulturvergleichs" bzw. einer „cultural study of literature" eingetauscht: „Diese Öffnung muß *jetzt* erfolgen."[7] Der dramatische Gestus solcher Öffnungen, der den Vorgaben der amerikanischen Diskussion im Anschluß an den *Bernheimer-Report* („We feel that comparative literature is at a *critical* [Herv. C.Z.] junction in its history."[8]) sowie der sozial- und kulturwissenschaftlichen Option in den benachbarten Einzel- bzw. Nationalphilologien (etwa der Germanistik)

---

6 Oskar Benda: *Der gegenwärtige Stand der deutschen Literaturwissenschaft. Eine erste Einführung in die Problemlage*. Wien, Leipzig 1928, 5 und 59.

7 *arcadia* 31 (1996), H.1/2 (Thema: „Kulturkonflikte in Texten"), Editorial, III f.; vgl. *arcadia* 33 (1998), H. 1 (Thema: „Literature and Cultural History/Literatur und Kulturgeschichte"), Introduction/Einleitung, 1-7, bes. 1.

8 „The Bernheimer Report, 1993. Comparative Literature at the Turn of the Century". In: *Comparative Literature in the Age of Multiculturalism*. Ed. Charles Bernheimer. Baltimore, London 1995, 39-48, hier: 47.

folgt, sollte jedoch nicht darüber hinwegtäuschen, daß die Alternative zwischen extrinsischem und intrinsischem Theorieansatz stets kontrovers diskutiert worden ist. Mit der kulturvergleichenden Öffnung hat — sehr überspitzt formuliert — zuletzt doch die 'französische Stunde' (Claudio Guillén) in der Vergleichenden Literaturwissenschaft geschlagen. Denn Welleks Abgrenzung gegenüber den Komparatisten der Sorbonne mit ihrem literaturwissenschaftlichen „Außenhandel" der 'rapports' stand nicht nur im Zeichen von Literaturtheorie, Literaturkritik und Allgemeiner Literaturwissenschaft („Literatur ist etwas Unteilbares [...]."). Vielmehr basierte Welleks Kontraposition auf einem *engen* Begriff der Literatur („literariness"), mit dem er der Gefahr entgehen wollte, daß die *Literatur*wissenschaft sich in Soziologie, Psychologie etc., kurz: „jegliche Art von Kulturgeschichte", auflöse.[9] Das (amerikanische) Votum für Theorie, Kritik und Methode, die literaturgeschichtlichen Positivismus konterkarieren sollte, war zugleich Votum *gegen* eine kulturgeschichtliche Offenheit der Literaturwissenschaft.

Die Situation ist *jetzt* umgekehrt: Während der *Bernheimer Report*, ein offizielles Konsenspapier der 'American Comparative Literature Association' (*ACLA*), die literaturwissenschaftlichen Weichen an der Wende des Jahrtausends von literarischen Erscheinungen als dem früheren Focus des Fachs auf die vielfältigen diskursiven Praktiken kultureller Produktion umstellt, warnen Kritiker wie Jonathan Culler davor, daß mit dem Aufgreifen kulturwissenschaftlicher Vorgaben nicht nur der Gegenstandsbereich ins Grenzenlose aufgelöst werde. Vielmehr tauge der 'cultural turn' gerade *nicht* dazu, die Allgemeine (und Vergleichende) Literaturwissenschaft zu profilieren: „Today, when national literature departments have increasingly become sites where a wide range of cultural objects are studied — not just film and popular culture but discourses of sexuality, conduct books, and any discourse that contributes to the construction of cultures and individuals — the turn from literature to other cultural productions will not help to differentiate or define comparative literature."[10] Auf deutsche Verhältnisse übertragen, könnte man etwas polemisch sagen, daß in dem Augenblick, wo z.B. die Germanistik Interkulturalität und Neue Medien auf ihre Fahnen geschrieben hat, kultur- und medienwissenschaftliche Öffnungen eben gerade nicht profilschärfende Auswirkungen zeitigen. (Man gerät bestenfalls in einen Verdrängungswettbewerb um knappe Ressourcen.) Das Besondere der Allgemeinen Literaturwissenschaft (und der Komparatistik) ergibt sich vielmehr stets nur aus ihrem komplementären bzw. supplementären Verhältnis zu den Einzelliteraturwissenschaften.

Die Beiträge dieses Bandes konturieren Geschichte, Stand und Perspektiven der Allgemeinen Literaturwissenschaft im deutschsprachigen Raum (und Nordamerika), profilieren ihre Stellung zwischen Sozial-, Kunst-, Medien- und Kulturwissenschaften und präsentieren curriculare Modelle in Essen, Siegen und Nashville. Der Band wendet sich an Studierende und Lehrende der verschiedenen Literaturwissenschaften sowie der Komparatistik.

---

9 Wellek: Die Theorie der Vergleichenden Literaturwissenschaft (= Anm. 3), 105.

10 Jonathan Culler: „Comparative Literature, at last!" In: *Comparative Literature* (= Anm. 8), 117-121, hier: 119.

Hervorgegangen sind die Beiträge dieses Bandes aus der Vortragsreihe „Konturen der Allgemeinen Literaturwissenschaft — Profile im Pluralismus", die von mir im Wintersemester 1995/96 in Zusammenarbeit mit dem Team 'Allgemeine Literaturwissenschaft' am Fachbereich 3: Sprach- und Literaturwissenschaften der Universität-Gesamthochschule Siegen organisiert wurde. Ziel der Reihe war es einerseits, einen Diskussionsprozeß über das disziplinäre Selbstverständnis im Team der in diesem Studiengang Lehrenden in Gang zu setzen, andererseits unseren Studierenden theoretische und curriculare Orientierungsvorgaben — auch über den Siegener Horizont hinaus — anzubieten.

Den damaligen Vor- sowie den später hinzugestoßenen Beitragenden möchte ich an dieser Stelle herzlich für ihr Engagement danken. Gregor Schwering danke ich für die Übersetzung eines Beitrags aus dem Englischen, Patricia Keßler für ihre Mitarbeit an der Herstellung und Korrektur der Druckvorlage.

Wenn wir wüßten, was die Allgemeine Literaturwissenschaft ist, könnten wir damit aufhören.

Siegen, Anfang März 1999

I. Grundlagen

Über den Ort der Literatur im Haushalt der Wissenschaften

Ursula Link-Heer

In Anbetracht der unerschöpflichen Rede, die über Literatur geführt worden ist und weiter geführt werden wird, könnte ich den mir zur Verfügung stehenden Raum gleich verspielt haben, wenn ich näher zu erläutern begänne, worum es mir hier *nicht* geht: nicht um eine philosophische Ästhetik und die damit verknüpften Fragen nach dem erkenntnistheoretischen Status der Literatur, nicht um eine Wissenschaftsgeschichte des Literaturbetriffs und verwandter oder antonymer Terme, und auch nicht um die aktuellen Debatten über die Extension des Literaturbegriffs und die Transformation der ehemals philologischen Fächer zu kommunikations-, medien- und kulturwissenschaftlich orientierten Quasi-Ex-Literaturwissenschaften.

All das klammere ich aus, und mehr noch: ich tue sogar so, als ob der Begriff der Literatur gar nicht so problematisch wäre, und wir uns der Intuition überlassen könnten zu wissen, was Literatur sei. Geben wir uns einfach vorerst damit zufrieden, der Literatur einen Sonderstatus im Universum der wissensproduzierenden und -vermittelnden Rede zu konzedieren. Nur unter diesen Bedingungen können wir uns der Labilität und Flexibilität des Ortes der Literatur im Haushalt der Wissenschaften annähern, statt diesen Ort von vornherein fixieren und stabilisieren zu wollen.

Bevor ich auf die spezielle diskurstheoretische Orientierung eingehe, von der die folgenden Überlegungen zum Verhältnis von Literatur und Wissenschaften geleitet sind, möchte ich meine Fragestellung vorab am Beispiel einer berühmten Debatte aus den sechziger Jahren verdeutlichen: gemeint ist Charles Percy Snows „Rede Lecture" von 1959 mit der eigentlich banalen, aber aufgrund der international erregten Resonanz als brisant zu wertenden These von den zwei Kulturen — *The Two Cultures* —, die auf deutsch mit dem erläuternden Untertitel „Literarische und naturwissenschaftliche Intelligenz" (1964) herausgegeben wurde.[1] Der Kern der These Snows, der sich selbst als einen Grenzgänger und 'Pendler' zwischen den beiden Gruppen sah, ist die Erfahrung einer fundamentalen Kluft: „Two polar groups: at one pole we have the literary intellectuals, who incidentally while no one was looking took to referring to themselves as 'intellectuals' as though there were no others. [...] Literary intellectuals at one pole — at the other scientists, and as the most representative, the physical scientists. Between the two a gulf of mutual incomprehension — sometimes (particularly among the young) hostility and dislike, but most of all lack of understanding. They have a curious distorted image of each other. Their attitudes are so different that, even on the level of emotion, they can't

[1] Siehe die erweiterte Ausgabe von Charles Percy Snow: *The Two Cultures, and a Second Look*. Cambridge 1963. Zur Debatte im deutschen Kontext vgl. *Literarische und naturwissenschaftliche Intelligenz. Dialog über die „zwei Kulturen"*. Hg. Helmut Kreuzer. Stuttgart 1969.

find much common ground."[2] Es wäre interessant, wenn man die lebhafte Debatte, die diese These seinerzeit auslöste, heute, drei Jahrzehnte später, neuerlich provozieren könnte. Doch während Experimente und Beobachtungen in den Naturwissenschaften in der Regel beliebig wiederholt werden können, sind — ich zitiere den Physiker Hermann Haken — „in den Gesellschaftswissenschaften [...] fast alle bedeutungsvollen Ereignisse einmalig. Sie können nie mehr wiederholt werden."[3] Deshalb bin ich darauf angewiesen, meine Einschätzung des Wandels der Lage darzulegen. Ich gehe davon aus, daß die Zwei-Kulturen-These Snows heute entschieden Patina angesetzt haben dürfte. Zwar führt die wissenschaftliche und technische Arbeitsteilung zu einer ständig wachsenden Verfeinerung der Ausdifferenzierung von Spezialkompetenzen, deren notwendige Folge das Auseinanderfallen des positiven Wissens ist. Doch besteht die Leistung einer Kultur gerade darin, dieser Desintegration der gesellschaftlichen Produktivkräfte entgegenzuwirken und über die Gräben der arbeitsteiligen Aneignung von Spezialwissen hinweg die Kohäsion der verschiedenen Sektoren einer Gesellschaft zu produzieren. In diesem Zusammenhang der Bewerkstelligung eines Brückenschlags zwischen Natur- und Gesellschaftswissenschaften spielen einerseits elaborierte Denkmodelle und Theorieansätze eine Rolle, in denen die Übertragbarkeit von Beobachtungen unterschiedlicher Provenienz auf jeweils andere Felder erprobt wird. Als Beispiele können schulbildende Theorieansätze wie die Synergetik genannt werden, die von dem Physiker Haken explizit als „Theorie der Strukturbildung durch Selbstorganisation in Natur und Gesellschaft" konzipiert wird, oder auch die konstruktivistische Kognitionstheorie, deren aus der Neurobiologie stammendes Grundkonzept der Autopoiese (wörtl. Selbsterzeugung) über die Luhmannsche Systemtheorie auch Karriere in der Literaturwissenschaft gemacht hat. Es steht mir nicht an, beurteilen zu können, ob solche und ähnliche theoretische Modelle tatsächlich, wie die Klappentexte manchmal optimistisch verkünden, eine „sich anbahnende Konvergenz der modernen Natur- und Geisteswissenschaften"[4] einleiten, doch müssen sie hier erwähnt werden, weil sie in umgekehrter Tendenz zu der Snowschen Diagnose des Schwunds oder gar des Fehlens einer gemeinsamen kulturellen Einstellung und Basis stehen.

Auf der anderen Seite, und dies ist nun mein Thema, wird die Rolle der kulturellen Reintegration auseinanderstrebender Spezialkompetenzen und voneinander abgeschotteter Expertenwissensfelder privilegierterweise von der Literatur wahrgenommen, deren definitorisch so schwer zu fassender Sonderstatus gerade in dieser vermittelnden Funktion zu liegen scheint. Doch bevor ich diese Funktion theoretisch genauer zu erfassen suche, wähle ich einen Einstieg über ein literarisches Beispiel.

[2] Snow: *The Two Cultures* (= Anm. 1), 4.

[3] Hermann Haken: „Synergetik — die Lehre vom Zusammenwirken". In: *Loccumer Protokolle* 12/1982, 60-68, hier: 70. Die *Protokolle* sind Akten der Tagung „Gespaltene Wirklichkeit. Zum Verhältnis von Naturwissenschaften und Kultur" (Loccumer Tagung vom 25. bis 28. März 1982).

[4] So Paul Watzlawick im Klappentext vom Humberto R. Maturana, Francisco J. Varela: *Der Baum der Erkenntnis. Die biologischen Wurzeln der menschlichen Erkenntnis*. München 1990.

In den Entwürfen aus dem Nachlaß von Robert Musils unvollendetem Roman *Der Mann ohne Eigenschaften* wird der Prostituiertenmörder Moosbrugger bei einer Kartenpartie im Irrenhaus gezeigt. Seine Mitspieler sind der junge Assistent der Klinik, der Seelsorger und ein gerichtsmedizinischer Sachverständiger von außerhalb. Die bieder und gemütlich anmutende Kartenpartie dient in Wirklichkeit der Beobachtung Moosbruggers im Hinblick auf seine Zurechnungsfähigkeit. Die leidenschaftliche Clarisse, die der fixen Idee verfallen ist, sie müsse Moosbrugger retten, gewinnt den beunruhigenden Eindruck, dieser „befinde sich in einer Falle" und führt darüber ein Gespräch mit dem Anstaltsarzt Friedenthal:

> Clarisse blieb stehn. „Sie dürfen das nicht gewähren lassen!" forderte sie entschieden.
> Ihr Begleiter lachte und befleißigte sich, seinen Geist in Szene zu setzen. „Was wollen Sie!" rief er aus. „Dem Mediziner ist eben alles Medizin, und dem Juristen alles Jus! Das Gerichtswesen geht letzten Endes von dem Begriff 'Zwang' aus, der dem gesunden Leben angehört, aber ohne Bedenken meist auch auf Kranke anzuwenden ist. Ebenso ist aber der Begriff 'Krankheit' mit seinen Konsequenzen, von dem wir Ärzte ausgehn, auf das gesunde Leben anwendbar. Das wird niemals unter einen Hut gebracht werden!"
> „Das gibt es doch nicht!" rief Clarisse aus.
> „Doch, das gibt es!" beschwerte sich sanft der Arzt. „Die menschlichen Wissenschaften haben sich zu verschiedenen Zeiten und zu Zwecken entwickelt, die miteinander nichts zu tun haben. So haben wir von der gleichen Sache die verschiedensten Begriffe. Zusammengefaßt ist das höchstens im Konversationslexikon. Und ich wette, daß nicht nur ich und der Pfarrer, sondern auch Sie und beispielsweise Ihr Herr Bruder oder Ihr Gatte und ich von jedem Wort, das wir dort aufschlügen, jeder nur eine Ecke des Inhalts und natürlich jeder eine andere kennten. Besser hat die Welt das nicht zustande gebracht!"[5]

Der Verweis auf das Konversationslexikon kaschiert hier natürlich das Faktum der Konversation, die in Musils Roman selbst betrieben wird, und die es erlaubt, quer durch die verschiedensten Begriffe und bloßen 'Ecken von Inhalten' hindurch ein interdiskursives Spiel zwischen den Spezialdiskursen zu inszenieren. Damit habe ich den Diskursbegriff in einer spezifischen Weise benutzt, um Interferenzen und Interdependenzen zwischen Literatur und Wissenschaften beschreiben zu können.[6] Wie schon der Terminus der Fachsprache und Fachliteratur zeigt, genügt es nicht, auf die allgemein verfügbare Sprache zu rekurrieren, sobald man sich auf das Feld der intellektuellen Arbeitsteilung begibt. Der Begriff des Diskurses, sofern man ihn als Spezialdiskurs faßt, steht dem der Fachsprache nahe, impliziert aber mehr als die Ebene des Lexikons. In seiner *L'Ordre du discours* (1970) betitelten Inauguralvorlesung am Collège de France, wo Foucault den Lehrstuhl für Geschichte der Denksysteme innehatte, betonte er das Faktum, daß Aussagen einem Set interner und externer Bedingungen und Prozeduren unterworfen sind, um einer spezifischen diskursiven Praxis, als deren lediglich sprachliche Seite der Diskurs firmiert, zugerechnet zu werden. Wie im Musilschen Zitat, wonach „Dem Mediziner [...] eben alles Medizin [ist], und dem Juristen alles Jus!", geht es dabei um die Reflexion der Bedingungen, die einen Diskurs als juristischen, oder aber als medizinischen in den

---

[5] Robert Musil: *Der Mann ohne Eigenschaften. Roman.* Hg. Adolf Frisé. Reinbek bei Hamburg 1952, 1400 f.

[6] Ich beziehe mich hierzu großenteils auf Vorschläge von Jürgen Link, etwa sein Buch *Elementare Literatur und generative Diskursanalyse.* München 1983, bes. die „Einleitung", 9-24; sowie von Walter Moser, besonders seinen Aufsatz „Der Varela-Effekt der Biologie auf den gesellschaftlichen Körper". In: *kultuRRevolution* 27 (1992), 18-25.

verschiedenen Spielarten des klinischen, des neurologischen oder aber des psychiatrischen Diskurses garantieren und in seiner Handlungseffizienz legitimieren. Das Ensemble einer solchen speziellen Wissensproduktion von juristischen oder psychiatrischen Experten besteht z.B. aus Institutionen und Zugangsregelungen zu den Institutionen, aus autorisierten Sprechern und Autoren, Verfahren der Wissensammlung, Regeln der Versprachlichung, Verschriftlichung und Zirkulation (oder ihrer Unterbindung) und weiteren Vorschriften mehr. Wichtig an dieser Reflexion ist die Betonung der engen Verknüpfung von Diskurs und Praxis, oder genauer: von Diskurs, diskursiver Praxis und nicht-diskursiver Praxis. Die skizzierten Regulierungsmechanismen lassen sich einerseits als positives Produktionsinstrument ihres Gegenstands — sei es des Verfassungsrechts, sei es der Gruppe der Schizophrenien — auffassen: die Macht des Diskurses fungiert also produktiv, sie ist *pouvoir* im Sinne von Können; andererseits müssen sie aber auch als Ausschließungsprozeduren begriffen werden; alle Fragestellungen und Aussagen, die nicht 'im Wahren' eines gegebenen Spezialdiskurses liegen, müssen als nicht dazugehörig ausgeschlossen werden; die Macht des Diskurses fungiert also gleichzeitig restriktiv.

So viel zu den Diskursen als Spezialdiskursen. Diese wird man sich nun freilich nicht als völlig unabhängig voneinander sich massierende Blöcke oder nichtkommunizierende Röhren vorstellen dürfen. Vielmehr zwingt die diskursive Arbeitsteilung, die sich wortspielhaft auch als Disziplinierung fassen läßt, als ihre Kehrseite die Interdisziplinarität auf den Plan. Die Gerichtsmedizin, um die es auch im Musilschen Moosbrugger-Fall geht, ist ein typisches Beispiel für die Folgelasten der Spezialisierung, nämlich den Zwang zur Institutionalisierung auch von Interdisziplinarität.

Von der Interdisziplinarität als dem Dialog zwischen den meistens als Wissenschaft organisierten Disziplinen möchte ich nun in einem weiteren Schritt die Interdiskursivität und den Interdiskurs unterscheiden.

Ein bekanntes und höchst instruktives Beispiel für einen Text, der praktisch zur Gänze als Interdiskurs funktioniert, ist Emile Zolas Programmschrift über den Experimentalroman (*Le roman expérimental*, 1880), die seinem naturalistischen Romanzyklus der *Rougon-Macquart* das wissenschaftlich-ideologische Fundament unterlegen sollte. In dieser Schrift hat Zola ganze Textabschnitte aus Claude Bernards *Introduction à l'étude de la médecine expérimentale* (1865) fast wortwörtlich übernommen — gemäß der von ihm selbst einleitend offen gelegten Faustregel: „Je n'aurai à faire ici qu'un travail d'adaptation, car la méthode expérimentale a été établie avec une force et une clarté merveilleuses par Claude Bernard, dans son *Introduction à l'étude de la médecine expérimentale*. Ce livre, d'un savant dont l'autorité est décisive, va me servir de base solide. Je trouverai là toute la question traitée, et je me bornerai, comme arguments irréfutables, à donner les citations qui me seront nécessaires. Ce ne sera donc qu'une compilation de textes; car je compte, sur tous les points, me retrancher derrière Claude Bernard. Le plus souvent, il me suffira de remplacer le mot 'médecin' par le mot 'romancier', pour rendre ma pensée claire et lui apporter la rigueur d'une vérité scientifique."[7] Dieses Adaptionsverfahren ist in der Rezeptionsgeschichte Zolas als Usurpation des physiologischen Denkens von Bernard getadelt worden, sofern man nicht lieber die Naivität eines Literaten belächelt hat, dessen tatsächlich realisierte Romane sich zum Glück nicht der Strenge einer wissenschaftlichen Methode, sondern höchst lebhafter Fantasietätigkeit verdankten. Doch die Standardmeinung, wonach der Experimentalroman nicht ernst zu nehmen sei, weil der Romancier da einiges 'verwechselt' habe, bleibt auf der Oberfläche eines Phänomens, das unter diskurstheoretischen Gesichtspunkten hochinteressant ist. Ein ganz ähnliches Phänomen stellt auch der sich um die gleiche Zeit entwickelnde, sehr wirkungsmächtige sogenannte Sozialdarwinismus dar. Ob nun aber Claude Bernard 'verkannt' wird oder Charles Darwin, in all diesen Fällen geht es um das für die Kohäsion der Gesamtkultur äußerst bedeutende Phänomen sprachlicher Transfers zwischen ganz verschiedenen diskursiven Praktiken und ihren Referenzbereichen. Solche Transferleistungen, in denen das Spezifische eines jeweiligen Spezialdiskurses getilgt wird, sollen als Interdiskurs bezeichnet werden. Die Bedingungen der Möglichkeit des Interdiskurses sind an Zolas *Roman expérimental* symptomatisch lesbar, weil sich hier der gesamte Text geschlossen als Interdiskurs inszeniert, und weil die interdiskursiven Selektions- und Kombinations-Operationen zudem vor der Folie eines zweiten privilegierten geschlossenen Textes, des 'Spendertextes' von Bernard, systematisch kontrolliert werden können.

Dabei ist zu erkennen, daß der Interdiskurs die Kopplung des Spezialdiskurses an eine nicht-diskursive Praxis negiert. Das Labor als eine künstliche Versuchsanordnung, welche die Bernardsche Physiologie tendenziell den experimentellen Normen der Physik und Chemie unterstellt, wird von Zola systematisch ignoriert. Das Experiment wird nicht in diesem strengen Sinne der künstlichen Provokation von Beobachtungen verstanden, die man in der Natur selbst nicht machen kann, sondern der Experimentbegriff gleitet über die semantische Mehrdeutigkeit von *experientia, expériment, expérience* in die Richtung des Erfahrungsbegriffs bzw. in die Richtung einer erkennenden Vertiefung von Beobachtungen.[8] Dieser blinde Fleck aber erlaubt es Zola, wie Jutta Kolkenbrock-Netz[9] detailliert gezeigt hat, den positivistisch-philosophischen Part von Bernards Reflexion über die *allgemeine* experimentelle Methode und ihre Anwendung auf immer höhere und komplexere Formen des Lebens pro domo zu lesen und via Zitat, freilich auch via Zitatlücke, eine Affinität zur Praxis des Romanciers herzustellen, dessen anti-romantische Einstellung in den Wissenschaften eine Stütze sucht: „Je vais tâcher de prouver à mon tour que, si la méthode expérimentale conduit à la connaissance de la vie physique, elle doit conduire aussi à la connaissance de la vie passionnelle et intellectu-

7 Emile Zola: *Le Roman expérimental*. Paris 1971, 59.

8 Dieser Mehrdeutigkeit der Zolaschen „expérience" trägt das Buch von Hans Ulrich Gumbrecht Rechnung: *Zola im historischen Kontext. Für eine neue Lektüre des Rougon-Macquart-Zyklus*. München 1978.

9 Jutta Kolkenbrock-Netz: *Fabrikation. Experiment. Schöpfung. Strategien ästhetischer Legitimation im Naturalismus*. Heidelberg 1981, bes. das Kapitel „Die Literatur als experimentelle Wissenschaft: Emile Zola", 193-217.

elle. Ce n'est là qu'une question de degrés dans la même voie, de la chimie à la physiologie, puis de la physiologie à l'anthropologie et à la sociologie. Le roman expérimental est au bout."[10]

Das Beispiel des Experimentalromans sei an dieser Stelle verlassen. Da semantische Polysemien (Doppel- und Mehrdeutigkeiten) wie im Falle von Experiment und Erfahrung offenbar eine wichtige Bedingung der Möglichkeit diskursiver Transfers sind, möchte ich nun noch einen Schritt weitergehen und den Versuch unternehmen, eine Art von modellhaftem Koordinatensystem für das vielfältige und vielgestaltige Spiel im Feld der Spezialdiskurse und des Interdiskurses zu skizzieren. Ich gehe dabei aus von dem semiotischen Begriffspaar von 'Denotation' und 'Konnotation'. Während 'Denotation' die von einem Text direkt, klar und intersubjektiv eindeutig notierte Bedeutung meint, ist unter 'Konnotation' im Gegensatz dazu der ganze Bereich indirekt mit angesprochener, subjektiv assoziierbarer Mehrfachbedeutungen und Nebenbedeutungen zu verstehen. Wenn es in dem bekannten Schlager von den langen Kreuzberger Nächten heißt: „Erst fangnse ganz langsam an, / Aber dann, aber dann" — dann ist dieses „dann" ein gutes Beispiel für schmale Denotation bei ausufernder Konnotation. Man könnte nun das Ideal wissenschaftlicher Spezialdiskurse darin erblicken, Texte ohne Konnotation, also Texte mit reiner Denotation zu entwickeln. Die Mathematik ist eine künstliche Sprache ohne jede Konnotation, ebenso die formale Logik oder auch die Programmiersprachen. Die größten Schwierigkeiten für Übersetzungscomputer bestehen gerade darin, alle denkbaren Konnotationen natürlicher Sprachen auf eine jeweils endliche und wohldefinierte Menge von Denotationen zu reduzieren. In den Naturwissenschaften, aber auch in den zur Exaktheit strebenden Humanwissenschaften wie Ökonomie, Psychologie und Soziologie dient die Mathematik sozusagen als lingua franca der Denotation. Darüber hinaus bemühen sich diese Wissenschaften dort, wo darüber hinaus natürliche Sprache verwendet werden muß, alle Begriffe klar und eindeutig zu definieren und auf diese Weise ebenfalls Konnotationen auszuschalten. Extrapoliert man die bisherige Tendenz, daß mehr und mehr Bereiche von Wissenschaften mehr und mehr der mathematischen Formulierung zugänglich wurden, dann ließe sich die Mathematik als Ideal des denotativen Pols der Spezialdiskurse betrachten. Auch die Mathematik scheint insofern 'interdiskursiv' zu sein, als sie den verschiedenen Spezialdiskursen als denotative Sprache dienen kann — ich möchte im Falle der Mathematik aber eher von 'universaldiskursiv' sprechen, weil sich zeigen wird, daß die mathematische Formulierung genau jene Möglichkeiten subjektiver Identifikation und Applikation gänzlich ausschließt, die durch den Konnotationsreichtum des eigentlichen 'Interdiskurses' paratgehalten werden.

Ich komme damit zum entgegengesetzten Pol der Konnotation und möchte versuchen, auch diesen Pol möglichst idealtypisch und modellhaft darzustellen. Was ist die Bedeutung des Wolfgang Biermannschen Satzes „Es gibt ein Leben vor dem Tod"? Wäre dieser Satz denotativ und spezialdiskursiv, etwa biologisch gemeint, so wäre er erstens redundant, da Leben per definitionem stets vor dem Tod existiert

[10] Zola: *Le Roman expérimental* (= Anm. 7), 60.

und zweitens wäre er unakzeptabel formuliert, da der Sinn des unbestimmten Artikels vor „Leben" irritierend wirke. In einem bloß denotativ intendierten Text wäre der Satz also schlicht zu streichen. Dieser Satz fordert also eine konnotative Lektüre. Dazu gehört die Tatsache, daß es sich um die Verfremdung einer kulturell paratgehaltenen, automatisierten Kontrastfolie handelt, die da lautet: „Es gibt ein Leben nach dem Tod." Das ist ein Satz aus einem religiösen, möglicherweise sogar theologischen Diskurs. Da dieser Satz empirisch paradox ist, macht die Existenzaussage hier Sinn. Dieser Satz zwingt jedes Subjekt zur positiven oder negativen oder skeptisch-neutralen Identifikation — er setzt also sozusagen eine Wolke von Konnotationen frei. Sowohl „Leben" wie „Tod" tendieren dadurch zur Mehrdeutigkeit, z.B. kann unter „Leben" 'Nachleben im Gedächtnis' verstanden werden oder 'Leben in einer anderen Galaxis' oder 'Weiterleben in Gott' usw. All diese Denotate setzen weitere Wolken von Konnotaten frei. Die Biermannsche Formulierung vereint nun einen Teil der Konnotate des religiösen Diskurses mit der trivialen empirischen Feststellung des „Lebens vor dem Tod". Die triviale Feststellung wird dadurch enttrivialisiert, verfremdet, mit Konnotationen aufgeladen. Eine Möglichkeit der Lektüre wäre etwa: 'Wenn man, dem religiösen Diskurs folgend, an ein Leben nach dem Tode glaubt, macht man durch einen dialektischen Umschlag das empirische Leben zu einem Tod.' Das ist natürlich denotativ nicht auszuformulieren. Dafür kann diese konnotative Formulierung bestimmten Subjekten intensive Lust spenden, die mit der Stabilisierung eines Subjektivitätstyps durch intensive Identifikationsmöglichkeit zusammenhängen muß. Ich will hier keine Psychologie und Psychoanalyse betreiben, sondern lediglich die Hypothese begründen, daß ein wichtiger Aspekt dieser lustvollen Identifikation offenbar auf einer interdiskursiven Integration beruht. Moderne Gesellschaften sind, wie oben dargestellt, durch Arbeits- und Diskursteilung gekennzeichnet. Sie brauchen also zur Reintegration ihrer Subjekte interdiskursive Sprachmöglichkeiten, die zwischen verschiedenen Einzel- und Spezialdiskursen vermitteln bzw. sozusagen die Fliegen verschiedener Einzeldiskurse mit einer Klappe schlagen können. Aus solchen normalerweise quer durch die verschiedenen Diskurse hindurch zerstreuten und fluktuierenden interdiskursiven Elementen und Parzellen können regelrechte Interdiskurs-*Texte* entstehen wie Zolas Programmschrift des *Roman expérimental*, deren Funktion also darin liegt, die Wahrheit über den Zusammenhang der Einzeldiskurse bzw. über das Ganze zu sagen, wozu immer auch die Funktion und der Lustgewinn der Diskurse für das Subjekt selbst gehört. Nicht zufällig entsteht Zolas Wille zur umfassenden Begründung der Idee eines szientistischen Romans aus der Opposition gegen den religiösen Diskurs, denn dieser muß als das Musterbeispiel eines klassischen Interdiskurses gelten. Damit scheint dem nicht religiösen Subjekt eine wichtige Dimension zu fehlen, eben die der interdiskursiven Integration und Totalisierung. Normalerweise hält es sich durch andere Interdiskurse, etwa philosophische und künstlerische, schadlos. Die Formulierung „Es gibt ein Leben vor dem Tod", um auf dieses kleine Element zugunsten analytischer Genauigkeit wieder zurückzukommen, leistet nun darüber hinaus sogar das Kunststück, nichtreligiöse Interdiskurse mit dem religiösen Interdiskurs zu integrieren, wobei in dieser 'dialektischen' Integration der religiöse Diskurs wahrhaft 'aufgehoben' im Sinne Hegels ist: also erstens negiert, zweitens bewahrt, und drittens erhöht. Hegels 'Aufhebung' — dies nur en passant zum diskursiven Charakter der Philosophie — ist natürlich ebenfalls ein konnotativer, interdiskursiver und damit sozusagen subjektenergetischer Komplex.

Der Mathematik als künstlicher, von jeder Konnotation gereinigter Sprache der reinen Denotation am einen Pol steht also am anderen Pol idealtypisch eine Sprache gegenüber, die prinzipiell mehrdeutig und sozusagen umgekehrt von jeder Denotation gereinigt wäre. Im strengen Sinne ist das nicht möglich. Es gibt aber einen Sprachtyp, der in diese Richtung tendiert, der mit der Metapher beginnen würde und den man in einem weiteren, expandierten Feld als symbolischen Sprachtyp bezeichnen könnte. Unter 'Symbol' in dieser weiten Begriffsfassung möchte ich mit Jürgen Link einen ikonischen bzw. quasi-ikonischen Komplex von minimalem Umfang verstehen, mit dem mehrere virtuelle Bedeutungen verknüpft sind. Hegels 'Aufhebung' wäre ein Beispiel. Ein komplexeres Beispiel wäre Kafkas bekannte Parabel „Vor dem Gesetz" aus dem Roman *Der Prozeß*. Bekanntlich geht es dort um „das Tor zum Gesetz", in das „ein Mann vom Lande" eintreten möchte, was ihm aber von einem „Türhüter" bis auf weiteres untersagt wird. Der Türhüter behauptet, im Inneren gebe es eine Hierarchie von Sälen mit immer mächtigeren Türhütern. Der Mann vom Lande wartet bis zu seinem Tode vor dem offenen Tor, sieht im Sterben so etwas wie einen „Glanz, der unverlöschlich aus der Türe des Gesetzes bricht" und muß sich vom Türhüter auf eine letzte Frage sagen lassen, daß dieser Eingang nur für ihn bestimmt gewesen sei und nach seinem Tode geschlossen werde.

Der entscheidende Begriff dieses konnotationsreichen Textes ist „Gesetz", er fungiert gleichzeitig als Bild wie als Bedeutung. Als Bild müßten wir uns ein Gebäude vorstellen, vielleicht auch eine theologische oder juristische Institution. Als Bedeutungskomplex suggeriert „Gesetz", gerade auch im Kontext des Romans, mindestens vier Bereiche: das 'Gesetz Gottes', das 'Gesetz des Staates', das 'Gesetz des Vaters' und das 'Gesetz des Textes' allgemein. Es geht also bei dem Spektrum von Konnotationen um mehrere Einzel- bzw. Interdiskurse. Wenn es um das 'Gesetz Gottes' ginge, wie es auf den ersten Blick durch die Tatsache nahegelegt zu sein scheint, daß ein Geistlicher die Parabel im Dom vorträgt, dann müßten wir den Text in den religiösen bzw. theologischen Diskurs integrieren. Wenn es aber um 'das Gesetz des Staates' geht, wie es der Kontext eines 'Prozesses' suggerieren könnte, dann bezöge sich der Text auf den juristischen Diskurs. Das 'Gesetz des Vaters' würde auf die Sexualität und insbesondere auf die Freudsche Psychoanalyse verweisen, mit der Kafka sich beschäftigt hat — und das allen gemeinsame 'Gesetz des Textes' würde die Einzeldiskurse zum Interdiskurs integrieren. Je nach zugrunde gelegter Konnotation bzw. je nach dem favorisierten Einzeldiskurs wäre z.B. das „Tor" entweder der Tod oder die nationale Identität oder der Schoß der Frau oder die Initiation zur Lektüre — der „Türhüter" wäre die Kirche oder die Bürokratie oder die Sexualmoral oder der Texthermeneutiker usw. Alle diese Hypothesen sind von der Germanistik durchgespielt worden mit dem Ergebnis, daß keine einzige wirklich 'aufzugehen' scheint. Kafka scheint also die Bemühung um sogenannte Erschließung symbolischer Texte ad absurdum geführt haben zu wollen, wofür auch bestimmte sehr ironische Wendungen sprechen wie die, daß der Mann vom Lande schließlich sogar die Flöhe im Pelz des Türhüters anbetet, womit vielleicht die Redewendung konnotiert ist, daß jemand 'die Flöhe husten hört'.[11]

Es gehört also sicher zu Kafkas Projekt, das Funktionieren der symbolischen Schreibweise am Beispiel des religiösen, des juristischen, des psychoanalytischen und des literarischen Diskurses selbst auf paradoxe und ironische Weise durchzuspielen. Wie wir gesehen haben, sind der religiöse und der literarische Diskurs klassische Interdiskurse, während der juristische und psychoanalytische zumindest in Teilbereichen ebenfalls zum Interdiskurs tendieren.

Wir hätten nun also auf der einen Seite die zur reinen Denotation tendierenden Spezialdiskurse, und auf der anderen Seite die zur reinen Konnotation der Symbolik tendierenden Interdiskurse. Ist es möglich, abschließend so etwas wie einen das Gesamtfeld dieser beiden Teilbereiche ins Auge fassenden Blickpunkt zu gewinnen? Ich muß mich dabei auf sehr vorläufige Überlegungen und Andeutungen beschränken. Gleich auf doppelte Weise scheint jedenfalls eine dualistische Vorstellung von „zwei Kulturen", wie Snow sie formulierte, zum Scheitern verurteilt. Zum einen macht der Wille zur Denotation und zur operativen Diskursivierung nicht vor den sogenannten Humanwissenschaften halt, und meine Analyse ließe sich z.B. unter diesem Gesichtspunkt teilweise als Vorbereitung zu einer denotativen und operativen Spezialwissenschaft über den Interdiskurs und seine Effekte auffassen. Zum anderen ist aber umgekehrt selbst im Bereich der reinen exakten Naturwissenschaft eine vollständige Säuberung von konnotativen Elementen unmöglich, weil sie ja mit einer Selbstsäuberung des Wissenschaft betreibenden Subjekts von seiner Subjektivität identisch sein müßte. Also braucht ein denotativer Spezialdiskurs zunächst natürlich immer konnotative Vorwörter, Einleitungen, Erläuterungen und Popularisierungen. Ich möchte das an einem hübschen Beispiel zeigen, in dem der Physiker Hermann Haken einem gemischten Publikum den Laser als dynamische Struktur zu erläutern sucht: „Von außen gesehen, sieht ein typischer Laser nicht viel anders aus als eine Leuchtstoffröhre, wie wir sie alle kennen, also eine lange, mit einem Gas gefüllte Glasröhre. Die einzelnen Gasatome werden durch einen elektrischen Strom, der durch die Röhre geschickt wird, energetisch angeregt. Ein angeregtes Atom kann nun eine Lichtwelle aussenden. Vergleichen wir die Lichtwelle mit einer Wasserwelle und das Atom mit einem Mann, so können wir uns den Vorgang so veranschaulichen, daß der Mann durch Hin- und Herbewegen eines Stockes im Wasser eine Wasserwelle erzeugt. Der Unterschied zwischen einer gewöhnlichen Lampe und dem Laser ist nun der folgende: Bei einer Lampe regen die einzelnen angeregten Atome das Lichtfeld völlig unabhängig voneinander an, es entsteht ein chaotisches Lichtfeld. Könnten wir dieses Licht hören, so nähmen wir ein Rauschen des Meeres wahr. Beim Laser hingegen entsteht eine völlig gleich-

[11] Vgl. für eine detailliertere Analyse Jürgen Link, Rolf Parr: „'Unförmliche' Symbolik. Franz Kafkas 'Vor dem Gesetz'". In: *Neue Literaturtheorien in der Praxis. Textanalysen von Kafkas 'Vor dem Gesetz'.* Hg. Klaus-Michael Bogdal. Opladen 1993, 64-82.

mäßige Lichtwelle. Im akustischen Bereich klänge Laserlicht wie ein reiner Ton. Warum dieser Unterschied zwischen einer gewöhnlichen Lampe und dem Laser so erstaunlich ist, wird am besten deutlich, wenn wir uns die Atome durch Männer veranschaulichen, das Lichtfeld hingegen durch Wasser in einem Kanal. In dem Falle der Lampe stoßen die Männer völlig unabhängig voneinander ihre Stöcke ins Wasser und erzeugen eine wild bewegte Wasseroberfläche. Beim Laser hingegen stoßen die Männer, wie auf ein Kommando hin, ihre Stöcke völlig gleichmäßig in das Wasser, so daß eine völlig geordnete Wasserwelle entsteht. Im menschlichen Bereich würden wir diesen letzteren Vorgang dadurch verstehen, daß ein Capo da ist, der seine Anordnungen gibt. Beim Laser ist natürlich niemand da, der den einzelnen Laseratomen befiehlt, wann und wie sie Licht ausstrahlen müssen. Wir haben es also mit einem typischen Vorgang der Selbstorganisation zu tun."[12]

Hier nun haben wir es nicht wie bei Kafka mit einem Chiffrensymbol zu tun, sondern mit einem explikativen Symbol. Über die Zuordnung von ikonischen Elementen und Bedeutungselementen müssen wir nicht rätseln; es wird uns explizit gesagt, daß wir uns das Atom als einen Mann und die Lichtwelle als eine Wasserwelle vorstellen sollen. Sobald jedoch die denotative Ebene der Laser-Beschreibung verlassen ist, führt der Prozeß der Anthropomorphisierung zu kaum noch bremsbaren Konnotationen. Insbesondere die ihre Stöcke ins Wasser stoßenden Männer vermögen die Fantasietätigkeit, hinter der natürlich die psychoanalytische Symbolik steckt, derart anzuregen, daß der Zweck der veranschaulichenden Explikation beinahe verfehlt werden könnte. Wäre ein solcher Text nicht als populärwissenschaftlicher institutionalisiert, würden wir ihn wahrscheinlich als literarischen genießen. Wenn Haken z.B. die Lichtqualitäten als akustische Qualitäten beschreibt, so ist das synästhetische *Prinzip* dieses Verfahrens durchaus poetisch. Wenn wir die gesamte denotative Ebene tilgten, so könnten wir aus den Männern, ihren Stöcken, der Wasserwelle und dem Capo frei nach Kafka eine chiffrensymbolische Rätselgeschichte zu produzieren versuchen.

Bis hierhin wurde anhand der Pole von Konnotation und Denotation zu zeigen versucht, daß Interdiskurse auf Spezialdiskurse angewiesen sind, wie umgekehrt auch Spezialdiskurse auf Interdiskurse rekurrieren. Ich muß nun zum Schlußteil kommen und die metaphorisch-konnotative Redeweise vom 'Ort der Literatur im Haushalt der Wissenschaften', die ich als Titel gewählt habe, resultativ zu erläutern suchen. Geht man von der Konnotation als dem Grundelement von Interdiskursivität aus, und faßt man den metaphorisch-symbolischen Sprachmodus als eine Grundstruktur literarischer Rede, so ließe sich eine Stufenfolge von elementarliterarischen Formen bis hin zu elaborierten, als Kunstliteratur institutionalisierten und kanonisierten Formen, Texten bzw. Werken, beschreiben. Eine solche Stufenfolge kann auch in generativer Absicht konzipiert werden, wie bei Jürgen Link, der die elementar-literarischen Formen, insbesondere die in der Konversation und im Journalismus vielfältig verwendete Kollektivsymbolik (Vehikel-Symbole, Maschinen-Symbole, Krankheitssymbole, etc.) als Halbfabrikate begreift, die von der eta-

[12] Hermann Haken: „Synergetik" (= Anm. 3), 61 f.

blierten Literatur oder der Literatur im engeren Sinne verarbeitet werden, wobei die Ambivalenzen dieses interdiskursiven Materials in der Regel gesteigert werden. Die Literatur im elementaren Sinne durchzieht also den gesamten kommunikativen Haushalt einer Gesellschaft; in den zur Denotation tendierenden naturwissenschaftlichen Spezialdiskursen dient sie, wie ich am Beispiel von Haken gezeigt habe, als notwendiger Brückenschlag bei der Didaktisierung und Vermittlung gegenüber Laien; sicherlich geht sie darüber hinaus aber auch in die heuristische Fantasie der Naturwissenschaftler ein. Wie aber kann man diese gleichsam frei durch die kommunikativen Medien und die Diskurse fluktuierende elementare Literatur von der Literatur im eigentlichen Sinne, will sagen: von der Literatur im emphatischen Sinne, unterscheiden? Zu diesem Zweck ist es nützlich, sich nochmals die Foucaultschen (internen und externen) Konstitutionsregeln von Spezialdiskursen, die ich eingangs skizziert habe, in Erinnerung zu rufen. Abgekürzt gesagt, ist außer einem bestimmten 'Stil', der die 'innere' Zugehörigkeit von Aussagen zu einer bestimmten diskursiven Formation verbürgt, auch ein ganzer Set institutioneller Zulassungsbedingungen im Spiel, damit ein Text im emphatischen Sinne als literarischer fungieren kann. In dem Moment freilich, wo ein Autor als literarischer anerkannt und als Klassiker oder Klassiker der Moderne kanonisiert ist, werden alle seine Äußerungen, ob es sich um Briefe, Tagebücher, Lektüre-Exzerpte oder Notizzettel über Einkäufe, Ausgaben und ich weiß nicht was handelt, tendenziell als bedeutsam für das Verständnis seiner literarischen Produktion angesehen. Derart kann ein literarischer Autor das Leben eines Forschers, der sich dem Aufspüren und der Edition solcher Dokumente widmet, regelrecht absorbieren. Der Herausgeber der Korrespondenz Marcel Prousts zum Beispiel, Philip Kolb, bekannte unumwunden, daß ihm Prousts Leben vertrauter als sein eigenes sei. Wie kommt es, daß wir uns nicht mit dem literarischen Text an sich zufrieden geben, z.B. mit Prousts *A la recherche du temps perdu*, einem Inbegriff der Literatur schlechthin? Warum möchten wir auch noch alle Entwürfe dieser *Recherche* kennen (die berühmten Proustschen *Cahiers*), alle Briefe und auch noch die der Partner, und außerdem wissen, was Proust gelesen hat?

Meine Hypothese ist, daß wir die spezialdiskursive Institutionalisierung stets im Blick auf die Interdiskursivität zu überschreiten suchen. Wenn die Literatur auch prinzipiell als Interdiskurs fungiert, so genügt es uns nicht, das Paradox anzuerkennen, daß die Institution der Literatur diesen Interdiskurs gewissermaßen zum literarischen Spezialdiskurs erklärt. Anders gesagt, genügt es uns nicht, die *Recherche* zu lesen, wir möchten außerdem auch noch wissen, ob Proust Freud gekannt hat oder die Relativitätstheorie von Einstein, und wenn nicht Freud oder Einstein, wen dann. Spiegelbildlich reziprok gilt aber auch für die großen naturwissenschaftlichen Autoren, daß wir uns nicht damit begnügen, ihre Entdeckungen an ihren wissenschaftlichen Schriften je nach Vermögen nachzuvollziehen; wir möchten außerdem auch wissen, wie sie 'als Menschen' affektiv-leidenschaftlich agiert haben, und wir ergötzen uns an den Biographien — und Autobiographien — all dieser großen Individuen. Oder nehmen wir den Bereich der bildenden Künste: Auch hier begnügen wir uns nicht mit dem Anschauen von Statuen, Fresken oder Tafelmalerei, sondern verschaffen uns die diversesten Zugänge zu einem diskursiven Kommentar, wobei die Vita des Genies meistens ein besonderes Faszinosum darstellt. Die Beispiele ließen sich vermehren und vor allem vertiefen, doch können sie sicherlich an dieser Stelle auf den gemeinsamen Nenner eines intermedialen und interdiskursiven Begehrens gebracht werden, das bei aller Verschärfung der Arbeits- und Diskursteilung und damit auch der Ungleichheit von Wissensappropriation und technologischem know how, dennoch die *kulturelle* Kohäsion einer Gesellschaft herzustellen erlaubt, welche ansonsten bereits längst zu einer kommunikationsunfähigen Population aus lauter Fachidioten und Fachidiotinnen hätte zerfallen müssen.

Komparatistik im multikulturellen Kontext: Vergleichsgrundlagen

Claudia Brodsky Lacour

„[...] ce n'est que par une comparaison que nous connaissons précisément la vérité [...] toute connaissance qui ne s'obtient pas par l'intuition simple et pure d'une chose isolée, s'obtient par la comparaison de deux ou plusieurs choses entre elles. Et presque tout le travail de la raison humaine consiste sans doute à rendre cette opération possible."[1] Für die Schule US-amerikanischer Theoriebildung, die von ihren Gegnern in Amerika und Europa gerne als 'relativistisch' eingestuft wird und zu der u.a. der (Anti-) Philosoph Richard Rorty oder die Kritiker Stanley Fish und Barbara Herrnstein Smith gezählt werden, findet sich in Descartes' oben zitierter Aussage das unmißverständliche Zeichen jenes Irrtums, der sich in aller klassisch-ontologischen Epistemologie zeigt[2]. Demnach bezeichnet jede Referentialisierung auf die 'Wahrheit' als solche ein Verdrängen, Vergessen oder eine Maskierung der poetischen, rhetorischen *sowie* institutionellen Dimensionen, die der 'Entdeckung' und 'Erforschung' von Wahrheiten zugrunde liegen, da letztere nicht an sich sind, sondern in ihrer Faktizität konstruiert werden. Im folgenden werde ich mich jedoch nicht direkt mit dieser Position auseinandersetzen, obwohl wichtige Aspekte ihrer Grundsatzannahmen näheres Hinsehen und Kritik verdienen: so z.B. Rortys Konzept einer strikten Trennung von privatem und öffentlichem Leben als glückverheißendes Produkt eines konsequent selbstironischen Bewußtseins; weiterhin — und dies mit Bezug auf Fishs Begriff der Geschichte als ununterbrochener Kette zwangsläufig unbewußter und auf Überredung basierender Überein-

---

1 Descartes: „Règles pour la direction de l'esprit". In: Ders.: *Œuvres philosophiques*. 3 vol. Ed. Ferdinand Alquié. Paris 1963-1973, vol. I, 67-204, hier: 168 [= Regel XIV].

2 Für eine deutliche Artikulation dieser Positionen sowie deren Kritik durch ihre Gegner (in Europa vor allem Habermas, Lyotard, Foucault und in Amerika — für Rorty — Dworkin, Unger, Geertz und — für Fish und Herrnstein Smith — diejenigen Kritiker, die die Objektivität diskursiver Aussagen gegen die kontextuell bedingte Macht diskursiver Mechanismen hervorheben) vgl.: Für Richard Rorty: *Contingency, Irony and Solidarity*. Cambridge 1989 (dt. *Kontingenz, Ironie und Solidarität*. Übers. Christa Krüger. Frankfurt am Main 1989); *Objectivity, Relativism and Truth*. Cambridge 1991. Für Stanley Fish: *Is there a Text in this Class? The Authority of Interpretive Communities*. Cambridge MA 1980; *Doing What Comes Naturally: Change, Rhetoric and the Practice of Theory in Literary and Legal Studies*. Durham NC 1989. Für Barbara Herrnstein Smith: *On the Margins of Discourse: The Relation of Literature to Language*. Chicago 1978; *Contingencies of Value: Alternative Perspectives for Critical Theory*. Cambridge MA 1988 sowie ihr frühes Buch *Poetic Closure: A Study of How Poems End*. Chicago 1968, dessen These von der artifiziellen und geschichtlich determinierten Schließung von Dichtung bereits auf die spätere Tendenz ihres diskursanalytischen Ansatzes hinweist.

stimmungen — die Annahme einer nur institutionell möglichen Identifizierung von Poetik und Rhetorik und der daraus folgenden Unmöglichkeit *nicht*-konformer Aktivitäten — einerlei, ob diese sich in aktuellen Veränderungen oder aber unzeitgemäßen Wiederholungen präsentieren. Anstatt nun jedoch die Opposition zwischen Relativität und Objektivität zu unterschreiben, die ja auch für die sogenannten 'Relativisten' der falsche Einsatzpunkt wäre und mit Rücksicht auf die Sprachlichkeit jeglicher Repräsentation tatsächlich irreführend bzw. unhaltbar ist, setzt der folgende Kommentar in Opposition zu obiger Opposition auf einen Akt des Vergleichens, der diese Opposition sowohl ermöglicht als auch unterminiert.

Nach Descartes' Maßgabe der „raison humaine" liegt ein solcher Akt des Vergleichens jedem nicht-intuitiven Wissen zugrunde. Dieser setzt immer dann ein, wenn das Objekt des Wissens kein isolierter Gegenstand („une chose isolée") ist und somit die theoretische Reflexion — anstatt der „reinen und einfachen" Wahrnehmung — den einzigen Zugang zu möglichem Wissen gewährt. Zwar führte Descartes' Rezeption durch idealistische Neo-Cartesianer (Malbranche) zur historischen Assoziierung des Cartesianismus mit einer göttlichen Intuition, doch kreiste Descartes' Modernisierung des philosophischen Diskurses wie auch des wissenschaftlichen Vorgehens eher um eine aus dem menschlichen Denken rührende 'Methode' des geordneten Vergleichs. Obwohl Descartes sie in seinem theoretischen Gesamtwerk nie vollständig definierte, erscheint ihm Methodik dennoch als das einzige Mittel, das sich als rigoros genug erweist, um eine Wirklichkeit zu untersuchen von der wir intuitiv — wie mit den berühmten Übungen des Zweifelns in den *Méditations* demonstriert — nur wenig wahrnehmen.[3] So aber führt Descartes das aktive Vergleichen als praktisches Antidot gegen einen falschen Intuitionalismus ein und kann deshalb als Vorläufer genau des historischen und aktuellen Pragmatismus gelten, der in ihm die Quelle jedes illusorischen Idealismus seit Platon erkennen möchte.

Folgt man Descartes, ist die räumliche Ausdehnung das einzige 'Ding', welches sich intuitiv erfassen läßt; für alle anderen Dinge, inklusive des „denkenden Dings" („une chose qui pense"), welches das Selbst, und der „unendlichen Substanz" („la substance infinie"), welche Gott ist, schreibt Descartes' Theorie die Methode des Vergleichs vor.[4] Wenn aber nach Descartes die fundamental nicht-intuitiven 'Dinge', d.h. die literarischen und andere kulturelle Formen, von uns nicht unmittelbar, sondern erst im Vergleich wahrgenommen werden, so war er in der Diskussion um die Notwendigkeit des

[3] Nach Descartes: „Règles pour la direction de l'esprit" (= Anm. 1), vol. I, 87 [= Regel III], sind nicht einmal die Intuitionen unmittelbare Wahrnehmungen, sondern vielmehr Darstellungen („représentation"): „Par intuition j'entends, non point le témoinage instable des sens [...], mais une représentation qui est le fait de l'intelligence pure et attentive, [...] représentation inaccessible au doute".

[4] Vgl. Descartes: „Les Méditations". In: Ders.: *Œuvres philosophiques* (= Anm. 1), vol. II, 375-890, hier: 419-420 (= Méditation seconde) , 445 und 449-450 (= Méditation troisième). Vgl. dazu Verf.in: „The Things a Thinking Thing Thinks". In: Dies: *Lines of Thought: Discourse, Architectonics, and the Origin of Modern Philosophy*. Durham NC und Paris 1996, 39-45.

Vergleichens im *Discours* sowie den *Regulae* mit dem gleichen Problem konfrontiert, das heute weniger die westliche Philosophie, als vielmehr die zeitgenössische Literaturwissenschaft in ihrem immer pluralistischeren Bestreben, die „Arbeit der menschlichen Vernunft" wohl oder übel als in sich komparativ aufzufassen, angeht: Auf welcher Basis also lassen sich in den Geisteswissenschaften Vergleiche ziehen?

Um zu zeigen, warum die als Mittel zu einer wachsenden theoretischen Sicherheit konzipierte Theorie der Komparatistik heute scheinbar unumgehbare Zweifel auslöst, wäre zunächst der sich seit Descartes verändernde Kurs der komparativen Methode ins Auge zu fassen. Untersucht man ihn, enthüllt sich eine Geschichte des interdisziplinären Austauschs. Darin läßt sich der kognitive Wert, der dem Vergleich in den Geisteswissenschaften zugemessen wird, direkt auf die Entwicklungen der Natur- und Geisteswissenschaften im 19. Jahrhundert zurückführen, wie sie sich z.B. auf den Gebieten der Ethnographie, Soziologie, Psychologie, Linguistik, Politökonomie, Evolutionstheorie, Anatomie und Paläontologie vollzogen haben. Einige dieser Wissenschaften entstanden sogar erst mit den von ihnen angewandten, komparativ beschreibenden Methoden. Mit der vergleichenden Sprachwissenschaft von Bopp und Humboldt und ein Jahrhundert später in Propps *Morphologie des Volksmärchens* (1928), wurden dann die — in der empirischen Forschung präzisierten — Methoden der komparativen Analyse auf das Gebiet der Grammatik und andere kulturelle Phänomene übertragen. Zugleich rückte eine weniger an der Natur orientierte Grundlage des Vergleichens in den Vordergrund. Doch schon in der zweiten Hälfte des 20. Jahrhunderts, d.h. innerhalb einer Generation von tschechischen und russischen Formalisten, kehrte die komparative Analyse von den Kulturphänomenen zu einer naturalistischen Basis zurück. In der Absicht, eine 'Wissenschaft' zu etablieren, die der Taxonomie der Naturwissenschaften gleich kam, wandten die Narratologen Methoden der strukturellen Phonetik und Syntaxanalyse auf die Sprache der Literatur an. Dies jedoch erwies sich als Alptraum leerer Kategorisierung aus dem sowohl Barthes als auch Todorov schnell wieder erwachten. Wenn aber die Muster der natürlichen Morphologie schon für die linguistische Morphologie irrelevant waren, so waren sie es doppelt für die pseudo-wissenschaftliche Klassifikation von literarischen Formen und ihre diesbezügliche Anwendung führte zu einer anti-literarischen, naturalistischen Mythologie.

Allerdings hatten die zumeist von der strukturalen Anthropologie entliehenen, universalen und pseudo-naturwissenschaftlichen Grundlagen zumindestens einen potentiell heilsamen Effekt, da sie die Geisteswissenschaften über ihren vorgegebenen Kanon hinaus erweiterten. Die daraufhin einsetzende Kritik an den pseudo-natur- *und* traditionell geisteswissenschaftlich verfahrenden, komparativen Projekten stellte jedoch die Möglichkeit eines Vergleichs von kulturellen Phänomenen überhaupt in Frage. Indem nun die dem späten 20. Jahrhundert eigene Skepsis die Notwendigkeit theoretischer Reflexion geradezu selbstverständlich einfordert, bezweifelt sie zugleich, ob Vergleiche wertneutral sein sollten oder sein können; ja, ob der kognitive Wert nicht an sich ein

Mythos sei, da er von einem epistemisch definierten kulturellen Kontext abhängt; und — in einer späten Wiederaufnahme und Umkehrung der neoklassischen *querelle des anciens et des modernes* —, ob ein im Namen des Fortschrittes vollzogenes, komparatives Wissensstreben nicht eigentlich die Objekte, dessen Effekte es zu erklären vorgibt, aufzehrt.

Darüber hinaus verdächtigt eine in der 'postmodernen' Vielfalt *verschiedener* kultureller Traditionen entstehende Skepsis alle komparativen Projekte, die den Vergleich als Identifizierung der Ähnlichkeit in der Differenz verstehen, der Einebnung jeglicher Differenz in einem Wunsch nach Einheit. Dies geschieht dann entweder in einem eigenen Interesse oder aber in Folge eines ausgedünnten Hegelianismus, der den Unterschied als notwendigen Ballast des transzendenten Gedankens absorbiert. Da die den Geisteswissenschaften eigene Grundlage des Vergleichs aber nicht von einer natürlichen Sinnfälligkeit ausgeht, impliziert sie notwendig die Spannung zwischen Einheit und Differenz. In diesem Sinne muß sie ein Verschwinden sowohl der 'neutralen' Klassifikation, wie auch der synthetischen Lösung bewirken. Dialektische und pseudonaturwissenschaftliche Schemata, denen das Konzept der Differenz Mittel zum Zweck wird, negieren die sich in den Gegenständen der Geisteswissenschaften repräsentierende Interaktivität gegenläufiger Zielsetzungen.

Diese für die Gegenstände der Geisteswissenschaften charakteristische, produktive Spannung wurde nun zur expliziten Vergleichsgrundlage in einem der umfassendsten 'naturwissenschaftlichen' Werke der frühen Moderne. Goethes lebenslange Arbeit an einer „komparativen Morphologie", die er aus den Bereichen der Botanik, Anatomie, Osteologie, Mineralogie und Geologie (*Zur Morphologie*, 1817-1824; *Zur Naturwissenschaft*, 1820-1823) erstellte und im wesentlichen als Antwort auf die neuen Beschreibungsversuche von Cuvier, Buffon, Geoffroy Saint Hillaire und Linné verstand, verrät bereits etwas von der ambivalenten Anziehungskraft, welche für die heute zeitgenössischen Geisteswissenschaften im Spiel zwischen Einheit und Differenz liegt und also auch von der Tendenz, natürliche gegen die kulturellen Vergleichsgrundlagen auszutauschen, die einer solchen Ambivalenz entsprechen.

Gleich zu Beginn erklärt Goethe den Vergleich als zentral für das Studium der Naturphänomene. Seine „Allgemeine Einleitung in die vergleichende Anatomie, ausgehend von der Osteologie" (1795) beginnt mit folgender theoretischen Behauptung: „Naturgeschichte beruht auf Vergleichung. Äußere Kennzeichen sind bedeutend, aber nicht hinreichend, um organische Körper gehörig zu sondern und wieder zusammenzustellen."[5] Daß „Vergleichung" die zugrundeliegende „Kontinuität"[6] der Naturgeschichte indizieren könne, stand als ein isolierte Charakterisierung negierendes Leit-

---

[5] Johann Wolfgang von Goethe: „Allgemeine Einleitung in die vergleichende Anatomie, ausgehend von der Osteologie". In: Ders.: *Werke. Hamburger Ausgabe*. 14 Bde. München 1982, Bd. 13, 170-184, hier: 170.

[6] Carl Friedrich von Weizäcker: „Einige Begriffe aus Goethes Naturwissenschaft", ebd., 537-554, hier: 546-547 und 553 sowie 560 [= Kommentar].

prinzip hinter Goethes Entdeckung des *os intermaxillare*, des „Zwischenknochen[s] der obern Kinnlade" in der menschlichen Anatomie: jene, wie Goethe es nannte, „kleine Entdeckung"[7] des *missing link* in der Naturgeschichte, das Affen und Menschen verbindet.

Hinsichtlich seiner Entdeckung dient Goethes Rhetorik der Bescheidenheit jedoch nur dazu, das zu unterstreichen, was er selbst als ihre herausragend historische Signifikanz empfand: „Lange Zeit wollte sich der Unterschied zwischen Menschen und Tieren nicht finden lassen, endlich glaubte man den Affen dadurch entschieden von uns zu trennen, weil er seine vier Schneidezähne in einem empirisch wirklich abzusondernden Knochen trage."[8] Indem er so den äußeren Schein einer differentiellen Charakteristik in den Beweis eines gemeinsamen Wesenszugs ummünzte, sollte, so Goethe, seine vergleichende Studie jedwede zukünftigen „Zweifel" an den gemeinsamen Wesenszügen der menschlichen und tierischen Anatomie beseitigen und damit eine in der Konklusion gemeinsame Genealogie etablieren: „Es wird also wohl kein Zweifel übrigbleiben, daß diese Knochenabteilung sich sowohl bei Menschen als Tieren findet."[9]

Eine Entdeckung dieser Art, bemerkt Goethe, bedürfe nur geringer Erläuterung, da sie jedem, der nur „anschaut und vergleicht", zugänglich sei: „Ich will mich so kurz als möglich fassen, weil durch bloßes anschauen und vergleichen mehrerer Schädel eine ohnedies sehr einfache Behauptung geschwinde beurteilt werden kann."[10] Der Vergleich ist das unabdingbare Komplement des empirischen Sehens, und auch wenn die Suche nach dem Teil eines Kieferknochens als wenig reizvolles Projekt komparativer Forschung erscheinen mag, so sollte uns der Einsatz, der dabei auf dem Spiel steht, keineswegs gleichgültig sein. Indem Goethe sichtbare Charakterisierungen *vergleicht* und damit sieht, was deren isolierte Betrachtung verkennt, stellt er jene anthropozentrische Sicht der Natur in Frage, die sich der Erkenntnis einer Kontinuität verweigert, indem sie die Differenz übermäßig — eben aus Angst vor dieser Kontinuität — gewichtet.

Die Angst vor einer multikulturellen Erweiterung des traditionell komparativen, abendländischen Kanons mag nun gleichermaßen aus einer Furcht vor fehlenden Anschlüssen, vor unbegrenzten oder unfaßbaren Unterschieden entspringen, doch geht es hier ebenso um die Angst vor möglichen oder potentiell möglichen Verbindungen, d.h. vor bislang unerkannten bzw. unterdrückten Zusammenhängen. Allerdings verteidigt Goethe die komparative Methode auch von einem Standpunkt der Differenz aus, wenn er in seinen botanischen Studien über unterschiedliche Pflanzenarten schreibt: „Die allerentferntesten jedoch haben eine ausgesprochene Verwandschaft, sie lassen sich ohne

[7] Goethe: „Dem Menschen wie den Tieren ist ein Zwischenknochen der obern Kinnlade zuzuschreiben" (1786), ebd., 184-196, hier: 184.

[8] Goethe: „Zur Morphologie" (1817), ebd., 53-63, hier: 62

[9] Goethe: „Dem Menschen wie den Tieren [...]" (= Anm. 7), 194.

[10] Ebd., 185.

Zwang untereinander vergleichen."[11] Dabei ist es Goethes dynamische „Anschauung" der „Natur", die gleichermaßen von „Polarität" und „Steigerung", also den von ihm so genannten „zwei große[n] Triebräder[n] der Natur", bestimmt wird, die es dem Naturwissenschaftler Goethe erlaubt, das Unähnliche wie das Ähnliche zu vergleichen, um so „ausgesprochene Verwandtschaft[en]", wenn nicht sogar tatsächliche *missing links*, zu finden. *Polarität* bezeichnet hier das „immerwährende Anziehen und Abstoßen" als die in der „Materie" liegende Wechselbeziehung zwischen Identität und Differenz, während die *Steigerung* das „immerstrebende Aufsteigen" des „Geistes" signifiziert.[12] Was nun diese zwei Tendenzen in einem Goetheschen (weniger Hegelschen) Sinne dynamisch werden läßt, ist, daß sie untereinander austauschbar sind: Genau wie weder Materie noch Geist ohne einander „existieren und wirksam sein" können, nimmt für Goethe erstere an Intensität zu, während letzterer in Trennungen und Verknüpfungen involviert ist.[13]

Obschon somit immer 'beweglich', ist Goethes Natur doch kein zielloser Tanz der Formen wie bei Lukrez.[14] Sein Vorschlag zu einer anti-Cartesianischen Verbindung von Materie und Geist[15] wäre vielleicht am besten anhand der Forschungsaufzeichnungen zur „Urpflanze" zu exemplifizieren, die Schiller bemerkenswerterweise zu dem Kommentar veranlaßten, Goethe habe hier nicht nach einer Pflanze, „sondern nach einer Idee" gesucht.[16] Goethes Komparatistik ließ also tatsächlich Raum für eine Theorie der Identität im Reich der Ideen: In der Erfahrung erscheinen alle Dinge entweder als „ähnlich" oder „unähnlich" („als ähnlich, ja sogar als völlig unähnlich"), „in der Idee" jedoch, so schreibt Goethe, sind sie „gleich".[17] Abgesehen davon, ob sich Schillers „Idee" nun mit derjenigen Goethes engführen läßt (geschweige denn dessen Vorstellungen von einer Urpflanze entsprach), scheint eine der Vergleichsgrundlagen bei Goethe doch eine Vision der Dinge zu sein, welche die zeitlichen Unterschiede in den Erscheinungen verwischt und die Triebkräfte von Natur und Geist in die Schwebe bringt.

Doch läßt sich der Naturwissenschaftler Goethe nicht strikt von dem Schriftsteller Goethe trennen und es sollte somit klar sein, daß die Natur, deren Erscheinungen Goethe miteinander verglich, in ihrer Konzeption weniger materialistisch oder idealistisch als vielmehr literarisch ausfiel.[18] Als Dichter aber konnte Goethe sich keiner an-

---

[11] Goethe: „Geschichte meiner botanischen Studien" (1817), ebd., 148-168, hier: 163.

[12] Goethe: „Erläuterung zu dem aphoristischen Aufsatz 'Die Natur'" (1828), ebd., 48-49, hier: 48.

[13] Ebd.

[14] Goethe: „Zur Morphologie" (= Anm. 8), 57, schreibt über die sich verändernde Polarität der Erscheinungen: „Darin besteht eigentlich das bewegliche Leben der Natur."

[15] Vgl. Carl Friedrich von Weizäcker: „Einige Begriffe aus Goethes Naturwissenschaft" (= Anm. 6), 550.

[16] Ebd., 544. Vgl. dazu Verf.in: „Freedom in Kant and Schiller". In: *Friedrich von Schiller and the Drama of Human Existence: Selected Papers from the Friedrich Schiller Conference*. Ed. Alexej Ugrinsky. New York, Westport CT, London 1988, 132.

[17] Goethe: „Zur Morphologie" (= Anm. 8), 57.

[18] In dieser Hinsicht bemerkenswert wie auch bezeichnend ist die Abwesenheit Goethes (bei gleichzeitiger Präsenz von Kant und Schiller) in einem kürzlich erschienen Aufsatzband, der die intellektuelle Evolution als Trennung

deren Methode als der des Vergleichs bedienen: Selbst wenn sein komparativer Zugang zur Natur auf dem Begriff einer sich permanent verstärkenden Polarisierung von Kräften basierte und seine Auffassung von den Materialisierungen dieser Kräfte die „Idee“ einer materiellen Form implizierte, so modellierte sich dieser Einstieg doch in einem Medium, das im Vergleich entsteht. Dichtungen und andere Artefakte sind Formen, deren 'Dinge' — Worte oder andere Zeichen — *sich von Natur aus im Vergleich ergeben*. Die Differenz zwischen diesen Dingen bringt somit „ausgesprochene Verwandtschaften“ hervor und was sie darin verbindet, trennt sie zugleich. In der Dichtung existiert nichts an sich; eine „intuitive“ oder unmittelbare Erkenntnis isolierter Dinge ist unmöglich. Alle Dinge sind Teil einer artifiziellen Kontinuität, in der man das Wissen erschafft, das man aus ihnen herleitet. Insofern läßt ein komparatives — künstliches — Wissen weniger Raum für Zweifel als die 'natürlichen' Wahrnehmungen, vorausgesetzt, man begreift Natur nicht komparativ und also nicht nach Goethe, sondern in rein empirischem Sinne.

Niemand aber näherte sich der Erkenntnis von Natur weniger empiristisch als Descartes. Indem er natürliche Wahrnehmungen anzweifelte, entwickelte Descartes eine Theorie des Vergleichs. Um diese Vergleiche jedoch zu effektuieren, mußte er ein Medium erschließen, in dem die Vergleiche nachvollziehbar wurden; ein Medium, das ein Wissen von der Natur ermöglichte, weil es selbst *nicht* natürlich war. Heutzutage sprechen wir von Cartesianischen Koordinaten und polynomen Gleichungen, weil Descartes die räumliche Ausdehnung als Grundeinheit der physischen Welt wie auch die Zahlen, welche diese identifizieren und durch Längenmaße unterscheiden, durch Buchstaben ersetzte — d.h. durch rein differentielle, künstlich erstellte Dinge.[19]

Dabei bemerkt Descartes, daß man diese sehr knappen Zeichen („des signes très concis“) setzen könne, wie man wolle („que l'on peut forger comme on voudra“).[20] Als Dinge, die dermaßen im Vergleich entstehen, erlauben sie es dem Intellekt, in der Manier von Goethes Natur zu verfahren, d.h. ansonsten unzusammenhängende Elemente unter eine Art zusammenhängende Bewegung des Gedankens („une sorte de mouvement continu de la pensée“) zu versammeln.[21] An Stelle einer zweifelhaften Wahrnehmung der Dinge erscheint die Kontinuität des Gedankens, die erstere, indem sie der empirischen Welt Zeichen substituiert, an die Momente der Ähnlichkeit und die Verwandtschaft der Unterschiede anschließt: So konstruiert sie eine Art Naturgeschichte des Denkens.

der Natur- von den Geisteswissenschaften nachzuzeichnen versucht: *Die Trennung von Natur und Geist*. Hg. Rüdiger Bubner, Burkhard Gladigow, Walter Haug. München 1990. Darin bes. der wiedergedruckte Aufsatz von Hans Robert Jauß: „Kunst als Antinatur: Zur ästhetischen Wende nach 1789“, 209-243.

[19] Zur Cartesianischen Mathematik, insbesondere Descartes' Einführung von Buchstaben in die Geometrie vgl. Verf.in: „Letters and Lines: Algebra and Geometry in Descartes' Geometry“. In: Dies.: *Lines of Thought* (= Anm. 4), 49-67.

[20] Descartes: „Règles pour la direction de l'esprit“ (= Anm. 1), vol. I, 186 (Regel XVI).

[21] Ebd., 109 (Regel VII).

In diesem Sinne verschafft Descartes' Epistemologie dem Geist die Mittel, Vergleiche anzustellen. Doch wohnen diese Mittel als Vergleichsgrundlage den verglichenen Dingen weder inne, noch stehen sie außerhalb derselben. Wie die zwei Gebiete der Mathematik, die sie erstmals in eine Kommunikation bringen, gehören sie zwangsläufig zu keiner bestimmten Kultur. Vergleicht man also jene zwei unterschiedlichen komparativen Theorien — Descartes' Methode einer Ersetzung der einfachen räumlichen Ausdehnung durch frei gewählte Zeichen und Goethes detaillierte Untersuchung der Charakteristika empirischer Objekte — so erweisen sich ihre Grundlagen und Vergleichsmethoden zunächst als gleichermaßen unangreifbar, da beide nicht vorgegeben, sondern konstruiert sind.

Während nun die im Vergleich gegründeten Naturwissenschaften längst nicht mehr so naturnah erscheinen, leiden wiederum die Geisteswissenschaften — so sie den Wert des Vergleichs nur positiv besetzen und dabei verkennen, daß das somit Verglichene erst im Vergleich entsteht — unter einem fehlgeleiteten Naturalismus. Aber es mag wohl in einer diesbezüglichen Natur der Sache liegen, daß der Akt des Vergleichs, indem er Dinge mit anderen Dingen, die anders sind, in Beziehung setzt, durchaus dazu geeignet ist, Wahrheit für Dichtung und Dichtung für Wahrheit auszugeben. Dies würde nicht allein den die Geschichte der Komparatistik kennzeichnenden interdisziplinären Austausch erklären, sondern auch die eigenartigen Vorbehalte der Geisteswissenschaften gegenüber dem Vergleich. Nun mag eine solche Skepsis eine Form aufklärerischer Selbstkritik sein — oder eben jene unvermeidliche Fiktion, die bereits selbst Teil einer Praxis des Vergleichens ist.

Aus dem Englischen übersetzt von Gregor Schwering

Comparaison/Vergleichung
Zur Geschichte und Ethik eines komparatistischen Genres

Carsten Zelle

> „Die Vergleichungen lassen wir weg" (Goethe an Zelter, 5. Okt. 1831, über die „Leben" Plutarchs, die ihm Ottilie vorlese)

> „— bedenkt vor jedem Fremden die eigene Fremdheit mit!" (Peter Handke: *Zurüstungen für die Unsterblichkeit. Ein Königsdrama*. Frankfurt am Main 1997, XIII, 123)

Als sich im September 1993 eine Reihe ausgewiesener Fachvertreter zu einem DFG-Symposion trafen, um über das disziplinäre Verhältnis von Germanistik und Komparatistik zu beraten, konnte man sich über Notwendigkeit und Stellenwert einer Geschichte der Vergleichenden Literaturwissenschaft nicht einigen: Während den einen die Erforschung der Geschichte der Komparatistik noch unzureichend geleistet erschien, verwiesen die anderen darauf, daß fast jede Einführung in die Komparatistik mit einer solchen Darstellung einsetze.[1] Auf dieses unsondierte Terrain sollen die folgenden Ausführungen führen, dabei jedoch einen anderen als den bisher beschrittenen Weg einschlagen. Vorgeschlagen wird ein Beitrag zur Wissensgeschichte der Komparatistik in Form einer Geschichte einer ihrer Formen: der 'Comparaison' bzw. 'Vergleichung'. Dabei ziele ich auf die Beantwortung der Frage, was die Komparatistik war, bevor es die Komparatistik gab.[2] Am Ende des Aufsatzes soll eine geschichtliche Reihe des literaturkritischen Genres der 'Comparaison' vor Augen stehen sowie eine Einsicht: die Einsicht in die Ethik der 'Vergleichung'. Die 'Comparaison' führt zur Para-Raison, der Vergleich zum Ausgleich: zur Anerkennung der Vernunft des Anderen und des Fremden. Die Ethik der Vergleichung entspricht Ansätzen einer komparativ orientierten historischen Kulturwissenschaft, deren Chancen in zweifacher Weise herausgestellt worden

---

Überarbeitete Fassung meiner Siegener Antrittsvorlesung vom 8. Nov. 1995. Ursula Link-Heer (Bayreuth), Maria Moog-Grünewald (Tübingen) und Fritz Nies (Düsseldorf) danke ich für Kritik, Anregungen und Hinweise.

[1] Anne Bohnenkamp: „Diskussionsbericht". In: *Germanistik und Komparatistik. DFG-Symposion 1993.* Hg. Hendrik Birus. Stuttgart, Weimar 1995, 593-603, hier: 599. Referiert werden die Kontrapositionen von Hans Ulrich Gumbrecht (Stanford) und Horst Steinmetz (Leiden). Steinmetz wird man entgegenhalten müssen, daß eine gründliche Geschichte der Allgemeinen und Vergleichenden Literaturwissenschaft noch aussteht. Vgl. zuletzt das Fazit der materialreichen Übersicht von Enrique Banús (*Untersuchungen zur Rezeption Johann Gottfried Herders in der Komparatistik. Ein Beitrag zur Fachgeschichte.* Bern, Berlin, Frankfurt am Main, New York, Paris, Wien 1996, 55-90, hier: 90): „Richtig ist [...], daß eine 'kanonisierte' Version der Fachgeschichte auf der Basis eingehender Detailstudien nicht existiert."

[2] Vgl. die analoge Frage des Soziologen Friedrich H. Tenbruck: „Was war der Kulturvergleich, ehe es den Kulturvergleich gab?" In: *Zwischen den Kulturen? Die Sozialwissenschaften vor dem Problem des Kulturvergleichs.* Hg. Joachim Matthes. Göttingen 1992, 13-36.

sind, und zwar als Chance einer Abkehr von nationalstaatlichen Fixierungen und als Chance einer Loslösung von der normativen Kraft des Faktischen, d.h. Kontingenz der Gegenwart.[3]

Zugrundegelegt ist den Überlegungen ein um die Fachprosaformen erweiterter, der Rhetorik nahestehender Literaturbegriff, wie er zu Beginn der 70er Jahre — etwa in Sengles 'Biedermeierbuch' vorgeschlagen —, dann aber zugunsten anderer, vermeintlich dynamischerer Erweiterungen des Literaturbegriffs um Trivial- bzw. Massenliteratur und Neue Medien nicht weiter verfolgt worden ist.[4]

Was den Beginn der gattungsgeschichtlichen Reihe der 'Vergleichung' betrifft, überlasse ich mich der Weisheit eines Dialogs, den der Bayreuther Kollege Janós Riez zwischen einem neugierigen Laien und einem aufrichtigen Gelehrten belauscht hat: „*Curiosus*: Wann hat es in Wahrheit mit der Komparatistik angefangen? *Sincerus*: Mit Adam und Eva. *Curiosus*: Können Sie das bitte erläutern?"[5]

I.

Unterscheidet man zwischen 'Wissen', 'Wissenschaft' und 'Disziplin' der Komparatistik, ist der mittlere Terminus am wenigsten greifbar. Tatsächlich ist der Komparatistik hinsichtlich ihrer Wissensinhalte immer wieder ein hohes Alter bescheinigt worden. Sie sei „probably five thousand years old". „La littérature comparée est vieille au moins de quatre mille ans". „Macrobius and Aulus Gellius were early comparatists".[6] Bereits zuvor hatte Ernst Robert Curtius in *Europäische Literatur und lateinisches Mittelalter* (1948) einen Exkurs zur spätantiken Literaturwissenschaft mit Quintilian begonnen und dabei als Wissenschaftskriterium den Begriff

---

3 Ute Daniel: „Plädoyer für eine vergleichende historische Kulturwissenschaft". Vortrag, Bielefeld 15. Febr. 1996, 10 S. Typoskript, hier: 7.

4 Friedrich Sengle: *Biedermeierzeit. Deutsche Literatur im Spannungsfeld zwischen Restauration und Revolution 1815-1848.* Bd. II. *Die Formenwelt.* Stuttgart 1972. Der Abschnitt 'Formen wissenschaftlicher Literatur' (278-321) dient Sengle als Nachweis, „daß auch die Literaturgeschichte für die wissenschaftliche Literatur zuständig ist und in ihr einen gemeinsamen Forschungsbereich von Literatur- und Wissenschaftsgeschichte erkennen sollte. Wenn die Wissenschaftsgeschichte, die so wichtig wie die Geschichte der Künste ist, nicht vernachlässigt würde, hätte man gewiß die Notwendigkeit einer solchen Zusammenarbeit längst erkannt. Es empfiehlt sich in dieser Situation mit literaturhistorischer *und* wissenschaftsgeschichtlicher Perspektive auf die Formen der wissenschaftlichen Literatur zuzugehen." Die als Brücke zwischen beiden Disziplinen in Anschlag gebrachte Rhetorik (279 f.) ist in der u.a. von Wilhelm Voßkamp initiierten germanistischen Wissenschaftshistoriographie zugunsten institutionsgeschichtlicher und systemtheoretischer Ansätze *nicht* betreten worden. In der Mediävistik dagegen ist die Fachprosaforschung seit längerem etabliert; vgl. Gundolf Keil: „Literaturbegriff und Fachprosaforschung". In: *Jahrbuch für Internationale Germanistik* 2 (1970), H. 1, 95-102.

5 Janós Riez: „Die Vertreibung aus dem Paradies oder Wie die Komparatistik bis zu mir kam". In: *Wege zur Komparatistik. arcadia-Sonderheft für Horst Rüdiger zum 75. Geburtstag.* Hg. Erwin Koppen, Rüdiger von Tiedemann. Berlin, New York 1983, 92-100, hier: 92.

6 Vincent McCrossen: „What Comparative Literature might be and seldom is". In: *Comparative Literature. Proceedings of the second Congress of the ICLA.* 2 Bde. Hg. Werner Paul Friederich. Chapel Hill 1959, Bd. I, 204-215, hier: 206; François Jost: „La littérature comparée, une philosophie des lettres". In: Ders.: *Essais de littérature comparée.* 2 Bde. Freiburg 1964, Bd. II, 313; Robert J. Clements: *Comparative Literature as Academic Discipline.* New York 1978, 3.

'scientia' (*inst.* I 4, 2) festgehalten.[7] Als Disziplin ist die Komparatistik demgegenüber verhältnismäßig jung, sofern man als Disziplinaritätskriterium universitäre Verankerung durch Lehrstühle einerseits, akademische Zeitschriften und Kongresse andererseits, d.h. Kriterien institutioneller Selbstreproduktion, unterstellt. Worin die 'Wissenschaftlichkeit' des Fachs besteht, ist letztlich umstritten. Während Ende des 19. Jahrhunderts 'Comparative Literature' als Literatur*wissenschaft* durch die Frontstellung gegen die literatur*kritische* Tradition konstituiert wurde, und zwar durch eine neu/alt-Dichotomisierung („new science"/"old criticism")[8], holte René Wellek im Zuge seiner Auseinandersetzung mit dem 'Positivismus' der französischen Komparatistenschule (Van Tieghem, Carré u.a.) Poetik, Literaturkritik und Vergleich im Namen einer allgemeinen Literaturwissenschaft in das Methodenreservoir der Komparatistik zurück.[9] Insgesamt ergibt sich nach der Durchmusterung einschlägiger fachgeschichtlicher Überblicke[10] das Bild einer weit zurückreichenden Vorgeschichte, die bei 'Vorläufern' ('précurseurs') wie Herder, Goethe, Friedrich Schlegel, August Wilhelm Schlegel oder Madame de Staël Anfang des 19. Jahrhunderts endet, einer Frühgeschichte, die mit den „premiers comparatistes" Jean-Jacques Ampère, Abel-François Villemain und Edgar Quinet um 1830 als Folge von Kosmopolitismus und historisch-vergleichender Methode einsetzt[11], und einer Disziplin- bzw. Fachgeschichte, die um 1870 von „'Klassiker[n]' der Komparatistik"[12] inauguriert und „*'frühen' Komparatisten*"[13] vorangetrieben und konsolidiert wird.

Bei der Bezeichnung „littérature comparée", die die „Pioniere[n] des Faches"[14], François Noël und Guislain de La Place, 1816 mit ihrem *Cours de littérature comparée* — eine Eschenburgs *Beispielsammlung*[15] vergleichbare Anthologie muster-

---

[7] Ernst Robert Curtius: *Europäische Literatur und lateinisches Mittelalter* [¹1948]. 10. Aufl. Bern, München 1984, 435-442, hier: 435.

[8] Hutcheson Macauly Posnett: „The Science of Comparative Literature". In: *The Contemporary Review* 79 (1901), 855-872; abgedr. in: *Comparative Literature. The Early Years. An Anthology of Essays.* Ed. Hans-Joachim Schulz, Phillip H. Rhein. Chapel Hill 1973, 186-206, hier: 187 f. und 196.

[9] René Wellek: „Die Theorie der Vergleichenden Literaturwissenschaft" [engl. 1953]; abgedr. in: *Vergleichende Literaturwissenschaft.* Hg. Hans Norbert Fügen. Düsseldorf, Wien 1973, 101-107, hier: 102 und 106 f.

[10] Ulrich Weisstein: *Einführung in die Vergleichende Literaturwissenschaft.* Stuttgart, Berlin, Köln, Mainz 1968, 22-85; Hugo Dyserinck: *Komparatistik. Eine Einführung* [¹1977]. 3., durchges. und erw. Aufl. Bonn 1991, 17-86; Peter V. Zima: *Komparatistik. Einführung in die Vergleichende Literaturwissenschaft.* Tübingen 1992, 15-59; Banús: *Untersuchungen zur Rezeption Johann Gottfried Herders* (= Anm. 1), 55-90.

[11] Marius François Guyard: *La littérature comparée* [¹1951]. Paris ⁵1969, 10.

[12] Zima: *Komparatistik* (= Anm. 10), 18 f., nennt Macaulay Posnett (*Comparative Literature.* London 1886), Wilhelm Wetz (*Shakespeare vom Standpunkte der vergleichenden Literaturgeschichte.* Worms 1890) und Joseph Texte (*Jean-Jacques Rousseau et les origines du cosmopolitisme littéraire.* Paris 1895).

[13] Banús: *Untersuchungen zur Rezeption Johann Gottfried Herders* (= Anm. 1), 13. Paul Van Tieghem: *La littérature comparée.* Paris 1931, gilt Banús als methodologische Zusammenfassung der ersten Phase der „institutionalisierten Komparatistik" (34).

[14] Dyserinck: *Komparatistik* (= Anm. 10), 31.

[15] *Beispielsammlung zur Theorie und Literatur der schönen Wissenschaften.* 8 Bde [in 9]. Hg. Johann Joachim Eschenburg. Berlin, Stettin 1788-1795. Diesen „'vorwissenschaftlichen' Vertreter der Kompara-

hafter nov-antiker europäischer Literatur — in die Terminologie des akademischen Unterrichtswesens eingeführt hatten, handelt es sich offenbar um eine Analogiebildung zu 'anatomie comparée'. Eine solche sprachgeschichtlich plausible Annahme[16] erlaubt jedoch m.E. nicht den Schluß, daß das Interesse am Kulturvergleich „im naturwissenschaftlichen Kontext" stehe und „Bestandteil des *biologischen Paradigmas*"[17] sei. Zima forciert die positivistischen Anfänge der Komparatistik, um ihr um so stärker soziologische Perspektiven verschreiben zu können. Entgegen anderslautenden basalen Methodenzuordnungen, die die Geisteswissenschaften auf das 'Verstehen', die Naturwissenschaften auf das 'Experiment' und die Soziologie auf das indirekte Experiment des 'Vergleichs' hatten gründen wollen, ist die „Übertragung" der vergleichenden Methode von den Natur- in die Geisteswissenschaften zwar in fragmentarischer Weise bereits zuvor von Dilthey suggeriert worden.[18] Jedoch ergibt sich die von Zima bzw. Dilthey angenommene Abhängigkeit des literarischen vom anatomischen Vergleich nicht zwangsläufig. Cuviers *Anatomie comparée* erschien 1800/05; Blainvilles *Physiologie comparée* 1833 und Costes *Embryogénie comparée* erst 1837. Solche naturwissenschaftlichen Komparatistiken waren freilich eingebunden in ein Ensemble vergleichender Studien auf unterschiedlichen Gebieten, gerade auch auf geistes- und kulturwissenschaftlichen wie der Mythologie (Abbé Tressan: *Mythologie comparée avec l'histoire* 1802), Philosophie (Degérando: *Histoire comparée des systèmes de philosophie* 1804), Erotik (de Villiers: *Erotique comparée* 1806) und Kunstlehre (Sobry: *Poétique des Arts ou Cours de peinture et de littérature comparées* 1810) sowie der indogermanischen Sprachkunde, derentwegen das *Bulletin des sciences historiques* 1833 eine Kolumne zur 'Philologie comparative' eröffnete.[19] Schon 1780 war freilich im *Mercure de France* eine „étude comparée des écrivains" vorgeschlagen worden, die dem schriftstellerischen Nachwuchs nachahmenswerte Muster bieten sollte. Bei dem von Zima suggerierten Sachverhalt, die sich institutionalisierende Komparatistik beerbe das Methodenreservoir der Naturwissenschaften, scheinen die Verhältnisse eher umgekehrt zu liegen: literarische Gattungen des Vergleichs, zumal in der Fachprosa, waren ubiquitäre poetologische Institutionen und so selbstverständlich, daß sich ihrer die verschiedensten Wissensgebiete bedienen konnten.

---

tistik" hat Achim Hölter („Johann Joachim Eschenburg: Germanist und Komparatist vor dem Scheideweg". In: *Germanistik und Komparatistik* [wie Anm. 1], 570-592) in Erinnerung gebracht.

[16] Dyserinck: *Komparatistik* (= Anm. 10), 21. Dagegen hatte René Wellek („Name und Wesen der vergleichenden Literaturwissenschaft". In: Ders.: *Grenzziehungen. Beiträge zur Literaturkritik* [am. 1970]. Stuttgart, Berlin, Köln, Mainz 1972, 9-30, hier: 14) zuvor viel vorsichtiger formuliert: „So konnte sich Anfang des neunzehnten Jahrhunderts die Kombination *littérature comparée* herausbilden, die anscheinend von Cuviers berühmter *Anatomie comparée* oder von Degérandos *Histoire comparée des systèmes de philosophie* (1804) angeregt war."

[17] Zima: *Komparatistik* (= Anm. 10), 19 und 21.

[18] Wilhelm Dilthey: „[Über vergleichende Psychologie.] Beiträge zum Studium der Individualität (1895/96)". In: Ders.: *Die geistige Welt. Einleitung in die Philosophie des Lebens.* Erste Hälfte: *Abhandlungen zur Grundlegung der Geisteswissenschaften.* 6., unv. Aufl. Stuttgart, Göttingen 1974 (= *Ges. Schriften,* 5), 241-316, bes. 303 ff.

[19] Vgl. Fernand Baldensperber: „Littérature comparée. Le mot et la chose". In: *Revue de littérature comparée* 1 (1921), 5-29, bes. 8 f.; Weisstein: *Einführung* (= Anm. 10), 24.

Mein Interesse an der 'Comparaison' bzw. 'Vergleichung' als einem Genre komparatistischen Wissens zielt daher auf folgende Problemlage: Bevor eine Wissenschaft ein Wissen diszipliniert und es von Spezialisten in Fächern zu Erkenntnissen zerschnitten wird, zirkulieren die Einsichten in diskursiven Formen, die unterschwellig die weitere Forschung determinieren. Die Komparatistik institutionalisiert sich im Ensemble wissenschaftlicher Fachrichtungen am Ende des 19. Jahrhunderts. Der entscheidende Schritt von einem komparatistischen Universitätsunterricht zu einer selbständigen Disziplin wird durch die Einrichtung eigener Lehrstühle und die Gründung einschlägiger Fachzeitschriften vollzogen.[20] Hinsichtlich solcher Organisationsformen komparatistischen Wissens hat Hugo Dyserinck daher in einem fachgeschichtlichen Abriß das Erscheinen der von Hugo Meltzl de Lomnitz herausgegebenen *Acta Comparationis Litterarum Universarum* (Klausenburg bzw. Kolozsvár; heute rumänisch: Cluj) im Jahre 1877 (bis 1887) als jenen „Durchbruch" markiert, der „das Ende der Vorstufe zur Entwicklung der Komparatistik"[21] darstellte. Für die von Henry Remak seit langem dringend angemahnte „gründliche Geschichte unserer Disziplin"[22] wäre es vielleicht nützlich, die institutionelle Seite der Disziplin von der Geschichte ihrer Inhalte abzukoppeln. Durch die Unterscheidung von Wissenschaft, die institutionsgeschichtliche Ansätze tautologisch als Effekt einer Disziplin definieren, und Wissen entkäme man der Bredouille, einerseits festzustellen, daß die Komparatistik sich als eine 'supranationale Disziplin' (Dyserinck) international als Gegenbewegung zur Ausdifferenzierung des Literaturwissenschaftssystems in Nationalphilologien im letzten Drittel des 19. Jahrhunderts etabliert (in Deutschland freilich mit germanistisch geschuldeter Verzögerung erst auf Druck der französischen Alliierten nach 1945!)[23], andererseits aber beobachten zu müssen, daß komparatistisches Wissen stets schon in den unterschiedlichsten gelehrten, akademischen und eben auch universitären Formen zirkuliert ist.

---

[20] Lehrstühle: Francesco De Sanctis (Neapel 1871), Arturo Graf (Turin, 1871), Lehrstuhl für Weltliteratur (Belgrad 1884), Édouard Rod (Genf 1886), Joseph Texte (Lyon 1896), Louis-Paul Betz (Zürich 1896), Arthur R. Marsh (Harvard University 1890/91), George E. Woodberry (Columbia University 1899); Zeitschriften: *Acta Comparationis Litterarum Universarum* (1877-1887, Hg. Hugo Meltzl de Lomnitz), *Zeitschschrift für Vergleichende Literaturgeschichte* (1887-1910, Hg. Max Koch), *The Journal of Comparative Literature* (1903, Hg. George E. Woodberry); Bibliographien: Louis-Paul Betz: *La littérature comparée. Essai bibliographique* [[1]1990]. Introduction: Joseph Texte. Straßburg 1904; Kongresse: Historikerkongreß, Paris 1900: 6. Sektion „Histoire comparée des littératures".

[21] Dyserinck: *Komparatistik* (= Anm. 10), 23.

[22] Henry H. H. Remak: „The Impact of Nationalism and Cosmopolitism on Comparative Literature from the 1880's to the Post World War II Period". In: Proceedings of the Fourth Congress of the International Comparative Literature Association. Den Haag 1966, 391; zit. Wellek: „Name und Wesen der vergleichenden Literaturwissenschaft" (= Anm. 16), 20.

[23] Vgl. Dieter Lamping: „50 Jahre Komparatistik in Mainz". In: *Compass. Mainzer Hefte für Allgemeine und Vergleichende Literaturwissenschaft* 1 (1996), 59-66. Daß die deutsche Germanistik „die dauerhafte Etablierung der vergleichenden Literaturwissenschaft in Deutschland bis 1945 verhindert" hat, belegt Rainer Rosenberg: „'Nationale oder vergleichende Literaturgeschichte?' Zur Geschichte des komparatistischen literaturwissenschaftlichen Denkens in Deutschland 1848-1933". In: *Weimarer Beiträge* 28 (1982), H. 11, 5-27, hier: 26.

Die Ineinsschau von Institutions- und Wissensgeschichte führt dagegen zu Interferenzen, die mit Unterscheidungen wie „Geschichte" und „Vorgeschichte" der Komparatistik, wie in der bei Horst Rüdiger und Erwin Koppen geschriebenen Dissertation von Arno Kappler *Der literarische Vergleich. Beiträge zu einer Vorgeschichte der Komparatistik*, nur scheinbar beseitigt werden.[24] Abgesehen davon, daß eine solche Terminologie Teleologie und Fortschritt unterstellt — narrative Verknüpfungen, die postmodern an Kurs verloren haben —, präsupponiert die Unterscheidung ein tertium comparationis, durch das eine 'Vorgeschichte' auf ihre 'Geschichte' überhaupt nur bezogen werden kann. Die Unterscheidung zwingt zu einer mehr oder weniger heimlich vollzogenen normativen Definition von Komparatistik. Das wird deutlich in der Kritik, mit der Kappler „die einzige ausformulierte Definition für die Vorgeschichte der Vergleichenden Literaturwissenschaft"[25] aufspießt, die Ulrich Weisstein einem einschlägigen fachgeschichtlichen Abriß vorangestellt hatte: „Unter Vorgeschichte verstehen wir zunächst das Vorhandensein von kritischen Abhandlungen, in denen rein analogisch und unter Hinweis auf allgemeine ästhetische und kunsttheoretische Begriffe und Regeln Vergleiche zwischen einzelnen Dichtern oder deren Werken im Rückgriff auf die Antike oder innerhalb der modernen Nationalliteraturen angestellt werden, ohne daß faktisch erkennbare, geschichtlich nachweisbare Einflüsse zur Sprache kommen."[26] Weisstein ist so unvorsichtig, den wissenschaftlichen Kern des Fachs durch die Privilegierung der Kontaktstudie — „Einflüsse" — gegenüber einem typologischen Ansatz zu dekretieren.[27] Daraus schlägt Kappler den Funken seiner Kritik, indem er zu Recht schreibt: „Würde diese Definition als strenger Maßstab für die Komparatistik verwandt, so ließe sich eine Unzahl wissenschaftlicher Arbeiten von heute anführen, die den Anspruch erheben, komparatistisch zu sein, der obigen These zufolge aber zur Vorgeschichte gehörten. Und umgekehrt würden die vielfältigen Vergleiche von Homer und Vergil, von *Ilias* und *Äneis*, die schon in der Antike beginnen, nach Weisstein im besten Sinne komparatistisch sein."[28] Ähnlich kritische Reserven äußert Banús, insofern er seinen rezeptionsästhetischen Ansatz zur Fachgeschichte durch Abgrenzung von einer normativen Vorgehensweise profiliert, die die Relevanz fachgeschichtlicher Erscheinungen vom Standpunkt einer heutigen, 'modernen' Komparatistik' her bestimmt: „Die Deskription der Fachgeschichte operiert hier mit einem Begriff von 'moderner Komparatistik' und wendet ihn nor-

---

[24] Arno Kappler: *Der literarische Vergleich. Beiträge zu einer Vorgeschichte der Komparatistik.* Bern, Frankfurt am Main 1976, 43 ff.

[25] Kappler: *Der literarische Vergleich* (= Anm. 24), 44.

[26] Weisstein: *Einführung* (= Anm. 10), 22. Weissteins Ausführungen sind erkennbar von Vorgaben geprägt, die den Begriff der „rapports" gegen den 'willkürlichen' Vergleich ausspielen; vgl. Paul Van Tieghem: „Grundlagen und allgemeine Methoden" (frz. 1931). In: Vergleichende Literaturwissenschaft [= Anm.9], 73-81, bes. 76, und Jean-Marie Carré: „Vorwort zur Vergleichenden Literaturwissenschaft" (frz. 1951), ebd., 82-83, bes. 82.

[27] Die Unterscheidung Kontaktstudie/typologischer Ansatz folgt Gerhard R. Kaiser: *Einführung in die Vergleichende Literaturwissenschaft. Forschungsstand — Kritik — Aufgaben.* Darmstadt 1980, 58 ff. und 115 ff.

[28] Kappler: *Der literarische Vergleich* (= Anm. 24), 44.

mativ und ahistorisch auf die angeblichen Vorläufer an."[29] Gerade weil die literarische Gelehrsamkeit bis ins frühe 19. Jahrhundert noch nicht in die späteren Fachgrenzen einzelner Nationalphilologien mitsamt der Hydra ihrer ideologischen Legitimationsanstrengungen diszipliniert war, führt die Frage nach einer Vorstufe oder die Suche nach einer Vorgeschichte der Vergleichenden Literaturwissenschaft in die Irre. Umgekehrt ist es eher so, daß die heutige fachwissenschaftliche Perspektive die Sicht für die polymorphe Natur der vormaligen Wissensgebiete eher versperrt und prägende Querbeziehungen unsichtbar macht. So wundert sich Kappler z.B. einmal über den „umfassende[n] Literaturbegriff" einer, wie es anachronistisch heißt, „multinationalen Literaturgeschichte"[30] aus dem Settecento, in der neben historischen, rhetorischen, naturwissenschaftlichen Arbeiten u.a. auch belletristische Literatur behandelt wird, ohne dabei in Rechnung zu stellen, daß es sich hier um ein Werk aus der gelehrten Gattung der 'historia literaria' handelt, die mit 'Literaturgeschichte' allzu mißverständlich und unhistorisch wiedergegeben wäre.

Da es sich bei der Allgemeinen Literaturwissenschaft um ein von Natur aus 'labiles'[31] Fach zwischen den Nationalphilologien einerseits und den Feldern traditioneller Literaturphilosophie und Ästhetik andererseits handelt, und weil der Ort der Vergleichenden Literaturwissenschaft „in der wechselhaften Konfiguration und Konkurrenz philologischer Disziplinen [...] nach wie vor prekär [erscheint]"[32], führt der methodische Weg von der Geschichte in die 'Vorgeschichte' der Allgemeinen und Vergleichenden Literaturwissenschaft nicht allzu weit, genauer: Er führt ins historische Gestrüpp. Die Vielfalt der Erscheinungsformen komparatistischer Wissenschaft zwingt den Beiträger zu einer Vorgeschichte der Komparatistik in die Unübersichtlichkeit mannigfaltigster Vorformen und wider Willen in den Plural möglicher Vorgeschichten. Kappler sieht sich in seiner Dissertation daher genötigt, die unterschiedlichsten Dinge anzusprechen, die als Voraussetzungen der Komparatistik bezeichnet werden: Erscheinungen wie Nationalismus und Kosmopolitismus, Reisen, Klimatheorie, multinationale Literaturgeschichten oder Literaturfehden — alles trägt 'irgendwie' zur Entstehung der Vergleichenden Literaturwissenschaft zwischen Voltaire und Goethes Wort von der 'Weltliteratur' bei.

Könnte in dieser Situation ein gattungsgeschichtlicher Weg weiterführen, den ich bereits eingangs mit meiner Skepsis Zima gegenüber angedeutet habe, der je-

---

[29] Banús: *Untersuchungen zur Rezeption Johann Gottfried Herders* (= Anm. 1), 40 f. Zur Kritik des 'Vorläufers' in der Wissenschaftsgeschichte siehe Georges Canguilhem: „Der Gegenstand der Wissenschaftsgeschichte" [frz. 1966]. In: Ders.: *Wissenschaftsgeschichte und Epistemologie. Gesammelte Aufsätze.* Frankfurt am Main 1979, 22-37, bes. 33 ff.

[30] Kappler: *Der literarische Vergleich* (= Anm. 24), 124 f. Vgl. die präzise Unterscheidung von „*Culturgeschichte*", „*Literärgeschichte*" und „*Literaturgeschichte im engern Sinn*" bei Johann Georg Theodor Gräße: *Handbuch der allgemeinen Literaturgeschichte* [...]. Bd. I. Leipzig 1850, § 4.

[31] Von der „besondere[n] Labilität der Allgemeinen Literaturwissenschaft im Fächersystem [...]" spricht Wilfried Barner: „Das Besondere des Allgemeinen. Zur Lage der Allgemeinen Literaturwissenschaft aus der Sicht eines 'Neugermanisten'". In: *Die sog. Geisteswissenschaften. Innenansichten.* Hg. Wolfgang Prinz, Peter Weingart. Frankfurt am Main 1990, 189-203, hier: 190 f.

[32] Ulrich Schulz-Buschhaus: „Die Unvermeidlichkeit der Komparatistik. Zum Verhältnis von einzelsprachlichen Literaturen und Vergleichender Literaturwissenschaft". In: *arcadia* 14 (1979), 223-236, hier: 223.

doch m.W. bisher zur Geschichtsschreibung der Komparatistik nicht betreten worden ist? Seit langem sind in der europäischen Literaturgeschichte für die Thematisierung komparatistischen Wissens bestimmte literarische Gattungen ausgeprägt und bereitgestellt worden: 'Paragone', 'Parallèle', 'Comparaison' oder 'Vergleichung'. Diese Formen wahren eine Kontinuität, die sowohl über den Bruch zwischen Antike und Neuzeit als auch über die epistemologische Stufe von Wissen und Wissenschaft trägt. Zu denken wäre etwa an die Aufnahme der antiken Synkrisis in den 'Parallèles' des 17. Jahrhunderts und an die Beständigkeit, mit der eine *Comparaison* der beiden taurischen Iphigenien des Euripides und des Racine aus dem frühen 18. Jahrhundert ihre — vielleicht überraschende — Fortsetzung in der rezeptionsästhetischen Studie von Hans Robert Jauß über „Racines und Goethes Iphigenie" finden konnte.[33] Damit entspricht die 'Vergleichung' der für Gattungen überhaupt eigentümlichen Doppelheit von funktionaler Offenheit einerseits und relativer, geradezu hartnäckiger Eigendynamik, die beim Leser eine entsprechende Kontinuitätserwartung erweckt, andererseits. Diese relative Stabilität der Erwartungshaltung rechtfertigt es, das familienähnliche Formenensemble von 'Comparaison', 'Vergleichung', 'Parallèle' und 'Paragone' als Genre zu fassen und nicht z.B. als 'einfache Form' im Sinne André Jolles'.

II.

Wodurch konstituiert sich dieses Genre? Man muß sich zwar nicht bis Adam und Eva, jedoch bis zu Plutarchs Parallelbiographien umwenden, um den biographischen Ursprung der Vergleichung, gleichsam ihren gattungsmäßigen Archetyp[34], fixieren zu können. Denn es wird leicht übersehen — etwa im einschlägigen Artikel des *Historischen Wörterbuchs der Rhetorik* —, daß die 'comparatio' nicht nur eine Figur, sondern auch ein Genus der Rhetorik bezeichnet, insofern etwa Quintilian das 'genus comparativum' (*inst.* III 10, 3) als dritte Art der Gerichtsrede beschreibt, die bei der Abwägung von Entscheidungen oder — das ist noch heute der übliche Fall des judizialen Vergleichs — bei wechselseitiger Anklage benutzt wird. Plutarch (45-nach 120 n.Chr.) läßt mithin rhetorisches Formbewußtsein erkennen, wenn er seine 22 Parallelbiographien (um 110. n.Chr.) jeweils mit einer zusam-

[33] Louis Racine: „Comparaison de l'Iphigénie d'Euripide avec l'Iphigénie de Racine". In: *Mémoires de littérature, tirez des registres de l'Académie Royale des inscriptions et belles lettres* 8 (1733), 288-299; vgl. Pierre Perrault: *Critique des deux tragédies d'Iphigénie d'Euripide et de M. Racine et la comparaison de l'une avec l'autre* [um 1678] (BN, ms. fs. français, nr. 2385; zit. Hubert Gillot: *La querelle des anciens et des modernes en France. De la 'Défense et Illustration de la langue française' aux 'Parallèles des anciens et des modernes'*. Nancy 1914 [Ndr. Genève 1968]); Hans Robert Jauß: „Racines und Goethes Iphigenie. Mit einem Nachwort über die Partialität der rezeptionsästhetischen Methode". In: *Neue Hefte für Philosophie* 1973, H. 4, 1-46.

[34] Zur gattungskonstituierenden Rolle eines Archetyps vgl. Klaus W. Hempfer: *Tendenzen und Ästhetik. Studien zur französischen Verssatire des 18. Jahrhunderts*. München 1972, 21; Wilhelm Voßkamp: „Gattungen". In: *Literaturwissenschaft. Ein Grundkurs*. Hg. Helmut Brackert, Jörn Stückrath. Reinbek bei Hamburg 1992, 254-269, hier: 256.

menfassenden Vergleichung, d.h. mit einer Synkrisis beschließt.[35] Einander gegenübergestellt werden jeweils ein Grieche, etwa Theseus als attischer Nationalheros, und ein Römer, etwa Romulus als mythischer Gründer der ewigen Stadt. Zwar unterzieht Plutarch nur ein im weiteren Sinne 'literarisches' Paar der Vergleichung, nämlich die Rhetoren Demosthenes und Cicero — die Paarung geht auf einen kurzen Exkurs bei Pseudo-Longinos (12,4) zurück —, wegweisend an den Doppelviten Plutarchs hinsichtlich der neuzeitlichen Genreentwicklung ist jedoch, daß in der Summe zwei Zeitalter bzw. zwei Kulturen miteinander abgewogen werden. Die Parallelviten sollten im Sinne des von Traian (Regierungszeit: 98-117 n.Chr.) angestrebten Versuchs, den griechischen und römischen Bevölkerungsteil des Imperiums zusammenzuführen, die Gleichwertigkeit der beiden Kulturkreise herausstellen und einen Ausgleich zwischen der kulturellen Dominanz der Griechen und der politischen Hegemonie der Römer schaffen.[36] Bereits am Archetypus des Genres ist erkennbar, daß die Vergleichung verschiedene Funktionen erfüllen kann, insofern es gleichermaßen agonalen wie ausgleichenden Dynamiken eine Form zu geben vermag.

Die Parallelbiographien sind in der Zeit zwischen Montaigne (1533-1592) und Rousseau (1712-1778) zu einem der meistgelesenen und -übersetzten antiken Texte und „fast zu einem französischen Klassiker"[37] geworden. Allein die Plutarch-Übersetzung von Jacques Amyot (1513-1593) *Les Vies des hommes illustres, grecs et romains, comparées l'une avec l'autre* erlebte zwischen 1559 und 1655 mindestens 21 Auflagen. Die Popularität verweist auf die Affinität des Genres zur Epochenproblematik der 'Querelle' und ihrer Repliken. Die in der Form der Parallelbiographie markierte Kulturalterität mußte nur um eine Epochenstelle verschoben werden, um zum Artikulationsmedium der Parallele zwischen der Antike und der Moderne zu avancieren. Statt Alexander und Cäsar, wie bei Plutarch, stehen sich bei Charles Perrault (1628-1703) Ende des 17. Jahrhunderts Augustus und Louis XIV. gegenüber: „Et l'on peut comparer sans craindre d'estre injuste, / Le Siecle de

---

[35] Vgl. Albin Lesky: *Geschichte der griechischen Literatur* [[1]1957/58]. 3., neu bearb. und erw. Aufl. Bern 1971, 923. Zur Form von Agon und Synkrisis und deren neuzeitlichem Fortleben vgl. Friedrich Focke: „Synkrisis". In: *Hermes* 58 (1923), 327-368.

[36] Vgl. Konrat Ziegler: „Einleitung". In: Plutarch: Große Griechen und Römer. Bd. 1. Zürich, Stuttgart 1954, 7-37, hier: 15.

[37] August Buck: „Das heroische und das sentimentale Antike-Bild in der französischen Literatur des 18. Jahrhunderts". In: *GRM* N.F. 13 (1963), 164 ff., hier: 166 und 169. Vgl. Plutarch: *Les Vies des hommes illustres, grecs et romains, comparées l'une avec l'autre.* Übers. Jacques Amyot. 1559, 1565, 1567, 1571, 1572, 1572, 1577, 1582, 1583, 1583, 1587, 1600/09, 1606, 1609, 1611, 1615, ern. 1615, 1619, 1622, 1645, 1655. Die für das 18. Jahrhundert wichtige, kommentierte Übersetzung von André Dacier *Les Vies des hommes illustres de Plutarque, traduites en françois avec des remarques* erschien in mindestens fünf Auflagen: 1694 in 4°, 1721 8 vols in 4°, 1734, ern. 1734, 1762, 1778. Die Lücke zwischen den Buchmarkterfolgen von Amyot und Dacier schließen weitere Übersetzungen, z.B. von Abbé Tallement (1663/1665 in 6 vols in 12°, 1664, 1684) und de la Serre (1681 2 vols in 12°, 1702 4 Tom. en 2 vols in 12°). Nicht einbezogen wurden die griechischen und die zweisprachigen griechisch-lateinischen Editionen sowie die zahlreichen Auswahl- und Auszugsausgaben dieses Zeitraums, die der Katalog der Bibliothèque Nationale (Paris) nachweist.

LOUIS au beau Siecle d'Auguste."[38] Die Perrault-Querelle, die mit diesen Versen 1687 ausbrach, fand in den Folgejahren in den vier Bänden der *Parallèle des Anciens et des Modernes en ce qui regarde les Arts et les Sciences* (1688 und 1697) ihre Summe. In ihr steht das Motiv höfischer Enkomiastik im Vordergrund. Louis XIV. darf sich in dem Ruhm sonnen, daß es seiner Förderung zu verdanken gewesen sei, daß sich der hohe Stand der Künste und Wissenschaften in der Moderne — Versailles — vor der Antike sehen lassen konnte.

Perraults *Parallèle* bildete freilich nur den Abschluß einer säkularen Debatte. Sie bot keinen Ausgangspunkt, sondern zog vielmehr den Schlußstrich unter eine lange Tradition: „point de départ, mais [...] un aboutissement".[39] Aus der Retrospektive heraus erscheinen die gelehrten Auseinandersetzungen in der Folge der genannten Akademiesitzung fast als ein „letzte[s] Gefecht"[40]. Der Streit um die Normativität der antiken oder der christlichen Überlieferung und über den Rang der Gegenwart, ihrer Sprache, Literatur, Künste und Wissenschaften, war das ganze 17. Jahrhundert über virulent. Die fachprosaische Gattung der 'Parallèle' blieb dabei nicht auf literarische oder künstlerische Themenfelder beschränkt. Auch die Architektur der verschiedenen Epochen, die Physiken Aristoteles' und Descartes' oder die Geschichtsschreiber bzw. Epiker Moses und Homer wurden in Vergleichung gesetzt.[41] Die erste neuzeitliche Parallele zwischen Alten und Neuen veröffentlicht der Spanier Cristóbal de Villalón bereits 1539. In seiner formal als Streitgespräch aufgebauten *Ingeniosa comparación entre lo antiguo y lo presente* tritt das die Moderne-Position in der 'Querelle' überhaupt kennzeichnende Motiv höfischer Preisrede bzw. 'nationaler' Apologie deutlich hervor. Bei Villalón ist es der spanische Herrscher Karl V., dem aufgrund seiner Förderung der Künste und Wissenschaften der Ruhm gebührt, daß die moderne Entwicklung der Antike überlegen ist. [42] Während höfische Preisrede die Moderne-Position kennzeichnet, gewinnt ein absolutismuskritischer Impuls — wie später bei Boileau — Kontur erst durch Antikenfavorisierung.

Den performativen Widerspruch der Modernisten, daß sie die *Unvergleichlichkeit* der Moderne durch einen *Vergleich* mit der Antike erweisen wollen, soll hier nicht vorgerechnet werden. Um gleichwohl den ironischen Sachverhalt pro-

---

[38] Charles Perrault: „Le Siècle de Louis Le Grand. Poëme" [1687]. In: Ders.: *Parallèle des Anciens et des Modernes en ce qui regarde les Arts et les Sciences. Dialogues.* Seconde Édition. T. I. Paris 1692 (Ndr. Genève 1971), 1-25, hier: 1.

[39] Cecilia Rizza: „Aux Sources de la Querelle des Anciens et des Modernes". In: *Ouverture et Dialogue. Mélanges offerts à Wolfgang Leiner.* Ed. Ulrich Döring, Antiopy Lyroudias, Rainer Zaiser. Tübingen 1988, 333-348, hier: 346.

[40] Heinz Entner: „Zum Kontext von Martin Opitz' 'Aristarchus'". In: *Germanica Wratislaviensis* 47 (1982), 3-58, hier: 18.

[41] Roland Fréart de Chambray: *Parallèle de l'Architecture antique et de la moderne.* Paris 1650 (zit. Gillot: *La querelle* [= Anm. 33]); René Le Bossu: *Parallèle des principes de la physique d'Aristote et de celle de René Des Cartes.* Paris 1674; anonym: *Discours en forme de comparaison sur les vies de Moïse et d'Homère.* Paris 1604 (zit. Gillot: *La querelle* [= Anm. 33]).

[42] Vgl. Karl Kohut: „'Ingeniosa comparación entre lo antiguo y lo presente'. Aufnahme und Kritik der antiken Tradition im spanischen Humanismus". In: *Renatae litterae. Studien zum Nachleben der Antike und zur europäischen Renaissance. August Buck zum 60. Geburtstag.* Hg. Klaus Heitmann, Eckhart Schroeder. Frankfurt am Main 1973, 217-244.

noncieren zu können, daß die Debatte der 'Querelle' trotz des Superioritätsanspruchs der Modernen der klassischen Doktrin der imitatio veterum, d.h. der Nachahmung der Alten, gemäß in einem antiken Genre geführt wurde, muß noch eine Frage beantwortet werden: Wodurch wird die bei Plutarch doch biographisch gewichtete Synkrisis zum Medium literarturkritischer Vergleichung tauglich?

Die Antwort auf diese Frage führt dazu, die Scharnierfunktion Scaligers zu prononcieren, bei dem das vorgegebene biographische in ein literaturkritisches Schema umgemünzt wird. In die Mitte zwischen antiker Parallelbiographie und modernem Literaturvergleich treten Julius Caesar Scaligers (1484-1558) *Poetices libri septem* von 1561. Das fünfte, 'Criticus' genannte Buch bietet einen Vergleich zwischen griechischen und lateinischen Autoren, der mit einer maßgebenden 'comparatio' zwischen Homer und Vergil einsetzt.[43] Ihr kommt eine doppelte Scharnierfunktion zu, weil darin einerseits das biographische Muster in ein literaturkritisches Schema modifiziert und andererseits der Epochenbruch von Antike und Neuzeit in Hinsicht auf die Tradierung rhetorischen und poetologischen Wissens überbrückt wird. Der Vergleich selbst geht bekanntlich zugunsten Vergils aus, der die Kunst auf den höchsten Gipfel der Vollendung geführt habe. Homers Kunst dagegen sei in einem rohen Zustand gewesen, da er abscheuliche Dinge von den Göttern erzähle, Albernheit und Widersinn produziere, dadurch zum Lachen anreize und widerwärtige und schändliche Dinge darstelle. Dieser antihomerischen Position wegen ist Scaliger in der 'Querelle' zum Kronzeugen der Modernisten avanciert. Zugleich institutionalisierte das Vorbild Scaligers die 'comparatio' endgültig als eine Gattung literaturkritischer Gelehrsamkeit. Zwar hat Ernst Robert Curtius die 'Querelle' zwischen Alten und Neuen einmal als „konstantes Phänomen"[44] der Literaturgeschichte bezeichnet und damit manchen Widerspruch geerntet, doch hat er es versäumt, Agon, Synkrisis, Streitgespäch und die moderne Entsprechung der 'Vergleichung' als die 'ewige' Form einer solchen 'Querelle' geltend zu machen. Paolo Beni veröffentlicht 1607 in Padua eine *Comparatione di Homero, Virgilio e Torqvato*, Desmarets de Saint-Sorlin in Paris 1670 eine *Comparaison de la langue et de la poésie française avec la grecque et la latine*, in der die Auseinandersetzungen zwischen Gelehrten- und Volkssprache in der Tradition von Dantes *De vulgari eloquentia* (1303/04) und Du Bellays *Deffence et illustration de la langue françoyse* (1549) aufgegriffen wird, François Blondel 1673 eine *Comparaison de Pindare et d'Horace*, René Rapin 1668 eine *Comparaison des poëmes d'Homere et de Virgile*, in der die von Scaliger vorgegebene Form der Vergleichung zwar aufgegriffen, in Hinsicht auf die Wertung jedoch eine interpretatorische Wende eingeleitet wird, die auf die 'Querelle d'Homère' zu Beginn des 18. Jahrhunderts vor-

---

[43] Julius Caesar Scaliger: *Poetices libri septem* [postum Lyon 1561]. Mit einer Einleitung von August Buck. Stuttgart, Bad Cannstatt 1964, V 2, 214 b ff.: „Primum igitur Graecos Latinosque inter se conferemus. Ac primum quidem primos, Homerum atque Virgilium, ex quorum comparatione [sic!] cuismodi iudicium de aliis faciendum sit, constabit facilius." Zu Scaligers komparatistischem Verfahren vgl. Gregor Vogt-Spira: „Julius Caesar Scaliger über Homer und Vergil". In: *MLN* 105 (1990), 409-431, und ders.: „Ars oder Ingenium? Homer und Vergil als literarische Paradigmata". In: *Literaturwissenschaftliches Jahrbuch* 35 (1994), 9-31.

[44] Curtius: *Europäische Literatur und lateinisches Mittelalter* (= Anm. 7), 256.

ausweist. Vergils *Äneis* entspreche zwar der aristotelischen Forderung nach der „ordonnance de la Fable", so wie das 17. Jahrhundert sie verstand, doch trotz aller Fehler, Irregularitäten und Unwahrscheinlichkeiten eigne Homer gegenüber Vergil „un air plus grand et je ne sais quoi de plus sublime".[45] Rapins 1670 veröffentlichte *Comparaison de Demosthène et de Cicéron*, in der die Plutarchsche Paarung, aber die neuentdeckte *alte* Longinsche Wertung aufgegriffen wird, die den Griechen gegenüber dem Römer favorisiert, setzt den Paradigmenwechsel von der römischen Musterkultur des 17. zur griechischen Musterkultur des 18. Jahrhunderts fort. Stets haben wir es bei dem Genre der 'comparatio' mit komplexen inter-, ko- und kontextuellen Beziehungen zu tun.

III.

Bei der Ubiquität der 'Vergleichung' im Anschluß an Scaliger will ich nicht stehenbleiben, sondern gleich die funktionale Spannweite des Genres zwischen Rangstreit und Relativierung, Vergleich und Ausgleich an dem prominentesten Beispiel aus der 'Querelle' andeuten. Die 'Parallèle'-Problematik — dafür stehen die einschlägigen Arbeiten von Werner Krauss zu Fontenelle einerseits, von Hans Robert Jauß zu Perrault andererseits — führt gleichermaßen zum futurischen wie zum historischen Bewußtsein. Fortschrittstheorie und Historismus sind gleich ursprünglich. Gerade die große *Parallèle* von Perrault belegt dieses doppelte Resultat der Epochenvergleichung. Beginnt das vierbändige Werk mit dem Anspruch, den Fortschritt der Moderne gegenüber der Antike auf allen Gebieten der Künste und Wissenschaften zu demonstrieren, so endet es mit einem ersten historischen Verständnis der antiken Kunst. Inmitten der dialogisch angelegten Auseinandersetzung blitzt die den Vorrangstreit ausgleichende, dritte Option einer historischen Verortung der eigenen modernistischen Position auf, insofern es ein einfaches und sicheres Mittel gebe, die beiden Konterpositionen zwischen Antikenvertretern und Modernefreunden zur Übereinstimmung zu bringen: „Je sçay un moyen bien facile & bien seur pour vous mettre d'accord, c'est de convenir, comme il est tres-vray, *que c'est nous qui sommes les Anciens*." (meine Herv., C.Z.)[46] Daß die Modernen die Alten sind, heißt einmal, daß sie selbst fortan die Normen der künstlerischen Nachahmung setzen, es heißt aber zugleich, daß auch die Modernen jenen Geltungsverlust erfahren werden, den sie den Alten gerade bereiten. So führt der Agon zum Ausgleich, d.h. der Vergleich zur Vergleichung in einem rechtstechnischen Sinne, so daß sich die von den Antikenfreunden unterstellte Normativität der Klassik und die von den Modernevertretern behauptete Superiorität der Gegenwart wechselweise relativieren und eine historistische Perspektive entsteht. Die zahlreichen Bei-

---

[45] René Rapin (1621-1687): *Comparaison des poëmes d'Homere et de Virgile* (1668); zit. Théodore A. Litman: *Le sublime en France (1660-1714)*. Paris 1971, 31 f.

[46] Charles Perrault: *Parallèle des Anciens et des Modernes en ce qui regarde les Arts et les Sciences. Faksimiledruck der vierbändigen Originalausgabe Paris 1688-1697*. Hg. Hans Robert Jauß, Max Imdahl. München 1964, I, 49 (Originalpag.).

spiele für das Genre der 'Comparaison' bzw. 'Parallèle' sind daher immer wieder als Ursprung einer 'littérature comparée' in Anschlag gebracht worden.[47]

Den eindruckvollsten Beleg dafür, daß der entscheidende Temporalisierungsschub der Moderne in der Vergleichung alter und neuer Kunsterfahrung lange vor der 'Sattelzeit' in der Ideenschmiede der 'Querelle' stattgefunden hat[48], liefern die Schriften Saint-Évremonds (1614-1703). Sie beziehen Position jenseits eines modernistischen Gegenwartszentrismus, weswegen ihnen die Forschungen von Krauss und Jauß gleichermaßen aus dem Weg gegangen sind. Der Ausruf Saint-Évremonds in der Abhandlung *Sur les Anciens* „Tout est changé"[49] nimmt bereits vor Perrault das wesentliche Ergebnis der 'Querelle' vorweg. Zwar liefert der Vergleich *De la Tragédie Ancienne et Moderne* eine harsche Abrechnung mit der antiken Tragödie, gegenüber deren Grausamkeiten die „tendre Admiration" des Racineschen Modells vorgezogen wird[50], solche Wertungen basieren jedoch auf der Einsicht in die Verschiedenheit des geschichtlich Fernen und geographisch Fremden. Der Einfühlungsversuch in Poros, der indische Gegner Alexanders, den die frühe *Dissertation sur le Grand Alexandre* (1668) vornimmt, führt Saint-Évremond lange vor ähnlich gelagerten klimatheoretischen Ansätzen bei Dubos, Montesquieu oder Herder zur Anerkennung der vielfältigen Ausprägung der Menschennatur und zur Diversifikation ihrer Vernunft: „Un autre Ciel, pour ainsi parler, un autre Soleil, une autre Terre y [= aux Indes] produisent d'autres animaux et d'autres fruits; les hommes y paroissent tout autres par la difference des visages, et plus encore si je l'ose dire, par une diversité de raison; une morale, une sagesse singuliere à la Region, y semble regler et conduire d'autres esprits dans un autre monde."[51] Das

---

[47] Gillot: *La querelle* (= Anm. 33), 526: „A ce titre ils [= les 'comparaisons' et les 'parallèles' des Desmarets, des Charpentier et des Perrault] se classent en bonne place parmi les précurseurs de la 'Littérature comparée'." Vgl. Raymond Naves: *Le Goût de Voltaire*. Paris 1938 (Ndr. Genève 1967), 108 ff. und 118 ff.

[48] Hans Ulrich Gumbrecht („Modern, Modernität, Moderne". In: *Geschichtliche Grundbegriffe. Historisches Lexikon zur politisch-sozialen Sprache in Deutschland.* Hg. Otto Brunner, Werner Conze, Reinhart Koselleck. Bd. IV. Stuttgart 1979, 93-131) beharrt 'sattelzeitkorrekt' darauf, daß zwar ein Temporalitätsbewußtsein von der Vergangenheit zukünftiger Gegenwart bereits in der 'Querelle' ausgebildet worden sei (96), diese Einsicht sich jedoch erst im Laufe des 18. Jahrhunderts, namentlich nach der Beschleunigungserfahrung der Französischen Revolution, „in ein umfassendes neues Zeitbewußtsein" (101) umgesetzt habe. Vgl. dagegen Verf.: „'Nous, qui sommes si modernes, serons anciens dans quelques siècles'. Zu den Zeitkonzeptionen in den Epochenwenden der Moderne". In: *Konzepte der Moderne. DFG-Symposion 1997*. Hg. Gerhart von Graevenitz. Stuttgart, Weimar 1999, 497-520.

[49] Saint-Évremond: „Sur les Anciens" [entst. 1685?]. In: Ders.: *Œuvres en prose*. Ed. René Ternois. 4 vols. Paris 1962-1969, vol. III (1966), 348-359, hier: 357. Die Datierung der Schrift ist unsicher. Eine deutsche Übersetzung erschien u.d.T. „Gedanken über die Gedichte der Alten". Übers. W. B. A. von Steinwehr. In: *Der deutschen Gesellschaft in Leipzig eigene Schriften und Uebersetzungen* [...]. 2., verm. Aufl. Leipzig 1742, 573-582.

[50] Saint-Évremond: „De la Tragédie Ancienne et Moderne" [entst. 1674/75?]. In: Ders.: *Œuvres en prose* (= Anm. 49), vol. IV (1969), 170-184, hier: 184. Die Datierung dieser Schrift ist umstritten.

[51] Saint-Évremond: „Dissertation sur le Grand Alexandre" [gedr. 1668]. In: Ders.: *Œuvres en prose* (= Anm. 49), vol. II (1965), 84-102, hier: 87 f. Vgl. Saint-Évremond an Madame La Duchesse Mazarin, 1677 oder 1678: „Tous les tems [!] ont un caractere qui leur est propre; ils ont leur politique, leurs interéts, leurs affaires; ils ont leur morale en quelque façon, [ayant] leurs deffauts et leurs vertus. C'est toûjours l'homme, mais la nature se varie dans l'homme [...]." Saint-Évremond: *Lettres*. Ed. René Ternois. 2 vols. Paris 1967/68, vol. I, 343-349, hier: 344.

Geltenlassen historischer und geographischer Kulturalteritäten und die aufklärerische Forderung nach Toleranz bedingen einander. Mit seinen Anschauungen über die raum-zeitliche „diversité de raison“ steht Saint-Évremond zu den Parteiungen der 'Querelle' in einer doppelten Opposition: Gegenüber den Parteigängern der antiken Musterkulturen verneint er deren normative Geltung. Gegenüber den Modernisten, die den kulturellen Vorrang der modernen, höfischen Zivilisation behaupten, steht der ehemalige Frondeur auf Distanz: Die heutige Kunst sei nicht fortgeschrittener, sondern anders. Eine solche *dritte* Position des Geltenlassens des Früheren und Fremden, die im Blick auf die 'Querelle' als „post-moderne“[52] qualifiziert wurde, ist von Saint-Évremond nur aus der Perspektive der Extraterritorialität, dem Londoner Exil seit 1661, zu entwickeln gewesen. Daher der große Wert komparatistischer Migrationsforschung und der bezeichnende Anteil der 'Frontaliers' und der Emigranten unter den großen Komparatisten. Die historische Alteritätseinsicht ist von der persönlichen Alteritätserfahrung wohl nicht zu trennen. Jenseits des Kanals erscheint das Zentrum Paris vielmehr als Peripherie. Die eigene Lebensgeschichte hatte Saint-Évremond zu jener wechselweisen Relativierung der Standpunkte geführt, die bei Perrault nur durch die literarische Form des Dialogs und durch das Gedankenexperiment, die eigene Zeit mit dem Maß Homers zu beurteilen, bewerkstelligt werden konnte. Aus der Distanz seines Londoner Exils heraus verhält sich Saint-Évremond quasi seiner eigenen Epoche gegenüber historisch.

Wendet man das Resultat der 'Parallèle', das in der Relativierung der miteinander verglichenen normativen Geltungsansprüche besteht, auf unser eigenes Thema, dann ist nicht länger einzusehen, wissenschaftsförmige Produktion von Erkenntnissen vor der diskursiven Fülle wissender Einsichten zu privilegieren. Vielmehr beginnen wir zu erkennen, daß auch literaturwissenschaftliche Erkenntnisse Neu- bzw. Recodierungen oder, wie es in der vertrauten Terminologie des an Curtius geschulten Komparatisten besser heißen sollte, Retopisierungen früheren literarischen Wissens sind.

Als Antoine Houdar de La Motte (1672-1731) 1714 mit Hilfe der *Ilias*-Übersetzung (1711) von Anne Dacier (1654-1720)[53] eine gekürzte und klassizistisch 'polierte' Versfassung *L'Iliade en douze chants* vorlegt, der ein *Discours sur Homère* (1714) beigegeben ist, in dem die Fortschritte der Moderne, d.h. Christentum und höfische Zivilisation, gegen die Amoralität und Roheit der primitiven homerischen Zeit ausgespielt werden, kommt es zum Streit. Im Zuge der 'Querelle d'Homère'[54] profiliert die Partei der 'Anciens' Homer im Kontext eines heroischen Zeit-

[52] Yves Vadé: „Citations dans les textes: Les Anciens, les Modernes et les autres“. In: *Tradition und Modernität. Aspekte der Auseinandersetzung zwischen 'Anciens' und 'Modernes'*. Hg. Volker Roloff. Essen 1989, 13-28.

[53] Anne Dacier: *L'Iliade d'Homère traduite en françois avec des remarques*. 3 vols. Paris 1711; dies.: *L'Iliade d'Homère traduite en françois*. Sec. Édition [...] avec quelque réflexion sur la préface angloise de M. Pope. 3 vols. Paris 1719; dies.: *L'Odyssé d'Homère traduite en françois*. 3 vols. Paris 1716.

[54] Die Streitschriften seitens der Modernisten: La Motte: *Réflexions sur la critique*. 3 vols. Paris 1715; Jean Terrasson: *Dissertation critique sur l'Iliade*. 2 vols. Paris 1715; seitens der Antikenfreunde: Anne Dacier: *Des causes de la corruption du goust*. Paris 1714; Jean Boivin: *Apologie d'Homère où l'on explique le véritable dessein de son Iliade, & sa theomythologie*. Paris 1715; Étienne Fourmont: *Examen pa-*

alters der Menschheit, um ihn gegen die Vorwürfe der 'Modernes' zu verteidigen. Man dürfe, führen die Verteidiger des Altertums unter Anknüpfung an Rapins oben bereits erwähnte Umwertung an, Homer nicht auf die Norm einer 'schönen Natur' beziehen, vielmehr sei sein Epos Nachahmung der Natur in ihrer ersten Einfachheit („sa premiere simplicité"), genauer: in ihrer wahren und echten Größe („véritable & solide grandeur").[55] Gegenüber der angeblich zeitlosen Wahrheit von 'nature' und 'raison', die die Modernisten freilich in verdinglichender Begriffsbildung aus den Standards ihrer eigenen Epoche abstrahieren, schärfen die Verteidiger der Alten das Bewußtsein für kulturelle Verschiedenheiten, aus denen nicht nur historische Einsicht zu gewinnen, sondern auch ein ästhetisches Vergnügen zu ziehen sei. „Si les héros du siècle d'Homère ne ressemblent pas aux héros de notre siècle, cette différence, loin de nous déplaire, devroit nous faire plaisir."[56]

Die kulturelle Alterität führt zu historischem Erklärungsbedarf. Die scheinbaren Fehler und Vulgaritäten Homers werden in ihren Zusammenhang mit archaischen Bräuchen gestellt: Daß Achilles die Fliegen auf dem Leichnam des Patroklos verscheucht, ein Ekelbild, an dem die Modernen stets Anstoß und zum Beleg für Rohheit und Unmoral der Vorzeiten genommen hatten („de la grossièreté et de l'immoralité de ces temps primitifs"), müsse, wie Jean Boivin in seiner *Apologie d'Homère* (1715) nachweist, im Kontext archaischer Bestattungsbräuche gesehen werden. Danach waren die Freunde des Toten verpflichtet, die voranschreitende Verwesung bis zum letzten Tage des Leichenbegängnisses zu verzögern, bevor der Leichnam dann endlich verbrannt werden durfte. In diesem Kontext bildet sich die Überzeugung heraus, daß 'mit Vernunft urteilen' nicht länger bedeutet, dasjenige zu tadeln und abzuwerten, was nicht mit Gegenwartsphilosophie und -geschmack konform geht. Vielmehr heißt Urteilskraft haben nun, ein scharfes Bewußtsein für das Historische und bloß Relative von Ideen und Normen auszuprägen.

Indem das Homerische Zeitalter von der Normativität der Moderne abgekoppelt wird, nimmt es im Rahmen einer Gegenbewegung Züge einer glücklicheren Epoche an, die frei von Luxus und Dekadenz gewesen ist: „Telles estoient les mœurs de ces temps héroiques, de ces heureux temps où l'on ne connoissoit ni de luxe, ni la molesse, & où l'on ne faisoit consister la gloire que dans le travail & dans la vertu; & la honte que dans la paresse & dans le vice."[57] In der „Préface" ihrer *Ilias*-Übersetzung gibt Anne Dacier die Oppositionen vor, die das rurale Antikenbild Rousseaus 50 Jahre später mobilisieren sollte. Eine signifikante Verschiebung innerhalb des Antikenbildes der Neuzeit setzt ein, in der die seit der Renaissance überlieferte Musterhaftigkeit des Augusteischen Zeitalters, d.h. der römischen Klassik, zugunsten der griechischen Humanität abgewertet wird. Im Rahmen dieser

cifique de la querelle de Madame Dacier et Monsieur de la Motte sur Homère. 2 vols. Paris 1716. Zum Kontext vgl. Noémi Hepp: *Homère en France au XVIIe siècle.* Paris 1968.

55 Anne Dacier: *L'Iliade d'Homère traduite en françois.* 3 vols. Paris 1711, vol. I, Préface, XXIII f.; zit. Chantal Grell: „La querelle homérique et ses incidences sur la connaissance historique". In: *D'un siècle à l'autre: Anciens et modernes.* Ed. Louise Godard de Donville, Roger Duchene. Marseille 1987, 19-30, hier: 22.

56 Jean Boivin: *Apologie d'Homère.* Paris 1715, 47 f.; zit. Grell: „La querelle homérique" (= Anm. 55), 23.

57 Dacier: *L'Iliade d'Homère*, vol. I, Préface, XXVI f.; zit. Grell: „La querelle homérique" (= Anm. 55), 25.

neuen Gewichteverteilung, die sich nicht erst mit Winckelmann vollzieht, sondern sich in der Ideenschmiede der 'Querelle' anbahnt, wird die römische Zivilisation zur ersten Etappe der Moderne.

In der 'Querelle' zeichnet sich die Dichotomie zwischen der 'schönen Natur' eines zivilisatorisch polierten Vernunftbegriffs und den wilden, archaischen, aber poetischen Sitten eines *gelungenen* Zeitalters ab. Auf diese Vorgabe läßt sich die literaturgesellschaftliche Entwicklung im deutschsprachigen Raum zurückbeziehen. Dort sollten seit der Jahrhundertmitte die epochengeschichtlichen Unterscheidungen der 'Querelle' in den nationalen und sozialen Raum projiziert werden, um gegen die 'französische' Hofkultur im Nachbar- und im eigenen Land mit der Inszenierung von 'Natur', 'Wahrheit', 'Transparenz' und 'Tugend' ein aus den Mythengestalten Shakespeares und Rousseaus gezimmertes 'teutsches Altertum' erstehen zu lassen, aus dem die ideologische Hegemonisierungsanstrengung der 'bürgerlichen' Mittelschichten ihre historische Legitimation zu ziehen suchte. Die Eingemeindung Shakespeares zum deutschen Dichter geht z.B. bei Lessing gleichermaßen mit dem Bruch mit der klassizistischen Tragödientradition Corneilles und Racines im 17. *Litteraturbrief* von 1759 wie mit der Abwertung des „witzigen Hofmanns" Vergil gegenüber dem „großen Genie" Homer in der Medienkomparatistik des *Laokoon* von 1766 einher.

Daß solche Verschiebungsprozesse, wie die angedeuteten, innerhalb der europäischen Regionalkulturen je nach der Eigendynamik der jeweiligen literarischen Gelehrsamkeit zeitversetzt stattfinden, versteht sich von selbst. In einer „Parallelo della letteratura greca colla romana", die das 6. Kapitel der umfangreichen 'Litterärgeschichte' *Dell'origine, progressi et stato attuale d'ogni letteratura* des italienisch schreibenden Spaniers Juan Andrés bildet [58], steht Vergil noch 1785 als der größte Dichter der Antike dar, obwohl das Urteil nicht begründet wird — ja, aufgrund der auf Scaliger rückführbaren, wertsetzenden Gattungskonvention auch nicht begründet werden muß.

Bezeichnenderweise wird der von Scaliger vorgegebene und von Lessing umgewertete Homer-Vergil-Vergleich auch im 19. Jahrhundert aufgegriffen, jetzt aber nicht mehr als literaturkritische, sondern als explizit komparatistische Fragestellung im System der Wissenschaften — etwa von dem Warschauer Universitätsprofessor Ludwik Osinski in dessen 1861 publiziertem *Cours de littérature comparée*. Daß Osinskis Parallele zwischen *Ilias* und *Äneis* ein literaturkritisches Wissen vorausgeht, entgeht dem Professor freilich, denn sein Urteil rekurriert nicht auf ein in der Gattungsgeschichte der 'comparatio' determiniertes Vorverständnis, sondern die Überlegenheit des griechischen Epos gegenüber dem römischen wird von Osinski als Resultat eines unmittelbaren Geschmackurteils inszeniert: „Le sentiment de la beauté, qui est l'unique juge et guide, nous oblige à reconnaître la supériorité de l'*Iliade* par rapport à d'autres poèmes épiques."[59] Eine Wertung, für deren Ausbil-

[58] Vgl. Kappler: *Der literarische Vergleich* (= Anm. 24), 124 f.

[59] Ludwik Osinski: *Wyklad literatury porównawczej* [= Cours de littérature comparée]. In: Ders.: *Dziela* [=Œuvres]. T. II. Varsovie 1861, 90-193; zit. Jadwiga Zietarska: „La comparaison dans la critique lit-

dung die Literaturkritik die historische Spanne von Scaliger bis Lessing gebraucht hatte, erscheint nun in der wissenschaftlichen Disziplin der Komparatistik als unhinterfragte Selbstverständlichkeit.

Das Beispiel zeigt, daß die Aufmerksamkeit für Genres literaturkritischen Wissens statt für institutionelle Formationsprozesse in ein 'positives Unbewußtsein'[60] disziplinärer *Inhalte* stößt, die die wissenschaftliche Kategorien-, Wertungs- und Urteilsbildung determinieren. Strategisch zielen solche Überlegungen darauf, die normative Kraft des Faktischen, die der fachlichen Selbstreflexion stets entgeht, durch fachgeschichtliche Arbeit zu hinterfragen und aufzulösen.

IV.

Das gebotene Textkorpus der 'Vergleichung' ließe sich mit bibliographischem Witz leicht vergrößern. Auf eine ausführlichere Behandlung des literatur-, aber auch des kunstkritischen 'Paragone'-Schrifttums Italiens muß verzichtet werden. Zu nennen wären etwa Alessandro Tassonis (1565-1635) *Paragone degli ingegni antichi e moderni*[61] von 1608, in dem sich ein modernes Superioritätsbewußtsein gegen das Antikenvorbild ausspricht, für wissenschaftlichen Forschritt votiert und demgemäß gegen Aristoteles' Poetik und Naturlehre gleichermaßen polemisiert; Pietro dei Conti di Calepios (1693-1762) *Paragone della poësia tragica d'Italia con quelle di Francia*, eine von Bodmer ohne Wissen des Autors 1732 in Zürich herausgegebene Schrift[62], in der der Gelehrte aus Bergamo das zeitgenössische italienische Theater gegen die Angriffe der klassizistischen Kritiker verteidigt und dadurch vergleichbare Argumentationsmuster der deutschsprachigen Dramaturgie, namentlich Lessings in Hinsicht auf den Affekt der Bewunderung und das damit verbundene heroische Menschenbild („Halsstarrigkeit der Tugend"), antizipiert, oder Saverio Scròfanis (1756-1835) *Paragone delle donne francesi con le italiane* (Sinopoli 1817), die einen interessanten Gegenstand komparatistischer Miragologie böte.

Calepios ebenfalls von Bodmer edierte *Apologia*[63], in der Sophokles' *Ödipus* gegen kritische Angriffe Voltaires verteidigt wird, verweist auf die intertextuelle, besser: generalogische Ergänzungsbedürftigkeit dieser allzu skizzenhaften Bemerkungen zum Vergleichungsgenre. In einem größeren Rahmen , als es ein Aufsatz er-

---

téraire du Siècle des Lumières". In: *Actes du VIIIe Congrès de l'Association Internationale de Littérature Comparée. Budapest 1976*. Ed. Béla Koepeczi. Stuttgart 1980, vol. I, 241-247, hier: 245.

60 Vgl. Michel Foucault: *Die Ordnung der Dinge. Eine Archäologie der Humanwissenschaften* [frz. 1966]. Frankfurt am Main 1971, 'Vorwort zur deutschen Ausgabe', 9-16, hier: 11 f.

61 Alessandro Tassoni: „Paragone degli ingegni antichi e moderni". In: Ders.: *Dieci libri di pensieri diversi* [1608]. Neuausgabe. Ed. M. Recchi. 2 vols. Lanciano 1918/19.

62 Pietro dei Conti di Calepio: „Abhandlung von der Tragödie" [Ausz.]. In: Johann Jakob Bodmer: *Critische Briefe*. Zürich 1746, 3-66, bietet eine von Bodmer redigierte Zusammenschau der *Paragone* — die Spezifik der italienischen Bühne interessiert Bodmer dabei nicht. Dazu Enrico Straub: *Der Briefwechsel Calepio-Bodmer. Ein Beitrag zur Erhellung der Beziehungen zwischen italienischer und deutscher Literatur im 18. Jahrhundert*. Berlin: Phil. Diss. 1965, 82 ff.

63 Pietro dei Conti di Calepio: *Apologia del Edippo di Sofocle contre le censure del Signor di Voltaire*. Zürich 1742.

laubt, müßte die 'Apologie' bzw. 'Défence' funktional auf die 'Comparaison' bezogen und das hier verfolgte Genre in einem komplexen Ensemble differenter, aber familienähnlicher Intertexte bzw. Intergenres situiert werden.

Ähnliches gilt für 'Vergleichungen' anderer Kunstarten, etwa der Musik[64] oder der bildenden Künste. Die Paragone-Frage, d.h. der Agon zwischen Literatur und bildenden Künsten als Folge des 'ut pictura poesis'-Diktum Horaz' bzw. der Streit um den Vorrang unter den bildenden Künsten, war eines der Lieblingsthemen der Kunstliteratur in der Renaissance, die zur Klärung der spezifischen Modalitäten der einzelnen Kunstarten erheblich beitrug. Lessings *Laokoon* (1766), der die Grenzen von Malerei und Poesie zugunsten der letzteren aufklärt, steht in dieser Tradition, die die Hierarchie unter den Künsten ausmendelte. Ob das Vergleichungsgenre im engeren Sinne dabei genutzt wurde oder ob solche Fragen, wie in Albertis *Della pittura* (1436), Leonardos *Libro di pittura* (1489/1518), Vasaris Künstlerviten (1550) oder Lomazzis *Trattato dell'arte della pittura* (1585), ausschließlich im Rahmen übergreifender größerer Formen traktiert worden ist, bliebe zu klären. Die „Parallel of Poetry and Painting", die der englische Literaturkritiker John Dryden (1631-1700) 1695 seiner Übersetzung von Du Fresnoys Abhandlung *De arte graphica* (posthum 1668) als Vorwort voranstellte, verweist auf ein Textkorpus, das für eine zur 'Comparative Arts' erweiterte Comparative Literature noch zu heben bliebe. Neuerdings ist die 'Paragone'-Frage der Renaissance auf aktuelle Probleme der Intermedialität zurückbezogen worden.[65]

Da es darum geht, die 'Vergleichung' als Relais literaturkritischen Wissens im europäischen Literaturensemble zu profilieren, müssen in diesem Rahmen die einschlägigen deutschen Gattungsbeispiele zu kurz kommen. Der Zuschnitt literaturwissenschaftlicher Disziplinen zu Einzelphilologien folgt ohnehin kulturpolitischen Bedürfnissen der Nationalstaatenbildung im 19. Jahrhundert, nicht dem Eigensinn der literarischen Gegenstände und ihrer intertextuellen Komplexität. Der Vorsitzende des Germanistenverbandes hat zwar die Fachkonkurrenz zwischen Germanistik und Komparatistik nachdrücklich durch einen „Passierschein zur Allgemeinen Literaturwissenschaft"[66] zu relativieren gesucht, dabei jedoch übersehen, daß auch

---

[64] Z.B. Jean-Laurant Le Cerf de la Viéville de Frenuse: *Comparaison de la musique italienne et de la musique française.* Bruxelles 1704; Christian Gottfried Krause: „Briefe über den Unterschied zwischen italienischer und französischer Musik" [frz. 1748]. In: *Historisch-kritische Beyträge zur Aufnahme der Musik.* 3 Bde. Hg. Friedrich-Wilhelm Marpurg. Berlin 1754-56, Bd. I (1754), 1-23.

[65] Die Paragone-Debatte zwischen Leonardo (*Paragone oder Vergleich der Künste.* Ed. Giugliemo Manzi 1817) und Lessing (*Laokoon* 1766) wird von Ulrich Weisstein („Einleitung. Literatur und bildende Künste: Geschichte, Systematik, Methoden". In: Ders. [Hg.]: *Literatur und bildende Kunst. Ein Handbuch zur Theorie und Praxis eines komparatistischen Grenzgebietes.* Berlin 1992, 11-31) im Blick auf Walzels Programm einer wechselseitigen Erhellung der Künste, von Hans Ulrich Reck („Der Streit der Kunstgattungen im Kontext der Entwicklung neuer Medientechnologien. In: *Interface 1. Elektronische Medien und Künstlerische Kreativität.* Hg. Klaus Peter Dencker. Hamburg 1992, 120-133) in Hinsicht auf Aspekte der Intermedialität aufgegriffen.

[66] Jürgen Fohrmann: „Über die Bedeutung zweier Differenzen". In: *Germanistik und Komparatistik* (= Anm. 1), 15-27, hier: 27. Dagegen hat Ulrich Schulz-Buschhaus („Die problemreiche Internationalität der Literaturwissenschaft. Kritische Anmerkungen zur Situation einer verunsicherten Disziplin". In: *Sprachkunst* 27 [1996], 315-334, hier: 317) festgehalten, daß allen epistemologischen Einwänden zum Trotz, die Nationalphilologien „in der Welt der irdischen Zwecke und Mittel [...] eine überaus zähe Vitalität" bewahren.

weiterhin die universitären Curricula und Stellenpläne der Nationalphilologien getreue Abbilder schulischer, d.h. didaktischer, pädagogischer und ideologischer Ansprüche sind. Insofern ähnelt die Tendenzmeldung eher einem Topos als den Tatsachen.

An drei deutschsprachigen Beispielen soll das bereits prononcierte gattungsimmanente Spannungsverhältnis von Antithese und Ausgleich nochmals thematisiert werden. Zu kurz kommt Johann Elias Schlegels (1719-1749) *Vergleichung Shakespeares und Andreas Gryphs* [...]" (1741). Zwar wird darin Shakespeares „rauhe Schreibart" und „Unregelmäßigkeit" sowie insbesondere der „Fehler" der Stilmischung mit klassizistischer Delikatesse getadelt, wenn es heißt: „Einen Fehler hat Shakespear vor Gryphen, außer denenjenigen, die die Einrichtung und die drey Einheiten eines Trauerspiels betreffen, zum voraus; daß er nämlich die edlen Regungen, die er erwecket, durch niedrige Bilder immer wieder einreißet, und daß er einem nicht zuläßt, ihn lange ungestört zu bewundern."[67] Der agonale Vergleich, der mit dem Klassizismus Maß nimmt, wird jedoch vom Ausgleich durchkreuzt, indem Schlegel mit der dramaturgischen Kategorie des 'Charakters', „worinnen die Stärke des Engelländers vor anderen besteht"[68], das antiaristotelische Stichwort vorgibt, mit dem jener in der Folgezeit auf dem hiesigen Schauplatz auf Kosten Corneilles und Racines eingebürgert werden sollte. Das Prinzip der Stil- bzw. Empfindungsmischung werden Sturm und Drang sowie Frühromantik feiern und Shakespeare dadurch zu einem 'deutschen' Autor machen. Zugleich wird Friedrich Schlegel das Ensemble literaturkritischer Gattungen um die 'Charakteristik' ergänzen.

Die Preisfrage der Mannheimer Gelehrten Gesellschaft von 1787, ob die „Teutschen in [...] der Dichtkunst und Beredsamkeit die Römer und Griechen erreicht oder übertroffen" hätten, beantworten u.a. zwei Göttinger Heyne-Schüler: Gottfried Ernst Groddeck (1762-1826) mit der Abhandlung *Über die Vergleichung der alten besonders griechischen mit der deutschen und neuern schönen Literatur* (Berlin 1788) und Johann Jakob Hottinger (1750-1819) mit dem *Versuch einer Vergleichung der deutschen Dichter mit den Griechen und Römern* (1789)[69]. Auch Bouterweks *Parallelen. Vom griechischen und modernen Genius* (Göttingen 1791) wären im Göttinger Heyne-Kontext zu nennen und für die philologischen Wurzeln der frühromantischen Literaturkritik Friedrich und August Wilhelm Schlegels geltend zu machen. Die Schriften — wie auch die Mannheimer Preisfrage selbst, die eine literaturgeschichtliche Studie archivalisch erst noch aufzuarbeiten hätte — weisen auf eine stetige Rezeption des französischen 'Feder-' und englischen 'Bücherkriegs' in der deutschsprachigen Gelehrtenwelt der Aufklärung, in der die Repliken Winckelmanns, Garves, Herders, Schillers oder der Gebrüder Schlegel lediglich die Spitzen einer breit angelegten Debatte gewesen sind.[70]

---

67 Johann Elias Schlegel: *Vergleichung Shakespeares und Andreas Gryphs*. Stuttgart 1984, 33 f.

68 Schlegel: *Vergleichung* (= Anm. 67), 19.

69 In: *Schriften der Kurfürstlich deutschen Gesellschaft in Mannheim* 5 (1789), 3-364.

70 Vgl. Peter K. Kapitza: *Ein bürgerlicher Krieg in der gelehrten Welt. Zur Geschichte der Querelle des Anciens et des Modernes in Deutschland*. München 1981. Zur frühen Rezeption der 'Querelle' in der

Groddeck moniert gleich eingangs seiner *Vergleichung* den agonalen Tenor der Preisfrage. Es könne nicht darum gehen, daß der „Werth" der deutschen Gegenwartsliteratur durch eine „Vergleichung mit den Griechen [...] festgesetzt" werde, denn das sei ein „ganz fruchtloses und vergebliches Unternehmen". Statt solcher „Machtsprüche" komme es vielmehr darauf an, dem „alles zermalmende[n] Zahn der Zeit" ins Auge zu sehen und mittels der „Charakteristik", d.h. durch „aufmerksame Beobachtung", die „Unterscheidungspunkte" zwischen alter und neuer Literatur herauszupräparieren. Dann werde man finden, daß sich die griechische Poesie und Beredsamkeit von der deutschen durch „eigentümliche Kennzeichen und Merkmale [...] überhaupt sehr unterscheide".[71] Ein solches Votum darf nicht dahingehend mißverstanden werden, daß die Gattung der 'Vergleichung' durch historisches Denken obsolet geworden und durch die romantische Gattung der 'Charakteristik' abgelöst worden wäre. Vielmehr lenkt Groddeck, der seiner Abhandlung die Gattungsbezeichnung 'Vergleichung' ja explizit zueignet, auf die namhaft gemachte Dynamik, mit der ein Vergleich zur Einsicht in die historisch bedingten Unterschiede des Verglichenen drängt. Schon der ältere Schlegel hatte seine Shakespeare-Gryphius-*Vergleichung* 1741 mit der Konzession geschlossen, daß er darauf verzichte, weitere „Fehler" seiner Dichterpaarung anzuführen, „woran mehr ihre Zeiten als sie selber Schuld haben".[72] Das Genre der 'Vergleichung' schließt historisches Denken nicht aus, sondern führt zu ihm hin.

Eine ausführliche Würdigung von August Wilhelm Schlegels *Comparaison entre la Phèdre de Racine et celle d'Euripide* von 1807 kann hier nicht geleistet werden. Sie ist noch im gleichen Jahr von Heinrich Josef von Collin (1771-1811), dessen Römerdrama *Coriolan* durch Beethovens Ouvertüre überlebt hat, u.d.T. *Vergleichung der Phädra des Racine mit der des Euripides* übersetzt worden. Eine nähere Untersuchung von Schlegels *Vergleichung* müßte berücksichtigen, daß es sich hierbei um eine Art Subgenre handelt, insofern Schlegel in der Spur einschlägiger Prätexte von Pierre Brumoy, Louis Racine oder Charles Batteux schreibt.[73] Zu untersuchen wäre insbesondere, inwieweit die Rezeption der beiden Phädren bei Schlegel von der intertextuellen Eigendynamik dieses gelehrten Subgenres der Phädren-Vergleichung überlagert wird.

Vor dem Erwartungshorizont eines entwickelten historischen Bewußtseins, zu dem nicht nur die Parallele zwischen Sophokles und Shakespeare (1773) bzw. Homer und Ossian (1795) bei Herder, sondern gerade auch Schlegels eigene darauf aufbauende Unterscheidungen zwischen Antikem und Modernem, Klassischem und

deutschen Gelehrtenwelt vgl. auch die ältere Arbeit von Gyula Alpár: *Streit der Alten und Modernen in der deutschen Literatur bis um 1750*. Pécs 1939.

71 Gottfried Ernst Groddeck: *Über die Vergleichung der alten besonders griechischen mit der deutschen und neuern schönen Literatur*. Berlin 1788; zit. Kapitza: *Ein bürgerlicher Krieg* (= Anm. 70), 319 ff.

72 Schlegel: *Vergleichung* (= Anm. 67), 37.

73 Pierre Brumoy: „Réflexions sur l'Hippolyte d'Euripide et sur la Phèdre de Racine". In: Ders.: *Théâtre des Grecs* [[1]1730]. 6 vols. Paris [2]1763, vol. II; Louis Racine: „Comparaison de Hippolyte d'Euripide avec la Tragédie de Racine sur le même sujet". In: *Mémoires de Littérature, tirez des Registres de l'Academie Royale des Inscriptions et Belles Lettres* 8 (1733), 300-314; Charles Batteux: „Observations sur l'Hippolyte d'Euripide et la Phèdre de Racine" [1783]. In: *Histoire de l'Académie des Inscriptions et Belles-Lettres* 42 (1786), 452-472.

Romantischem oder Plastischem und Pittoreskem in den großen Vorlesungen von Jena, Berlin und Wien entscheidend beigetragen hatten[74], fällt Schlegels *Vergleichung* beider Phädren erheblich ab. Die erste Lektüre verläuft deswegen so enttäuschend, weil Schlegels Aufsatz den historischen Zugriff zugunsten der polemischen Wucht, mit dem er versucht, Racine als den „poëte favori des Français"[75] vom Sokkel zu stoßen, vermissen läßt. Geprägt ist Schlegels *Comparaison* vielmehr auf den ersten Blick vom antifranzösischen Affekt aufklärerischer Literaturkritik in der Tradition von Lessings 17. *Litteraturbrief* im allgemeinen und von der nationalen Frontstellung gegen Napoléon, insbesondere nach der preußischen Niederlage bei Jena und Auerstedt im Oktober 1806.

Genauerer Lektüre erschließt sich jedoch, daß in Schlegels *Comparaison* die beiden skizzierten Möglichkeiten des Genres — antithetischer Vergleich und historische Vergleichung — auf gegenläufige Weise miteinander verspannt sind. Daß die von Schlegel bereits erreichte offenere historische Position unter dem Druck der geschichtlichen Gewalten, wie behauptet worden ist, nicht hat standhalten können[76], trifft nur zum Teil zu. Kontrafaktisch setzt sich die auf Ausgleich bedachte Gattungsdynamik der 'Vergleichung' doch durch. Zwar versagt Schlegel der Eigentümlichkeit der Racineschen *Phèdre* wie dem französischen Klassizismus überhaupt die Anerkennung. Gleichwohl fixiert Schlegel durchaus den besonderen sozialen Ort der Racineschen Dramatik: Phädra gilt ihm als ein „intrigantes Weib" voller „gehässiger" Züge, und er verortet solche Mentalität zutreffend, da Racine bei ihrer Gestaltung der „Sitte des Höflings" gefolgt und die Muse der „Galanterie" ihm die Feder diktiert habe.[77] Daß Racine uns stets, wie es Schlegel bitter ankommt, an den „französischen Hof" und nie an griechische Sitten erinnere bzw. umgekehrt, daß Racine den griechischen Hof „galant" gemacht habe, bleibt Grundlage des Verrisses.[78] Daß die französische Klassik nicht historisch perspektiviert wird, verhindert die kulturpolitische Stoßrichtung. Ex negativo wird gleichwohl die spezifische Leistung Racines, etwa in Hinsicht auf die Erfindung der Aricia-Nebenhandlung, deutlich. Dem Publikum des Euripides war das frauenfeindliche

---

[74] Die Unterscheidung antik/modern korrespondiert der historischen Betrachtung nach Maßgabe von Zeitaltern und Nationen; die Gegenüberstellung klassisch/romantisch dient der kritischen Bewertung der Gattungen und Kunstarten und die Unterscheidung plastisch/pittoresk schließlich zeugt von dem Versuch, die Ebenen geschichtlicher Deskription und theoretischer Betrachtung im Sinne einer historischen Form- und Wahrnehmungssemantik aufeinander zu beziehen. Vgl. Verf.: *Die Doppelte Ästhetik der Moderne. Revisionen des Schönen von Boileau bis Nietzsche.* Stuttgart, Weimar 1995, 272-291.

[75] August Wilhelm von Schlegel: „Comparaison entre la Phèdre de Racine et celle d'Euripide" [1807]. In: Ders.: *Œuvres.* Pub. Edouard Böcking. Bd. XIV: *Écrits en Français.* Tom. II. Leipzig 1846 (Ndr. Hildesheim, New York 1972), 333-405, hier: 333.

[76] Gerhard R. Kaiser („Komparatistik aus dem Geist apokalyptischer Theologie. Überlegungen im Anschluß an Friedrich Schlegels Gegenüberstellung von Lamartine und Byron". In: *Germanistik und Komparatistik* [= Anm. 1], 266-289, hier: 281) forciert m.E. einseitig die theologischen Voraussetzungen des Literaturvergleichs auf Kosten der hier herausgestellten antiken Ursprünge. Das „zugrundeliegende agonale Muster" (281) wird dadurch zur einzigen Option des Literaturvergleichs verallgemeinert, ohne daß die gegenläufige, von Plutarch vorgegebene Intention des Kulturausgleichs überhaupt in den Blick gerät.

[77] August Wilhelm Schlegel: *Vergleichung der Phädra des Racine mit der des Euripides.* Übers. Heinrich Josef von Collin. Wien 1808, 37, 46, 44 und 51.

[78] Schlegel: *Vergleichung der Phädra des Racine* (= Anm. 77), 39 und 81.

„Muckertum“, wie Wilamowitz treffend die spröde Person des Hippolytos charakterisiert hat[79], durch den Mythos vertraut, da dieser als Schützer der Keuschheit, d.h. Exponent des bräutlichen Haaropfers, verehrt wurde. Dem französischen Publikum am Hof und in Paris dagegen mußte die eigentümliche Misogynie des Hippolyte geradezu als skurril erscheinen, weswegen Racine dessen Verhärtung gegenüber Phädra durch die Erfindung der Liebesintrige mit Aricia psychologisch zu motivieren trachtete. Die zu historischer Einsicht und zur Relativierung der Gegensätze tendierende Gattungsdynamik der 'Vergleichung' steht quer zu Schlegels Intention, mit einem Rangstreit dem französischen Drama den Prozeß machen zu wollen. In Schlegels *Vergleichung* verhindert die ideologische Ablehnung der 'tragédie classique' im ganzen — ein Frontverlauf, den sich Schlegel freilich mit Hugos 'Préface' de *Cromwell* (1827) teilen sollte —, daß sich die einzelnen Beobachtungen historischer Eigentümlichkeiten in Hinsicht auf Charaktere und Handlungsmotivation zu einer Würdigung dessen zusammenschließen, was an Racines *Phädra* als das 'Charakteristische' bezeichnet werden könnte.

V.

Die Skizze des komparatistischen Fachprosagenres, dessen funktionale Spannweite vom antithetischen Agon bis zum historischen Ausgleich reicht, soll hier abgebrochen werden. Das komparatistische Genre der 'Vergleichung' bietet vielfältige, aufeinanderbezogene oder aufeinanderbeziehbare diskursive Möglichkeiten an: Einerseits als Medium, temporale Superiorität, kulturelle oder nationale Hegemonie zu formulieren. Die agonistische Vergleichung nimmt dadurch den Charakter eines — zuweilen auch persönlich ausdeutbaren — Rangstreites an. Wer will, möge Schillers Vergleichung zwischen naiver und sentimentalischer Literatur als den Versuch lesen, die zu Goethe beobachtbare literarische Differenz zu objektivieren und das empfundene Defizit als eine zweifache dichterische Option zu relativieren. Andererseits als Medium, lokale, regionale, nationalphilologische, aber auch epochale Verschiedenheiten zu artikulieren. Dabei bietet sich die folgende Formel an: Was die 'Comparaison' im Raum, ist die 'Parallèle' in der Zeit. Zeitliche Argumentationsmuster sind leicht in räumliche zu transformieren, so daß die „Achse [...] aus der geschichtlichen Vertikale der 'Querelle'-Debatten [...] in die Horizontale national-kultureller Konflikte“[80] gedreht werden kann und umgekehrt.

Nach allen Beispielen, die sich vermehren ließen, nicht zuletzt um Stendhals *Racine et Shakespeare* (1823/25), verwundert es doch, daß literaturwissenschaftliche Sachwörterbücher oder Gattungsrepertorien das Lemma 'Paragone', 'Parallèle', 'Comparaison' oder 'Vergleichung' im Sinne eines Genres nicht kennen.

[79] Ulrich von Wilamowitz-Moellendorff: „Einleitung“ [zu: Euripides: *Der bekränzte Hippolytos*]. In: *Griechische Tragödien*. Übers. Ulrich von Wilamowitz-Moellendorff. Bd. I. Berlin [7]1917, 97-125, hier: 117.

[80] Kaiser: „Komparatistik aus dem Geist apokalyptischer Theologe“ (= Anm. 76), 281. Zur Transformierbarkeit synchroner und diachroner Polaritäten in aestheticis vgl. Verf.: *Die doppelte Ästhetik* (= Anm. 74), 13 f. und pass.

Auch Wolfgang Ruttkowskis Bibliographie der Gattungspoetik, die freilich nur 140 Textsorten nachweist — die Totalität des Gattungsensembles wird mit gut 200 Genres als überaus klein unterstellt —, und Fritz Nies' Abriß der *Genres Mineurs* führen nicht weiter.[81] Trösten mag freilich, daß die 327 von Nies 1978 erschlossenen kleineren Gattungen nur einen sehr geringen Ausschnitt aus einer zunächst 1200 Gattungsbezeichnungen umfassenden Nomenklatur des mit einem weiten Literaturbegriff inventarisierten französischen Gattungssystems bildete. Mittlerweile konnte das Forschungsprojekt Nies' die freilich noch unpublizierte Nomenklatur „auf rund 3000 Gattungsbegriffe" [82] ausweiten. Darunter finden sich nun auch Belege „zu den drei Gattungen Comparaison, Parallèle, Paragon"[83], die das hier dokumentierte Material bestätigen und arrondieren.

Nur in einem französischen Sachwörterbuch aus dem 19. Jahrhundert konnte man zuvor fündig werden. Vermutlich deswegen, weil der französische Begriff der 'Lettres' einen weiten Literaturbegriff voraussetzt und weil Mitte des 19. Jahrhunderts das Arbeitsgebiet der Literaturwissenschaft noch nicht auf die Frage nach der 'Literarizität' ihres Gegenstandes eingeengt worden war.[84] Das *Dictionnaire* definiert den Begriff der 'Parallèle' als „rapprochement qu'établit un écrivain entre deux personnages importants, pour faire ressortir leurs qualités semblables ou opposées".[85] Doch wird diese Art der ausschließlich biographisch gefaßten 'Vergleichung' („ces sortes de comparaisons"), in der sich der nachhaltige Einfluß der im weiteren namentlich genannten Parallelviten Plutarchs geltend macht, nicht als eigenständiges Genre aufgefaßt. Modellhaft werden darunter vielmehr Textabschnitte nach Art des Vergleichs verstanden, wie ihn z.B. La Bruyère (1645-1696) in dem gut zwei Seiten umfassenden Aphorismus über Corneille und Racine im Kapitel 'Des Ouvrages des Esprits' der *Caractères* (1688) bietet. Unter eine so verstandene 'Parallèle' fiele auch Goethes „Vergleichung" aus den 'Noten und Abhandlungen' zum *West-östlichen Divan*, in der Jean Paul — trotz einer vorangehenden „Warnung" hinsichtlich unklug gewählter Vergleichsglieder — den „östlichen Poeten" nahegerückt wird.[86]

---

81 Wolfgang Viktor Ruttkowski: *Bibliographie der Gattungspoetik für den Studenten der Literaturwissenschaft.* München 1973; *Genres Mineurs. Texte zur Theorie und Geschichte nichtkanonischer Literatur (vom 16. Jahrhundert bis zur Gegenwart).* Hg. Fritz Nies. München 1978.

82 Fritz Nies: „Ausdifferenzierung eines pragmatisch konzipierten Gattungssystems". In: *Zur Terminologie der Literaturwissenschaft. Akten des IX. Germanistischen Symposions der Deutschen Forschungsgemeinschaft Würzburg 1986.* Hg. Christian Wagenknecht. Stuttgart 1989, 326-336, hier: 328.

83 Fritz Nies, Düsseldorf, 22. Dez. 1995, brieflich.

84 Gustav Schwab (*Die deutsche Prosa.* Stuttgart 1843) z.B. zählt zur „Literatur im engern Sinn" auch jene Genres, die nach heutigem Sprachgebrauch einem *erweiterten* Literaturbegriff zugeordnet würden: „Allerdings war die Literatur, die Kunst der Dichtung und der Prosa nicht auszuschließen, aber, was das Objekt der Darstellungen betrifft, forderte die Religion, die Wissenschaft, die bildende und zeichnende Kunst, die Natur, das öffentliche und bürgerliche, das häusliche und gesellige Leben, die Geschichte, Vaterlands- und Völkerkunde vollkommen gleiche Rechte und der Herausgeber ist bemüht gewesen, keinen dieser Gegenstände zu verkürzen." (Zit. Sengle: *Biedermeierzeit* [= Anm. 4], Bd. II, 280)

85 *Dictionnaire Général des Lettres, des Beaux-Arts et des Sciences Morales et Politiques* [[1]1862]. Par M. Th. Bachelet. Paris [4]1876, s.v. 'Parallèle', 1370.

86 Johann Wolfgang von Goethe: „West-östlicher Divan" [1819]. In: Ders.: *Poetische Werke. Gedichte und Singspiele III.* Berlin [4]1988 (= *Berliner Ausgabe,* 3), 228-230, hier: 228. Vgl. Hendrik Birus: *Verglei-*

Um am Schluß nicht mißverstanden zu werden: Die allzu lückenhaften Bemerkungen zur 'Vergleichung' als eines Genres komparatistischen Wissens zielten nicht darauf, den Vergleich als eine oder gar als die einzige Methode einer Vergleichenden Literaturwissenschaft zu unterstellen. Vielmehr sollte ausprobiert werden, wie weit der Versuch trägt, Wissenschaftsgeschichte als Gattungsgeschichte zu schreiben, d.h. Ursprung und Institutionalisierung eines einschlägigen Fachprosagenres zu verfolgen. Gewiß: „La littérature comparée n'est pas la comparaison littéraire."[87] Diese Mahnung Jean-Marie Carrés greift Hans Robert Jauß auf, wenn er davor warnt, „aus dem Vergleich eine autonome Methode und metahistorische Kategorie" zu machen.[88] Solchen Warnungen liegt jedoch eine verkürzte und einseitige Vorstellung der 'Comparaison' zugrunde, die selbst historisch ist, insofern Carré oder Jauß sie z.B. mit Herder teilen. Herder war das französische „Resultat der Vergleichung der Poesie verschiedener Völker alter und neuer Zeit" rückblickend als eitel, leer und lächerlich vorgekommen[89], weil er ausschließlich den antithetischen Ausgangspunkt der 'Querelle', nicht aber deren ausgleichendes Ergebnis (von dem er als Saint-Évremond-Leser freilich profitierte), durch das alle Erscheinungen historisch verflüssigt und selbst die Vernunft diversifiziert wurde, im Auge hatte. Die Alterität, die eine Komparation erschließt, kann zum Agon forciert, sie kann jedoch auch zur Geschichte hin aufgelöst werden. Das Genre der 'Vergleichung' umfaßt beide literaturkritischen Optionen: den antithetisch verfestigenden Vergleich, dem ggf. eine 'Apologie' bzw. 'Défence' pariert, und die verflüssigende Dynamik der Vergleichung, deren Ergebnisse ggf. in 'Charakteristiken' fixiert werden. Auf diese Weise ergibt sich ein System literaturkritischer Fachprosagenres, deren Spezifika differenzanalytisch bestimmt werden könnten.

Im Blick auf den herausgestellten Sachverhalt, daß die 'Vergleichung' zum wechselweisen Ausgleich normativer Ansprüche führt, muß das französische Sprichwort „Comparaison n'est pas raison"[90], das René Etiemble zum Zweck der Fachkritik aufgegriffen hatte, modifiziert werden: 'Comparaison' entdeckt die Viel-

---

chung. Goethes Einführung in die Schreibweise Jean Pauls. Stuttgart 1986, bes. X, 1-6, sowie die Rezension von Heinz Schlaffer, in: *Jahrbuch der Jean-Paul-Gesellschaft* 22 (1987), 180-184.

87 Jean-Marie Carré: „Préface". In: Marius-François Guyard: *La littérature comparée.* Paris 1951; zit. Dyserinck: *Komparatistik* (= Anm. 10), 50. In der Grundsatzdebatte der fünfziger Jahre ist der Vergleich gegenüber Carrés Verdikt von Wellek rehabilitiert (s. Anm. 9) und von Henry H. H. Remak („Definition und Funktion der Vergleichenden Literaturwissenschaft" [1961, ²1971]. In: *Komparatistik. Aufgaben und Methoden.* Hg. Horst Rüdiger. Stuttgart, Berlin, Köln, Mainz 1973, 11-54, hier: 27) die „systematische Neubelebung des vergleichenden Elements" für die Komparatistik eingefordert worden. Vgl. dagegen Pierre Brunel („L'usage de la comparaison en littérature comparée". In: *Europa provincia mundi. Essays in Comparative Litterature and European Studies.* Ed. Joep Leerssen. Amsterdam 1992, 3-11, hier: 8), der vor einem 'komparatistischen Pyrrhonismus' warnt.

88 Hans Robert Jauß: „Das Ende der Kunstperiode — Aspekte der literarischen Revolution bei Heine, Hugo und Stendhal". In: Ders.: *Literaturgeschichte als Provokation.* Frankfurt am Main 1970, 107-143, hier: 141.Vgl. dagegen die Kritik von Ulrich Schulz-Buschhaus: „Die Unvermeidlichkeit der Komparatistik" (= Anm. 32), bes. 228-231.

89 Johann Gottfried Herder: „Briefe zu Beförderung der Humanität. 8. Sammlung, 107. Brief. 9. Fragment: Resultat der Vergleichung der Poesie verschiedener Völker alter und neuer Zeit". In: Ders.: *Sämtliche Werke.* Hg. Bernhard Suphan. Bd. 18. Berlin 1883, 134-140, bes. 135 f.

90 Vgl. René Etiemble: *Comparaison n'est pas raison. La crise de la littérature comparée.* Paris 1963.

falt der para-raisons, d.h. Formen von Nebenvernunft, die den agonalen Ausgangspunkt des Vergleichs zur Vergleichung hin entschärfen und zur Anerkennung der Rechtsansprüche des Anderen bzw. Fremden führen. Diese komparatistische Ethik, die die Geschichte der 'Comparaison' aufdeckt, ist anschließbar an eine Diskussion, die heute unter dem komplementären Eindruck von Multikulturalismus und Fundamentalismus geführt wird. Es geht darum, eine reziproke Wertschätzung anderer bzw. fremder Kulturen und Lebensweisen zu fördern, ohne doch auf die Geltungsansprüche universalistischer Normen, z.B. der Menschenrechte, verzichten zu müssen. Jürgen Habermas hat in seiner Karl-Jaspers-Preisrede vom November 1995 den Zusammenhang aufgedeckt, der zwischen hermeneutischen Einsichten, ethischen Haltungen und politischer Relevanz besteht: „Ich meine die Einsicht, daß interkulturelle Verständigung nur unter Bedingungen symmetrisch eingeräumter Freiheiten und reziprok vorgenommener Perspektivübernahmen gelingen kann."[91] Ein solches Kommunikationsklima ist der literaturkritischen Gattung der 'Vergleichung' stets eigen gewesen. Aktuelle literaturwissenschaftliche Theoriediskussionen sind daher schlecht beraten, Hermeneutik und Historie geringzuschätzen. Das kulturelle Gedächtnis der Historie bildet die Möglichkeitsbedingung für Distanz zum und Kritik am factum brutum der Gegenwart und die ethische Dimension der Hermeneutik verhindert, daß das geschichtlich Ferne und geographisch Fremde einem auf Aktualität bornieren Bewußtsein geopfert wird.

Anhang (ist fortzusetzen)

Französische Plutarch-Übersetzungen:

Les Vies des hommes illustres, grecs et romains, comparées l'une avec l'autre. Trad. Jacques Amyot (1513-1593). Mindestens 21 Auflagen zwischen 1559 und 1655: 1559, 1565, 1567, 1571, 1572, 1572, 1577, 1582, 1583, 1583, 1587, 1600/09, 1606, 1609, 1611, 1615, ern. 1615, 1619, 1622, 1645, 1655.

Les Vies des hommes illustres de Plutarque, nouvellement traduites de grec en françois, par M. l'abbé Tallement. Paris 1663/1665, 1664, 1684.

L'Histoire des hommes illustres de Plutarque grecs et romains [par de la Serre]. 1681, 1702.

Les Vies des hommes illustres de Plutarque, traduites en françois avec des remarques par M. Dacier. 1694, 1721, 1734, 1762, 1778.

Ubiquität der Comparaison im Anschluß an Scaliger:

Paolo Beni: Comparatione di Homero, Virgilio e Torqvato (1607)

Desmarets de Saint-Sorlin: La Comparaison de la langue et de la poësie françoises avec la Latine (1670)

François Blondel: Comparaison de Pindare et d'Horace (1673)

René Rapin: Comparaison des poëmes d'Homere et de Virgile (1668)

René Rapin: Comparaison de Demosthène et de Cicéron (1670)

Parallelen der Querelle:

Cristóbal de Villalón: Ingeniosa comparación entre lo antiguo y lo presente (1539)

Anonymos: Discours en forme de comparaison sur les vies de Moïse et d'Homère (1604)

Roland Fréart de Chambray: Parallele de l'Architecture antique et de la moderne (1650)

René Le Bossu: Parallèle des principes de la physique d'Aristote et de celle de René Des Cartes (1674)

---

[91] Jürgen Habermas: „Wahrheit und Wahrhaftigkeit. Die Freiheit der Selbstvergewisserung und des Selbstseinkönnes" (Rede zur Verleihung des Karl-Jasper-Preises in Heidelberg am 26. Nov. 1995); abgedr. in: *Die Zeit*, Nr. 50, vom 8. Dez. 1995, 59-60, hier: 60.

Saint-Évremond: Dissertation sur le Grand Alexandre (1668)
Saint-Évremond: De la Tragédie Ancienne et Moderne (1674/75)
Charles Perrault: Parallèle des Anciens et des Modernes en ce qui regarde les Arts et les Sciences (4 Bde., 1688-1697)

Paragone-Beispiele
Alessandro Tassoni: Paragone degli ingegni antichi e moderni (1608)
John Dryden: Parallel of Poetry and Painting (1695)
Jean-Laurant Le Cerf de la Viéville de Frenuse: Comparaison de la musique italienne et de la musique française (1704).
Pietro dei Conti di Calepio: Paragone della poësia tragica d'Italia con quelle di Francia (1732)
Christian Gottfried Krause: Briefe über den Unterschied zwischen italienischer und französischer Musik [frz. 1748; dtsch. 1754)
Saverio Scròfani: Paragone delle donne francesi con le italiane (1817)

Deutschsprachige Vergleichungen
Johann Elias Schlegel: Vergleichung Shakespeares und Andreas Gryphs (1741)
Gottfried Ernst Groddeck: Über die Vergleichung der alten besonders griechischen mit der deutschen und neuern schönen Literatur (1788)
Johann Jakob Hottinger: Versuch einer Vergleichung der deutschen Dichter mit den Griechen und Römern (1789)
Friedrich Bouterwek: Parallelen. Vom griechischen und modernen Genius (1791)

Vergleichung zweier Phädren
Pierre Brumoy: Réflexions sur l'Hippolyte d'Euripide et sur la Phédre de Racine (^{1}1730, ^{2}1763)
Louis Racine: Comparaison de Hippolyte d'Euripide avec la Tragédie de Racine sur le même sujet (1733)
Charles Batteux: Observations sur l'Hippolyte d'Euripide et la Phèdre de Racine (1783; gedr. 1786)
August Wilhelm Schlegel: Comparaison entre la Phèdre de Racine et celle d'Euripide (1807); dtsch.: Vergleichung der Phädra des Racine mit der des Euripides. Übers. Heinrich Josef von Collin (1808)

Iphigenien-Vergleichungen
Pierre Perrault: Critique des deux tragédies d'Iphigénie d'Euripide et de M. Racine et la comparaison de l'une avec l'autre (um 1678)
Louis Racine: Comparaison de l'Iphigénie d'Euripide avec l'Iphigénie de Racine (1733)
Hans Robert Jauß: Racines und Goethes Iphigenie. Mit einem Nachwort über die Partialität der rezeptionsästhetischen Methode (1973)

II. Profile

Zur 'Erfindung' von Disziplinen gestern und heute Plädoyer für eine kultur- und metatheoretische Orientierung der 'Allgemeinen und Vergleichenden Literaturwissenschaft'

Ursula Link-Heer

Gerardo Guedes de Figueiredo Alcoforado, der aus Bochum, Siegen und auch Bayreuth am 25. Juli 1997 für immer in seine brasilianische Heimat nach Crato/Ceará zurückgekehrt ist, in dankbarer Erinnerung.

I.

Es gibt eine Frage, die man gerne an Kinder stellt, doch gegenüber Erwachsenen lieber vermeidet, die Frage: Was möchtest Du denn werden? Vor Jahren antwortete mein Sohn auf diese Frage eines Fernsehtechnikers, der uns gerade 'verkabelte': „Erfinder", worauf der Fernsehtechniker meinte: „Mein Junge, das kannste Dir abschminken. Es ist schon alles erfunden worden."

Ich führe diesen klugen Satz aus dem Munde eines Vertreters der technischen Intelligenz hier einleitend an, weil ich mich gewissermaßen unter seinen Schutz begeben möchte. Denn ich werde hier keine neue Disziplin erfinden. Auch in den 'Humanities', oder — auf deutsch — den 'Geisteswissenschaften' scheint schon alles erfunden worden zu sein. „Der Orient war im wesentlichen eine europäische Erfindung", schreibt Edward W. Said in seinem berühmten *Orientalismus*-Buch: „The Orient was almost a European invention, since antiquity a place of romance, exotic beings, haunting memories and landscapes, remarkable experiences." Orientalismus ist nach Said eine akademische Disziplin (Oriental Studies oder Orientalistik), und zugleich mehr, eine Art von Diskurs („a mode of discourse"), der den Orient 'orientalisiert', ihn zum Inbegriff der Bilder des Anderen macht („one of the deepest and most recurring images of the Other"), ein Denkstil, der auf einer ontologischen und epistemologischen Unterscheidung zwischen dem 'Orient' und dem 'Okzident' beruht, ein Netz von Beziehungen zwischen „supporting institutions, vocabulary, scholarship, imagery, doctrines, even colonial bureaucracies and colonial styles."[1] Saids Konzeption des Orientalismus als eines Diskurses beruht auf Foucaults Archäologie des Wissens und seiner Machtanalytik der Diskurse. Dabei zielt das Wort 'invention' nicht einfach bloß auf eine imaginative und imaginäre Konstitution des Gegenstands 'Orient', sondern zugleich auf seine materielle Verankerung als eines Bestandteils der europäischen Zivilisation, die sich im 'managing' des Orients festigt und Identitätsgewinn sucht.

---

[1] Edward W. Said: *Orientalism*. London, 1978 „Introduction", 1 f.

Es ist auffällig, daß das Wortfeld des 'Erfindens' seit den achtziger Jahren Karriere machte. Ich zitiere einige Titel von Büchern, ohne allerdings im mindesten implizieren zu wollen, daß das Auftauchen des Worts 'Erfindung' auch schon auf einen einheitlichen Denkstil, eine Paradigmenbildung oder eine Schule verweist: Richard Wagner: *The Invention of Culture* (Chicago 1981), Roland Daus: *Die Erfindung des Kolonialismus* (Wuppertal 1983), Alain Ricard: *L'Invention du théâtre. Le théâtre et les comédiens en Afrique noire* (Lausanne 1986), Jean Starobinski: *L'Invention de la liberté* (Genève 1987), V. Y. Mudimbe: *The Invention of Africa. Gnosis, Philosophy and the Order of Knowledge* (Bloomington, Indianapolis 1988), Willi Hirdt (Hg.): *Romanistik. Eine Bonner Erfindung* (Bonn 1993), Stephen Greenblatt: *Wunderbare Besitztümer. Die Erfindung des Fremden: Reisende und Entdecker* (Berlin 1994 [zuerst: Oxford 1991), Olivier le Goff: *L'Invention du comfort* (Lyon 1994), Benedict Anderson: *Die Erfindung der Nation* (Frankfurt/M. 1996 [zuerst: London 1983]).

Eine solche Serialisierung erfolgreicher Signifikanten erlaubt es, zumindest eine Zukunftsprognose ohne allzu großes Risiko anzustellen, nämlich daß die Fortüne der 'Invention' nicht mehr allzu lange wird andauern können. Denn nach dem Gesetz, das zu Beginn dieses Jahrhunderts von den russischen Formalisten formuliert wurde, müssen automatisierte Wahrnehmungsmuster und Folien, zu denen die Titeletiketten zu zählen sind, verfremdet und erneuert — innoviert — werden. Heute erleben wir (auch und gerade im Bereich der Theorien) eine rasante Beschleunigung der Abnutzung von *labels*, und zwar von mehrdeutigen Signifikanten ebenso wie von komplexen Kategorien. Die entsprechenden Signifikanten werden dann zu sog. Reizwörtern, und die WissenschaftlerInnen, die man mit einem solchen 'Reizwort' assoziiert, werden verdächtigt, den Verlockungen der Mode zu unterliegen, was im Feld der Wissenschaft offenbar als unsolide gilt. Häufig scheinen es vor allem die Verlage, die Feuilletons, sprich: der 'Kulturbetrieb' zu sein, die den Verschleiß erfolgreicher Titeletiketten, Stilgebärden, neologistischer Termini oder als Neologismen empfundener Konzepte wie des 'Diskurses' beschleunigen und über die Prozedur des bloßen *labeling* ganze Forschungsfelder, die gerade neu eröffnet wurden, gleich für passé erklären. Als — und ich beziehe mich vor allem auf die Ebene der öffentlichen Meinung und der Massenmedien, durch die die Ereignisse der Doxa konstituiert werden — der Strukturalismus für überholt erklärt wurde, hatte das einigermaßen fatale Folgen für die Rezeption des sog. Poststrukturalismus wie auch postkolonialistischer Positionen, wie sie in den USA vor allem im Rahmen der 'Cultural Studies' artikuliert wurden. Kaum waren Strukturalismus, Semiotik, Linguistik und Poetik, vor allem die semasiologische Sprachauffassung Ferdinand de Saussures, Literatursoziologie und Kulturtypologie, in der Bundesrepublik Deutschland von einer gegen das Monopol deutscher Geistestypologie und Geistesgeschichte aufbegehrenden Jugend entdeckt worden (das symbolische Datum heißt hier 1968), schien das alles bereits schon vom 'Poststrukturalismus' überrollt. Dieser wurde zu einem Label, unter dem man höchst unterschiedliche Problematiken und approaches zu Serien 'heiliger Familien' bündelte, wie 'Lacan, Derrida, Foucault, Deleuze' — wobei völlig aus dem Blick geriet, daß Deleuze und

Guattari zu den schärfsten Kontrahenten Lacans gehören und daß die an einem Archiv des Wissens orientierte, materiale Diskursanalyse Foucaults durch Welten von dem philosophischen Differenzdenken eines Derrida entfernt ist, dem es auf die polysemantischen und polyisotopen Assoziationsbezüge komplexer schriftsprachlicher Texte ankommt. In dem Maße wie alle diese Theorien in ihrer Feindifferenziertheit nicht adäquat verstanden werden konnten, weil die theoretischen Zusammenhänge mit 'strukturalistischen' Auffassungen, von deren Kritik sie ihren Ausgang genommen hatten, abgekappt worden waren, wurden sie hierzulande nicht selten als 'unverständlich', 'verwirrt', 'irrationalistisch', 'Gefasel', 'modisch' und 'überholt' etikettiert.

Das heißt: nicht nur Individuen können als modisch erscheinen, auch ganze Theoriegebiete können als 'Terrains' im wörtlichen Sinne mit dem Verdikt des — bloß — Modischen belegt werden, wodurch sie gleichzeitig als ein transitorisches Phänomen stigmatisiert sind. Wer erinnert sich nicht an die Klagen der achtziger Jahre über den 'Einbruch des französischen Denkens' in das 'deutsche Denken', wobei diese nationale Markierung einen ganzen Rattenschwanz von Projektionen der Nationalstereotypen auf das derart mit einer Art von Nationalcharakter begabte Denken nach sich zog.[2] „Lacancan und Derridada" lautete der Titel einer im übrigen nicht ganz unwitzigen Polemik von Klaus Laermann. Die tänzelnden Franzosen standen gegen die festverwurzelten Deutschen, das Leichte oder Leichtfertige und Oberflächliche (die luftigen Franzosen hatten ja nicht umsonst den Luftballon erfunden) wieder einmal gegen das Tiefe, das Bodenverhaftete und das Solide. „Der Diskurs ist tot", frohlockte vor Jahren die Berliner *tageszeitung*, als Roland Barthes' *Fragments d'un discours amoureux* ins Deutsche unter dem inadäquaten Titel *Fragmente einer Sprache der Liebe* übersetzt erschienen. Woher stammen solche Todeswünsche oder Totsagungswünsche? Warum löst der 'Diskurs' solche Aggressionen aus, während der Begriff der 'Sprache', der ja nicht minder komplex ist und ebensowenig wie der 'Diskurs' ohne ein theoretisches framework definiert werden kann, als 'Allerweltsbegriff' (wie er in der Übersetzung des Buches von Barthes ja benutzt wird) gänzlich akzeptabel, d.h. unproblematisiert, rezipiert wird? Vermutlich, weil hierzulande leider immer noch gültig zu sein scheint, was Theodor W. Adorno Anfang der sechziger Jahre über „Wörter aus der Fremde" geschrieben hat, die nach dem Modell der Kriegsführung Zugehörigkeiten zu markieren hatten: „Die Fremdwörter bildeten winzige Zellen des Widerstands gegen den Nationalismus im Ersten Krieg."[3] 1933 wurden die Fremdwörter dann zusammen mit den Juden und der Intelligenz vertrieben und liquidiert, womit die deutsche Kultur den Anschluß und die Dialogfähigkeit mit anderen Kulturen, auch Literaturen, verlor.

Ist es vorstellbar, daß wir heute, an einer neuen Jahrhundertwende, ein föderatives Europa 'erfinden' können, wenn kulturelle Fragestellungen von internationaler

---

[2] Jürgen Link hat dazu eine Fülle von Belegen ausgebreitet und analysiert. Vgl. ders.: „'Deutsches' vs. 'französisches' Denken? Über nationale Markierungen in aktuellen theoretischen Debatten". In: *Fragmente. Schriftenreihe zur Psychoanalyse*, H. 32/33 (1990), 123-136.

[3] Theodor W. Adorno: „Wörter aus der Fremde". In: Ders.: *Noten zur Literatur II*. Frankfurt am Main 1961, 110-130, hier: 112.

Resonanz, statt in dieser ihrer Resonanz untersucht und begriffen zu werden, als Fremdwörter und Fremdtheorien national markiert werden, oder schlicht, wie Henning Ritter mit Edward Said ausgerechnet zu dessen 60. Geburtstag verfuhr, umstandslos dem „Fundamentalismus“ zugeschlagen werden?[4] Komparatistische LiteraturwissenschaftlerInnen kommen nicht mehr umhin, die Frage zu stellen, warum ausgerechnet wieder in Deutschland in gehässigster Weise der 'clash of civilizations' bzw. 'Zusammenprall der Kulturen' genährt, stimuliert und provoziert wird.

Der 'Diskurs' und bedeutende, weil neue Problemfelder eröffnende Bücher wie das *Orientalismus*-Buch sind jedoch immer noch nicht tot, und wenn wir auch immer erst rückblickend und im nachhinein feststellen zu können scheinen, welche theoretischen Fragestellungen und Perspektiven eine neue Produktivität zu entfalten vermochten, so scheint doch derzeit der Moment gegeben, wo die 'Neue Unübersichtlichkeit' (Habermas) einer metatheoretischen Reflexion nicht bloß bedarf, sondern wo die schon stattgefundene Serialisierung eines Großteils der sog. poststrukturalistischen Theorie-Paradigmen es auch gestattet, eine Metatheorie zu entwickeln, die der begriffsrealistischen Identifikation der Namen mit den Sachen nicht verfällt und den neuen nationalen, bis hin zu nationalistischen Territorialisierungen des Denkens einerseits, dem naiven Glauben an globale Interkulturalität andererseits, Widerstand zu leisten vermag.

Damit komme ich zu einem Vorschlag, der das Selbstverständnis der Komparatistik betrifft, und zu dem die bisher gemachten Ausführungen über Ausgrenzungen von Denkstilen vermittels nationaler Markierungen und anderer Perhorreszierungen (zu denen man auch noch die für geschlechtsspezifisch gehaltenen zu zählen hat) hinführen wollten.

II.

Peter V. Zima hat in seiner 1992 erschienenen Einführung in die Komparatistik im Abschnitt 'Komparatistik als dialogische Theorie' bereits gefordert, daß sich die

---

[4] Henning Ritter: „Der Anti-Orientalist. Zum sechzigsten Geburtstag von Edward W. Said“. In: *Frankfurter Allgemeine Zeitung*, Nr. 254, vom 1. Nov. 1995, 33. Dort heißt es unter anderem in fahrlässigster Simplifizierung des Denkens von Said: „Er erklärte die Zunft der Orientalistik zur Komplizin imperialistischer Gewalt, während er sich selbst von jeder Aussage über den 'Orient' dispensieren konnte, da er ihn ja als nicht-existent erklärt hatte. Tatsächlich hat Said als Kenner europäischer Literaturen zur Kenntnis der Wirklichkeit des Orients nichts beigetragen. In einem Vorwort zur Neuausgabe hat er sich unlängst sogar dessen gerühmt, Orient und Islam nicht verteidigen zu wollen oder auch nur darüber zu diskutieren: 'Ich habe kein Interesse daran und noch viel weniger die Fähigkeit, zu zeigen, was der Orient oder Islam wirklich sind.' / Um so erstaunlicher ist der Erfolg, den diese Strategie, ein ganzes Forschungsgebiet zu vergiften und unter Quarantäne zu stellen, gehabt hat. Wie weit die Konsequenzen reichen, hat sich jüngst noch in der offenbar mit keinem Argument beizulegenden Diskussion über die Orientalistin Annemarie Schimmel gezeigt. Allerdings ist die Macht, mit welcher die angeblich sachbezogene Wissenschaft sich nach dem Urteil ihrer Verächter einläßt, heute nicht mehr die imperialistische, sondern der Fundamentalismus. So rasch haben sich die Fronten verkehrt.“

Komparatistik auch „als *vergleichende kulturkritische Metatheorie*“[5] auffassen bzw. neu definieren sollte. Ich greife diesen Vorschlag hier auf, um ihn jedoch zum Teil etwas anders zu begründen. Zima schreibt unter anderem: „Die Frage, was dies alles [= die Reflexion theoretischer Traditionen und frameworks; U. L.-H.] mit der Komparatistik als Literaturwissenschaft zu tun hat, ist leicht zu beantworten: Der mehrsprachige und mit verschiedenen Kulturen vertraute Komparatist ist insofern privilegiert, als er die Möglichkeit hat, die *kulturelle und sprachliche Bedingtheit* nicht nur der fremden, sondern auch der eigenen Theorie zu *reflektieren*. Er wird der Tatsache Rechnung tragen, daß die deutsche literaturwissenschaftliche Diskussion in einem anderen sozio-linguistischen Kontext stattgefunden hat, als z.B. die französische Auseinandersetzung um die 'nouvelle critique' in den 60er und 70er Jahren. Während die sog. 'Methodendiskussion' in Deutschland von den Diskursen der Hermeneutik, der Kritischen Theorie, des Kritischen Rationalismus und des Marxismus beherrscht wurde, spielten in Frankreich vor allem die Saussuresche Semiotik, die Psychoanalyse Lacans sowie die 'Psychocritique' Charles Maurons, der humanistische Marxismus Lucien Goldmanns und in noch stärkerem Maße der szientistische (rationalistische) Marxismus Louis Althussers eine entscheidende Rolle.“[6] Diese Überlegungen machen deutlich, daß der feuilletonistischen Projektion von Nationalstereotypen auf das Wesen oder den Charakter eines theoretischen Denkens in Wirklichkeit etwas anderes zugrunde liegt, nämlich ein je spezifischer sozio-linguistischer Kontext, der seine Begrenzung vordergründig durch die Bindung an Sprachen, Staaten oder Nationen erhält, in Wirklichkeit aber kultur- und diskursspezifischen Traditionen und Konfigurationen verpflichtet ist. De facto streben diese Begrenzungen und Einschränkungen jedoch permanent danach, gesprengt zu werden. So wie die Literatur sich nicht damit begnügt, in einer und *nur* einer Sprache geschrieben zu sein, sondern nach Übersetzung verlangt, wobei auch eigenartige Mischprodukte oder Kompromisse zwischen der Ausgangssprache und der Zielsprache entstehen, so auch die Theorie. Wenn am Ende des 19. Jahrhunderts ein Unbehagen an der Kategorie der Nationalliteraturen entstand (und es war dies der Moment, in dem die 'Allgemeine und Vergleichende Literaturwissenschaft' als akademische Disziplin mit der Verfügung über Lehrstühle institutionalisiert wurde, freilich nicht in Deutschland, wo diese Institutionalisierung erst, und auch nur zögerlich, nach dem Zusammenbruch des Nationalsozialismus stattfand), so muß man am Ende des 20. Jahrhunderts den Eindruck gewinnen, daß auch die Ära der nationalen Denkstile oder, wie ich in Analogie zu den Nationalliteraturen

[5] Peter V. Zima: *Komparatistik. Einführung in die Vergleichende Literaturwissenschaft.* Unter Mitarbeit von Johann Strutz. Tübingen 1992, 62. Seinen Ansatz hat Zima weiterentwickelt in dem Aufsatz „Komparatistik als Metatheorie. Zu interkulturellen und interdisziplinären Perspektiven der Vergleichenden Literaturwissenschaft“. In: *Wie international ist die Literaturwissenschaft? Methoden- und Theoriediskussion in den Literaturwissenschaften: kulturelle Besonderheiten und interkultureller Austausch am Beispiel des Interpretationsproblems (1950-1990).* Hg. Lutz Danneberg, Friedrich Vollhardt. Stuttgart, Weimar 1996, 532-549.

[6] Zima: *Komparatistik* (= Anm. 5), 77 f.

und Nationalphilologien formulieren möchte, der Nationaltheorien, ans Ende gekommen ist.[7]

Schon der immer raschere Umschlag, die internationalen und interdisziplinären Transfer- und Zirkulationsbewegungen theoretischer Paradigmen lassen es einsichtig erscheinen, daß wir zumindest mit dem gleichen Recht, wie wir von einer Weltliteratur sprechen, auch von einer Welttheorie sprechen könnten. Der von Goethe lancierte Ausdruck der 'Weltliteratur' zielte ja keinesfalls auf einen normativen Kanon 'klassischer Werke', der institutionelle und historische Dimensionen gänzlich ausblendet, sondern auf die Disponibilität und die grenzüberschreitenden Möglichkeiten der Literaturen, die durch die allseitig ausgebildeten Verbesserungen der Kommunikationsformen kreiert worden waren.[8] Freilich zeigen gerade diese nicht unprekären, weil mißverständlichen Namen der Weltliteratur oder Welttheorie, daß es auf dem Welt*markt* nicht um die Stärke und Qualität eines literarischen Werks oder eines theoretischen Paradigmas an sich geht, sondern um einen Kampf um die kulturelle Hegemonie, bei dem es — ähnlich wie im Falle der weltweiten Migrationsproblematik — um Zuzüge und Zuzugssperren geht. Eine Äußerung des Soziologen Friedrich Tenbruck aus dem Jahr 1985 mag dies verdeutlichen: „Wir haben das Erbe unserer Kultur aus neuer Lage zu deuten, zu pflegen und zu festigen, dessen Gemeinsamkeiten mit der europäischen Kultur, aber auch dessen Bedeutung für diese, uns und anderen kundig zu machen, um uns die Frage nach der Kultur unserer Zukunft stellen zu können [...]. Worauf beruht es denn, daß trotz vieler Einzelleistungen die Hermeneutik der einzige große Export der deutschen Geisteswissenschaften in den letzten Jahrzehnten geblieben ist? Doch wohl darauf, daß die Hermeneutik einst von uns entwickelt wurde und unsere Wissenschaft und Bildung so innig durchdrang, daß sie noch immer fruchtbar weitergeführt werden kann. Demgegenüber sind wir in den Bereichen, die wir bloß übernommen haben (wie Wissenschaftstheorie, Strukturalismus, Soziologie oder Linguistik) trotz größten Eifers bloß imitatorisch geblieben, weil man selbst einen Halt braucht, um Fremdem etwas Neues entlocken zu können."[9] Solche Auffassungen sind von Jürgen Link seit langen Jahren zurückgewiesen worden, weshalb ich auf dessen generativ-diskursanalytische Zerlegung des systematischen Zusammenhangs nationaler Konnotationen verweisen möchte, da ich sie hier im folgenden nicht detaillierter weiterführen kann.[10] Die „Politik kollektiver Identifizierung"[11], wie sie

[7] Die Komplexität der derzeitigen Lage reflektieren differenziert und eingehend Lutz Danneberg und Jörg Schönert: „Zur Transnationalität und Internationalisierung von Wissenschaft". In: *Wie international ist die Literaturwissenschaft?* (= Anm. 5), 7-85.

[8] Vgl. Hendrik Birus: „Am Schnittpunkt von Komparatistik und Germanistik. Die Idee der Weltliteratur heute". In: Ders. (Hg.): *Germanistik und Komparatistik. DFG-Symposion 1993*. Stuttgart, Weimar 1995, 439-456.

[9] Friedrich Tenbruck: Rede auf der Geisteswissenschaften-Tagung der WRK; zit. nach Link: „'Deutsches' vs. 'französisches' Denken?" (= Anm. 2), 130.

[10] Vgl. außer dem bereits zitierten Artikel den polemischen Beitrag zu der von Walter Müller-Seidel initiierten Diskussion „Wissenschaftssprache, Verwissenschaftlichung der Sprache, Sprachkultur. Vorüberlegungen zu einer Diskussion" (in: *Jahrbuch der deutschen Schillergesellschaft* 32, 1988, 3-6), der den Titel trägt „Entweder 'germanistisch' oder 'deutsch': tertium non datur? Versuch, einen möglicherweise falschen Eindruck der 'Vorüberlegungen zu Wissenschaftssprache ... usw.' mittels hermeneutischer Anstren-

über Literatur- und im weiteren Sinne über Kulturtheorien gemanagt wird, möchte ich dann zu einem wesentlichen Gegenstandsbereich der Komparatistik als Metatheorie im Sinne Zimas rechnen.

Anders als Zima gehe ich allerdings nicht davon aus, daß die Komparatistik sich hiermit einen exklusiven, nur ihr zustehenden Gegenstandsbereich des Vergleichens sichern kann oder gar sichern sollte, da auch die Einzelphilologien mit größter Dringlichkeit auf den kritischen Kultur- und Theorienvergleich angewiesen sind. Das Privileg der Mehrsprachigkeit ist außerdem kein Exklusivprivileg akademisch etablierter Komparatisten. Und wenn Wolfgang Bernard Fleischmann zu Recht betont, daß „[...] die Forschungstätigkeit eines Komparatisten (theoretisch) nur durch das Ausmaß seiner Sprach-, Geschichts- und Literaturkenntnisse beschränkt [ist]"[12], so gilt dies doch auch für jeden anderen Literaturwissenschaftler, ob Germanist, Anglistin, Slavist oder Romanistin, usf. „In der Literaturwissenschaft gibt es keine Hoheitsgebiete mit ausschließlichem Eigentumsrecht", hat René Wellek geschrieben.[13] Die Konsequenz aus dieser Einsicht, die Wellek schon längst gezogen hatte, ist, die obsolet gewordenen National-Attribuierungen der Literaturwissenschaften fallen zu lassen, ebenso wie die nichtssagenden Attribute 'allgemein' und 'vergleichend'[14], und statt dessen von Literaturwissenschaft tout court zu sprechen, und von jeweiligen Spezialisierungen und spezifischen Schwerpunkten, sei es im Feld einer Epoche, der Rhetorik, der ästhetischen Theorie, der Kulturtypologie, usf.

Ich denke, daß in der Praxis unserer sprach- und literaturwissenschaftlichen Fachbereiche vielfach bereits de facto so verfahren wird, daß jedoch die Schwerfälligkeit und Beharrlichkeit der institutionalisierten Disziplinen und ihrer Aufgabenfelder (wie der Lehrerausbildung) und Kontrollprozeduren (Prüfungen), wie auch die kontinuierliche Einschränkung der öffentlich-staatlichen Ausgaben für die literaturwissenschaftlichen Fächer eine solch radikale Restrukturierung derzeit nicht zuläßt. Solange aber die gesellschaftliche Arbeitsteilung in den Literaturwissenschaften — wider die theoretische und praktische Vernunft ihrer Einheit — departementalisiert und territorialisiert bleibt, muß eine Allgemeine und Vergleichende Literaturwissenschaft als der Ort verstanden werden, von dem aus die gesellschaftliche Arbeitsteilung und ihre Desintegrationstendenzen wie auch die

gung zurückzuweisen". In: *Jahrbuch der deutschen Schillergesellschaft* 33 (1989), 424-428. Ferner: *Nationale Mythen und Symbole in der zweiten Hälfte des 19. Jahrhunderts. Strukturen und Funktionen von Konzepten nationaler Identität.* Hg. Jürgen Link, Wulf Wülfing. Stuttgart 1991.

11 So die Titelformulierung des Themenhefts 32/33 (1990) der Zeitschrift *Fragmente*: „Von der Liebe zur Nation. Zur Politik kollektiver Identifizierung".

12 Wolfgang Bernard Fleischmann: „Das Arbeitsgebiet der Vergleichenden Literaturwissenschaft" [zuerst 1966]. In: *Komparatistik. Aufgaben und Methoden.* Hg. Horst Rüdiger. Stuttgart, Berlin, Köln, Mainz 1973, 78-88, hier: 78.

13 René Wellek: „Die Krise der Vergleichenden Literaturwissenschaft" [zuerst als Vortrag 1958]. In: *Komparatistik. Aufgaben und Methoden* (= Anm. 12), 93-103, hier: 99.

14 Mit der inbrünstigen Auslegung dieser beiden Wörter haben Komparatisten viel Zeit vertan. Der Beitrag von Carsten Zelle in diesem Band sagt dazu einiges Notwendige. Es ist bedauerlich, daß die institutionalisierte Komparatistik sich über Exklusivansprüche zu legitimieren suchte, statt sich als das Fach zu verstehen, in dem die Problematiken aller Einzelphilologien gebündelt und im Kontakt mit diesen konzeptionell reflektiert werden können.

ganz entgegengesetzten Integrationskompetenzen der Literatur selbst und des Diskurses über Literatur systematisch beobachtet werden können. Ich würde diesen Vorschlag auch so formulieren, daß wir die Allgemeine und Vergleichende Literaturwissenschaft als einen institutionalisierten Ort, von dem aus gezeigt wird, wie die Literatur ebenso wie die Literaturwissenschaft einer Spezialisierung anhand der Kriterien 'Sprache'/'Nation'/'Staat' Resistenz leistet, eben so lange benötigen, wie die entgegengesetzte Tendenz der Nationalisierung der Literatur und der Literaturtheorie immer noch latent die Gefahr einer nationalistischen, gar chauvinistischen, Reproduktion der Literatur- und Kulturwissenschaften in sich birgt.

III.

Seitdem ökonomische und politische Diskussionen über die Einführung einer gemeinsamen europäischen Währung, den 'Euro', ihre Wellen schlagen, ist ein entsprechendes *re-labeling* auch in den kulturellen Sektoren ebenso wie im Konsumbereich der bundesrepublikanischen Gesellschaft zu konstatieren. Plötzlich werden die verschiedensten Verkehrs- und Umgangssprachen, die unterschiedlichsten Habitus und Stile, die klassenspezifisch, regionsspezifisch und institutionsspezifisch gewachsenen 'Sitten und Gebräuche', das plurale Spiel der aus ihnen entwachsenen kleinen Redegenres, die vielen kleinen und feinen Unterschiede, die bereits in unter- und oberfränkisch-bayerisch-württembergisch-schwäbischen Grenzgebieten existieren, und die jeder Bayreuther oder Nürnberger oder Münchner und Stuttgarter Taxifahrer dem neugierigen Fahrgast — unter Einsatz zahlreicher Witze — anhand der unterschiedlichen Stile von Kneipengesprächen und Stammtischbildungen vorzüglich zu extemporieren weiß —, plötzlich werden all diese kleinen und feinen Unterschiede, die nicht erst auf nationaler, sondern schon auf regionaler Ebene existieren (jedenfalls diskursiv existieren), in europäischem Maßstab auf eine gemeinsame *kulturelle* Währung umgerechnet und konvertibel zu machen gesucht. Wie verhält sich dieses Phänomen der 'Konvertibilisierung' der kulturellen Unterschiede zu dem scheinbar ganz und gar konträren Phänomen der Nationalisierung und Fremdnationalisierung (sprich: Ausgrenzung) theoretischer Denkstile?

Ich kann hierzu nur einige vorläufige Überlegungen anstellen, die davon ausgehen, daß die 'Erfindung' der Zukunft eines Fachs wie der Komparatistik von einer Gegenwart ausgehen muß, der die Zukunft unbekannt bleibt, die sich aber gerade deshalb den jungen Generationen als 'ad-hoc'-Überlegungen stellen müssen (statt als Ratschlüsse, daß wir Amtsinhaber schon wissen würden, wo es lang geht). Es sind kairologische[15] Überlegungen, die ich anstelle, die sich weder eines historistischen Rückhalts versichern können, noch dem Glauben an eine prognostische Pla-

[15] Der griechische Begriff Kairos, der im Neugriechischen heute auch 'das Wetter' bezeichnet, meint — im Gegensatz zu der formalen Zeit oder Chronos —, den Augenblick, die Gelegenheit, die zu nutzen wäre, die Chance.

nungseffizienz[16], wie die Produktivität der Literaturwissenschaft gesichert werden könnte, welche auf die immer knapper werdende Ressource Zeit in besonders hohem Maße angewiesen ist.

Beginnen wir mit dem, was die unhintergehbare Basis jeden Text-, Literatur-, Diskurs- und Kulturvergleichens und -verstehens ist —, beginnen wir mit der Sprache bzw. den Sprachen. „In Europa werden knapp gerechnet, rund fünfzig Sprachen gesprochen", schreibt Harald Weinrich in einem Artikel der *Frankfurter Allgemeinen Zeitung* vom 11. Jan. 1995, der unter den Titeln „Höflichkeit der Nationen. Drei Sprachen braucht der Europäer" publiziert wurde. Der auf dem Sektor der Schulbücher und anderer Lehrwerke bei uns branchenführende Berliner Verlag Cornelsen hat kürzlich den ersten Band eines „Italienischlehrwerks", mit dem „das Niveau des Zertifikats des Deutschen Volkshochschulverbandes" angestrebt wird, unter dem Titel *Euro*lingua *Italiano* herausgegeben.[17] Die Strategie des Verlags, der bedrohten Stellung des Italienischen auf dem Markt, dem europäischen wie dem Weltmarkt, durch die Umetikettierung des Italienischen zum Euro-Italienischen mehr Geltung verschaffen zu wollen, erscheint an und für sich als bewundernswert und applauswürdig. Das Problem beginnt eigentlich erst mit der Iteration und der Serialisierung solcher procedures of labeling. Wie, wenn die „knapp gerechnet, rund fünfzig Sprachen" Europas nach dem Muster des Euro-Italienischen allesamt auf dem Markt der Konvertibilität auftreten wollten? Wenn sie als das „Euro-Baskische", das „Euro-Ladinische", das „Euro-Rumänische", das „Euro-Serbische", das „Euro-Tschechische", das „Euro-Deutsche" usf. allesamt ihren Platz an der Sonne einklagen würden? Dreimal darf man raten, wer die Sieger und wer die Besiegten sein werden.

Jeder weiß, daß das Label *Euro*, das einigende Funktionen haben soll, unzählige Ausgrenzungen und Ausschließungen produziert, ohne daß wir wissen, wie 'die Zukunft' mit diesen Ausgrenzungen und Ausschließungen umgehen wird. Welche sind also die „drei Sprachen" (unter etwa fünfzig), die „der Europäer braucht"? Harald Weinrich, der romanistische Sprachwissenschaftler, der ein seinerzeit vielbeachtetes Buch über *Tempus* schrieb, den es dann in ein Münchner Projekt über das Deutsche als Fremdsprache verschlug, dem erstmals die 'Gastarbeiter-Literatur' in den Blick geriet[18] und der derzeit am Pariser Collège de France lehrt, Harald Weinrich, der Kosmopolit und letztlich auch einer der Bahnbrecher unserer europäischen 'Träume', hat so listig wie realistisch die drei Sprachen, die der Europäer braucht, nicht 'festschreiben' wollen. Anders als ein Teil der französischen Eliten polemisiert Weinrich nicht gegen die Vorherrschaft des Englischen als neuer 'lingua franca' in der Welt, wie auch in Europa: „Zweifellos ist Englisch eine wunder-

[16] Ich denke hier an Walter Benjamins Testament „Über den Begriff der Geschichte": In: Ders.: *Gesammelte Schriften*. Hg. Rolf Tiedemann, Hermann Schweppenhäuser. Frankfurt am Main 1991, I.2, 691-703. Vgl. dazu den lesenswerten Kommentar von Ralf Konersmann: *Erstarrte Unruhe: Walter Benjamins Begriff der Geschichte*. Frankfurt am Main 1991.

[17] Euro*lingua* Italiano. *Italienisch für Erwachsene*. Bd. 1A. Bearbeitung: Paola Riesz. Berlin 1997.

[18] Vgl. dazu auch die Dissertation meiner Bayreuther Mitarbeiterin Immacolata Amodeo: *Die Heimat heißt Babylon. Zur Literatur ausländischer Autoren in der Bundesrepublik Deutschland*. Opladen, Wiesbaden 1996.

bare Sprache; wohl dem, der die Sprache Shakespeares bis in ihre Feinheiten hinein beherrscht. Wenn dieser Sprache nun in unserem Jahrhundert überdies die Rolle einer sprachlichen Hartwährung zugefallen ist, müssen wir sogar dankbar dafür sein, daß es diese 'lingua franca' gibt. Wer die globale Mobilität unserer heutigen Gesellschaft nicht verpassen will, muß daher Englisch können — sonst bestraft ihn das Leben." Unter Aspekten einer strikten Kosten-Nutzen-Rechnung, so Weinrich, erscheine das Englische als die rentabelste Sprache, die in gewisser Weise sogar für die ganze Welt reiche. Doch werde man zu solchen Preisen nicht Europäer. Die nicht bloß individuelle, sondern auch kollektive Höflichkeit erfordere das Erlernen von mindestens zwei weiteren Fremdsprachen, d.h. Kultursprachen, damit die Nationen einen zivilisierten Umgang miteinander pflegen könnten. Um welche Sprachen es sich dabei handelt, so Weinrich, „sollte situationsabhängig entschieden werden."

Weinrichs Plädoyer für die Aneignung nicht bloß einer global gesprochenen und verstandenen Verkehrs-, Umgangs- und (zunehmend) Wissenschaftssprache, sondern auch für das Erlernen von (mindestens zwei) weiteren Kultursprachen zielt auf jene nicht bloß mühsamen, sondern auch lustvollen Erfahrungen und Faszinationen durch Alterität, die die Subjekte aus dem Konnex pragmatischer und instrumenteller Zwänge entbinden und ihnen das Feld der ästhetischen und literarischen Erfahrung erschließen, das allererst eine solide Basis der Völkerverständigung konstituiert. Das Plädoyer umreißt gleichzeitig die linguale Basis, auf der ein Fach wie Komparatistik allererst sinnvoll erscheint. Es handelt sich um den Minimal-Sockel, auf dem eine Konzeption des Fachs aufgebaut werden kann, die die Besonderheiten der Literaturen, Kulturen, distinkten Wissenschaftstraditionen und Theorien, ebenso wie ihre Austausch- und Transformationsprozesse reflektiert.

IV.

Über die Verflochtenheit der europäischen Literaturen unter- und miteinander, ihre gemeinsame, wie auch getrennte Wege einschlagende Herkunft aus der Antike, über ihren gemeinsamen Fundus an Rhetoriken und Poetiken, über Rezeptions-, Assimilations-, Kommentar-, Übersetzungs- und Kritikprozesse oder die Tradierung und Umänderung literarischer Formen und Gattungen muß hier nicht eigens gehandelt werden. Die Einzelphilologien haben ebenso wie die Komparatistik, vor allem aber auch die Romanistik und die Slavistik, in denen man implizite Komparatistiken sehen kann, ihren Beitrag zur Erforschung dieser Zusammenhänge des zum Besonderen der individuellen Verschiedenheiten geleistet.[19]

Ich möchte an dieser Stelle vielmehr auf den Vorschlag zum Selbstverständnis der Komparatistik als einer kultur- und metatheoretisch orientierten Disziplin der Literaturwissenschaft zurückkommen, wobei ich die Problematik der Internationa-

[19] Für grundsätzlichere Überlegungen vgl. Ulrich Schulz-Buschhaus: „Die Unvermeidlichkeit der Komparatistik. Zum Verhältnis von einzelsprachlichen Literaturen und Vergleichender Literaturwissenschaft". In: *arcadia* 14 (1979), 223-236.

lität mit der Problematik der Interdisziplinarität verknüpfe. In den vorausgehenden Abschnitten habe ich versucht, auf einige Widersprüche und Risse beim 'Bauen unseres europäischen Hauses' hinzuweisen. Das Euro-labeling kann nicht vertuschen, daß Konkurrenz und Differenzen, nicht bloß ökonomischer und politischer, sondern auch kultureller Art die Länder Europas nicht so höflich, so freundschaftlich, oder gar herzlich zusammenschmieden, wie man es sich unter den Bewohnern eines gemeinsamen Hauses wünscht. Mit Harald Weinrich habe ich die Mehrsprachigkeit als Heilmittel empfohlen. Internationalität mag ökonomisch oder auch touristisch, mit dem Englischen gemanagt werden können: politisch ist dies jedoch bereits prekär und kulturell und ästhetisch ganz und gar unmöglich.

Weinrichs Frage, wieviele Sprachen der Europäer braucht, könnte ihm und mir nun vielleicht einen geläufigen Vorwurf einbringen: den Vorwurf des Eurozentrismus. Da es sich bei einem nicht geringen Teil der europäischen Sprachen jedoch um ehemalige Kolonialsprachen (d.h. heute in zahlreichen Ländern der 'Dritten Welt' gesprochene Sprachen) handelt, wäre ein solcher Vorwurf absurd (ganz abgesehen davon, daß es keine einzige Sprache gibt, deren Erlernen Vorwürfe verdiente). Der Eurozentrismus-Vorwurf zielt denn auch, wo er nicht leichtfertig verwandt wird, auf etwas anderes, nämlich die außerordentliche Ignoranz, mit der wir 'übersehen' haben, daß es Literaturen in europäischen Sprachen auch außerhalb Europas gibt. Diese Ignoranz ist erst durch die Wortergreifung der ehemals kolonisierten kulturhegemonial unterdrückten Intelligenz in großem Maßstab aufgebrochen worden und ist heute inakzeptabel geworden. Erst allmählich begreifen wir — ich spreche von Universitäten in Deutschland —, was eine als Nationalgeschichte konzipierte Literaturgeschichte uns vorenthalten hat. Das Französische z.B. war nicht nur seit dem Aufklärungszeitalter bis noch ins 19. Jahrhundert hinein wie vorher das Lateinische die Sprache der Gebildeten, eine hochentwickelte Literatursprache und die Kommunikationssprache der europäischen Aristokratien und Eliten; es ist außerdem nicht nur die Sprache eines Teils von Belgien, der Schweiz und Luxemburgs, sondern „wird weltweit in über 40 Staaten als Umgangs-, Verkehrs- und Amtssprache von nahezu 200 Millionen Menschen gesprochen".[20]

Einer der Pioniere romanistisch-afrikanologischer und 'frankophoner' Forschung in der Bundesrepublik, mein Bayreuther Kollege János Riesz, hat deshalb seit vielen Jahren für eine transkontinentale Blickerweiterung plädiert. Ich zitiere aus seinen „Zehn Thesen zur Notwendigkeit, 'frankophone' Aspekte in einem zeitgemäßen Französisch-Unterricht zu berücksichtigen", hier nur — à titre d'exemple — die 7. These, die das derzeitige Frankreich mit der Situation in Deutschland kontrastiert, und die letzte, resümierende These 10: „7. Die heutige französische Literatur (der 'Métropole') ist ungleich 'welthaltiger', internationaler, Drittweltbewußter als etwa die deutsche. Man sehe sich daraufhin die Schauplätze und *plots* der mit den wichtigsten Literaturpreisen ausgezeichneten französischen Romane der letzten Jahre an. In der Aufarbeitung der gemeinsamen kolonialen ('franko-

[20] Angaben nach der 'Erläuterung' (II) zu der von János Riesz, Karsten Garscha und Hans-Jürgen Lüsebrink herausgegebenen Reihe *Studien zu den frankophonen Literaturen außerhalb Europas* im Frankfurter Verlag für Interkulturelle Kommunikation, die derzeit 15 Bände umfaßt.

phonen') Vergangenheit befinden sich die französischen Autoren in einer Situation der Konkurrenz mit den Schriftstellern der 'frankophonen' Länder: was bedeutet, sie müssen mit Einspruch und Widerspruch rechnen. Sie verfügen nicht alleine über das diskursive Monopol zur französischen Geschichte, Kultur und Literatur. In welcher Weise beispielsweise die Ideale der Französischen Revolution eingelöst worden sind, können nicht nur französische Autoren für das Mutterland bestimmen. Auch die Republik Zentralafrika gehört in diese Geschichte. Positiv gewandt kann man aber auch sagen, daß durch die erwähnte 'Konkurrenz'-Situation manche Lernprozesse in der französischen Literatur früher und intensiver durchlaufen werden als in andern. M. Tourniers *Vendredi* könnte in diesem Zusammenhang beschrieben werden als Erziehungsroman unserer Einstellung zur 'Dritten Welt'. [...] 10. Nur durch eine konsequente Einbeziehung 'frankophoner' Aspekte in den Französischunterricht wird man der historischen und heutigen Rolle Frankreichs in der Welt gerecht. Diese Aussagen bedürften der Ergänzung in der Weise, daß verdeutlicht würde, in welcher Weise sich durch die Vielzahl der Kulturen innerhalb der 'Frankophonie' Möglichkeiten des Zugangs zu neuen Kulturen/Sprachen/Literaturen/Weltbildern usw. ergeben könnten."[21]

János Riesz geht es nicht bloß um die sprach- und kulturpolitischen Strategien der frankophonen Expansion, sondern auch um die 'Verarbeitung' der kolonialen Vergangenheit auf beiden Seiten, deren Aspekthaltigkeit und Komplexität sich nirgends in so privilegierter Weise erschließen läßt wie an literarischen Texten, die verschiedenen Sprachebenen, Soziolekten und Stimmen Ausdrucksform verleihen.[22] Das komplizierte Geflecht der kolonialen Beziehungen besteht auch nach der Unabhängigkeit in seinem Wirkungspotential und gelegentlichen Konfliktpotential bis heute fort und prägt das Selbstverständnis auch der Metropolen wie Frankreich und Belgien. Der Dialog mit den afrikanischen Schriftstellern, Filmemachern, Theaterleuten, Wissenschaftlern und Theoretikern — in Frankreich sehr viel selbstverständlicher als bei uns — zeigt, daß eine französische Literaturwissenschaft, selbst wenn man sie als Einzelwissenschaft betreibt, der Frankophonie Rechnung tragen muß. Dabei können die Studierenden entdecken, daß V. Y. Mudimbe, Schriftsteller und Literaturwissenschaftler aus Congo-Zaïre, der derzeit in Stanford lehrt, in seinem berühmt gewordenen Buch *The Invention of Africa* von „Jean-Paul Sartre as an African Philosopher"[23] spricht. Es geht um die Resonanz von Sartres Essay *Orphée noir* (1948) auf das Konzept der 'Négritude' und die Blüte der 'Négritude'-Literatur im frankophonen Afrika. Wir können hier also gleichzeitig (und letztlich untrennbar) etwas über Afrika und etwas über Frankreich lernen. Ich werde auf Mudimbes Buch wieder zurückkommen, um mein Plädoyer

---

[21] János Riesz: „Zehn Thesen zur Notwendigkeit, 'frankophone' Aspekte in einem zeitgemäßen Französisch-Unterricht zu berücksichtigen". In: *Neusprachliche Mitteilungen aus Wissenschaft und Forschung* 45 (1992), 86-87, hier: 86 f.

[22] Vgl. für die Parameter und Problematiken einer solchen afrikabezogenen Romanistik den ersten Band der zitierten Reihe (= Anm. 20) von János Riesz: *Koloniale Mythen — Afrikanische Antworten. Europäisch-afrikanische Literaturbeziehungen I.* Frankfurt am Main 1993.

[23] V. Y. Mudimbe: *The Invention of Africa. Gnosis, Philosophy, and the Order of Knowledge (African Systems of Thought).* Bloomington, Indianapolis 1988, Abschnittsüberschrift, 83-87.

für eine metatheoretische Orientierung der Komparatistik etwas genauer zu konkretisieren. A propos Europa und der ausgeprägten, auch alltags- und lebensweltlichen Unterschiede, die jeder zeitgenössische Beobachter hinsichtlich der 'présence africaine' in Paris oder aber der Bundesrepublik Deutschland konstatieren muß, sei zumindest noch darauf hingewiesen, daß der unterschiedliche Status und die unterschiedlichen Expansionsdoktrinen der Kolonialmächte nachwirken und nicht einfach ein historisch 'erledigtes' Kapitel sind. Deutschland verlor bekanntlich seine transkontinentalen Kolonien im Friedensvertrag von Versailles (1919), während Frankreich zu diesem Zeitpunkt seine größte Ausdehnung gefunden hatte und 'la plus Grande France' geworden war. Im Ersten Weltkrieg waren auf französischer Seite westafrikanische Kolonialsoldaten eingesetzt worden, die sog. Tirailleurs sénégalais.[24] Es ist vielleicht nicht hinreichend bekannt, daß Hitlers rassistische Phobie „der Durcheinandermischung der Elemente unseres Volkskörpers"[25] sich nicht nur antisemitisch artikulierte, bis hin zum Exterminismus der 'Endlösung' der 'Judenfrage', sondern nicht minder vehement auch — an die Adresse des 'Erbfeindes' und 'Todfeinds' Frankreich — als Phantasma der „Vernegerung"[26] Europas. Die außerordentliche Brisanz, die der Signifikant 'Afrika' in den deutsch-französischen Beziehungen zwischen den beiden Weltkriegen erlangte, hat Véronique Porra eingehend in Fallstudien zu fünf besonders exponierten Texten bzw. Autoren untersucht: dem Roman *Batouala, véritable roman nègre* (1921) des Antillaners René Maran, auf dessen initiierende, wie zugleich umstrittene Rolle eines Beginns der schwarzafrikanischen Literaturproduktion in französischer Sprache hier nicht einzugehen ist; den Reiseberichten von André Gide *Voyage au Congo* (1926) und *Le Retour du Tschad* (1928) sowie *Afrikanischer Frühling* (1938) von Friedrich Sieburg; schließlich zwei Exponenten der fiktionalen Kolonialliteratur der Metropolen, *Der Ölsucher von Duala* (1918/1933) von Hans Grimm und *Monsieur de la Ferté* (1934) von Pierre Benoit.[27] In dieser Studie geht es um die „en-

[24] Der Einsatz von mehr als 200.000 afrikanischen Soldaten in der französischen Kolonialarmee bedeutete auch ein diskursives und symbolisches Ereignis ersten Ranges. Vgl. dazu den Sammelband *'Tirailleurs sénégalais.' Présentations littéraires et figuratives de soldats africains au service de la France.* Hg. János Riesz, Joachim Schultz. Frankfurt am Main, Bern, New York 1989 sowie — für die Behandlung dieses Ereignisses in der französischsprachigen afrikanischen Literatur — János Riesz: „La 'folie' des tirailleurs sénégalais: fait historique et thème littéraire de la littérature coloniale à la littérature africaine de langue française". In: *Black Accents. Writing in French from Africa, Mauritius and the Caribbean.* Proceedings of the ASCALF Conference held in Dublin, 8-10 April 1995. Hg. J. P. Little, Roger Little. London 1997, 139-156.

[25] Adolf Hitler: *Mein Kampf* [[1]1927]. München [34]1935, II, 439.

[26] Ich zitiere aus *Mein Kampf* nur ein Beispiel (II, 730): „Nicht nur, daß es [= Frankreich; U. L.-H.] in immer größerem Umfang aus den farbigen Menschenbeständen seines Riesenreiches das Heer ergänzt, macht es auch rassisch in seiner Vernegerung so rapide Fortschritte, daß man tatsächlich von einer Entstehung eines afrikanischen Staates auf europäischem Boden reden kann. Die Kolonialpolitik des heutigen Frankreichs ist nicht zu vergleichen mit der des vergangenen Deutschlands. Würde sich die Entwicklung Frankreichs im heutigen Stile noch dreihundert Jahre fortsetzen, so wären die letzten fränkischen Blutsreste in dem sich bildenden europa-afrikanischen Mulattenstaat untergegangen. Ein gewaltiges, geschlossenes Siedlungsgebiet vom Rhein bis zum Kongo, erfüllt von einer aus dauernder Bastardierung langsam sich bildenden niederen Rasse."

[27] Vgl. Véronique Porra: *L'Afrique dans les relations franco-allemandes entre les deux guerres. Enjeux identitaires des discours littéraires et de leur réception.* Frankfurt am Main 1994.

jeux identitaires“, wie sie durch literarische Diskurse konstituiert werden, das heißt: die Komplexität von Subjektbildungsprozessen und Politiken kollektiver Identifizierung und Gegenidentifizierung (der sog. Feindbilder). Die Studie geht über den in der Komparatistik als ‘Imagologie’ oder ‘images-mirages’-Forschung seit langem etablierten Gegenstandsbereich theoretisch[28] hinaus, weil sie die Analyse bilateraler Beziehungen beträchtlich kompliziert, insofern der oder die Dritte — hier: Afrika — die schlichten Verrechnungen, Spiegelungen und Projektionen des ‘Eigenen’ und des ‘Fremden’ — hier: Frankreich und Deutschland — aufbricht. Wir werden im Zeitalter des Globalismus lernen müssen, die Beziehungen zwischen Sprachen, Nationen, Kulturen und Kontinenten immer weniger in bilateralen und binären Konstellationen zu denken, sondern als Dreiecks-, Vierecks-, Fünfecksbeziehungen und -geschichten.

Nun geht es mir an dieser Stelle freilich nicht darum, die afrikabezogenen Forschungsschwerpunkte an der Universität Bayreuth vorzustellen.[29] Ich habe das Beispiel der Frankophonie vielmehr vor allem deshalb angeführt, weil ich am Beispiel des Französischen (dessen zentrale Stellung für eine adäquate Komparatistik der Literaturen Europas unbestritten sein dürfte) demonstrieren wollte, welche text- und welterschließenden wie europadezentrierenden Möglichkeiten das Erlernen bereits dieser einen europäischen Kultur- und Kolonialsprache eröffnet. Selbst wenn man derzeit und in Zukunft von beträchtlichen Reduktionen der derzeitigen Annahme einer Zahl von nahezu 200 Millionen französisch sprechender Menschen ausgehen muß, könnte man das Erlernen der Weltsprache des Französischen auch unter Rentabilitätsgesichtspunkten von Kommunikations- wie Forschungskompetenz als eine Investition betrachten, die keine Fehlinvestition ist. Als Literaturwissenschaftlerin tut man sich freilich schwer, Sprachen und Literaturen technokratisch und ökonomistisch unter das Rentabilitätsprinzip zu stellen. Wir sind nach dem Kollaps des bürgerlichen (normativen) Bildungsbegriff in einer schwierigen Lage, denn wir möchten selbstverständlich, daß unsere Studierenden und Absolventen Chancen auf dem Arbeitsmarkt bekommen, weshalb wir uns die Frage stellen müssen, was sich ‘auszahlt’; auf der anderen Seite müssen wir die ‘kleinen’ Sprachen, die ‘kleinen’ Literaturen, die Ränder und Peripherien[30] verstärkt schützen, die im Zusammenspiel und den Verteilungskämpfen der universitären Disziplinen völlig zu Unrecht als ‘Orchideen’-Fächer betrachtet werden: sie bewahren vielmehr unser kulturelles Gedächtnis.[31]

---

[28] Vgl. dazu die Überlegungen von Ulrich Schulz-Buschhaus in seiner Rezension der Festschrift für Hugo Dyserinck (*Europa provincia mundi. Essays in Comparative Literature and European Studies Offered to Hugo Dyserinck.* Ed. Joep Leerssen. Amsterdam 1992), einem der Hauptvertreter der imagologischen Richtung (in: *Sprachkunst* 25, 1994, 456-465).

[29] Sie wurden zu einem großen Teil durch den Sonderforschungsbereich *Identität in Afrika* ermöglicht (SFB 214).

[30] Ich benutze die Reihe der Ausdrücke im Sinne des Kafka-Buches von Gilles Deleuze und Félix Guattari: *Kafka. Pour une littérature mineure.* Paris 1975 (dtsch.: *Kafka. Für eine kleine Literatur.* Übers. Burkhart Kroeber. Frankfurt am Main 1976).

[31] Vgl. *Kultur und Gedächtnis.* Hg. Jan Assmann, Tonio Hölscher. Frankfurt am Main 1988 sowie *Gedächtnis und Literatur. Intertextualität in der russischen Moderne.* Hg. Renate Lachmann. Frankfurt am Main 1990.

Nach dem Modell der Weinrichschen Frage, wieviele Sprachen der Europäer braucht, betreibe ich mein euro-dezentrierendes Erschließen komparatistischen Forschungs*potentials* nun etwas weiter. Aus der Perspektive einer romanistisch orientierten Komparatistik (so auch mein eigener Ausbildungsweg) bieten sich für transkontinentale Blickerweiterungen wiederum jene romanischen Kultursprachen an, die Kolonialsprachen und damit Weltsprachen wurden, d.h. vor allem das Spanische und die 'Hispanophonie', sowie das Portugiesische und die 'Lusophonie'.[32]

Diese beiden iberischen Sprachen führen uns in die 'Neue Welt', nach Amerika, aber auch ins portugiesischsprachige Afrika (Angola, Moçambique, Guinea-Bissau) und, mit weiteren europäischen Sprachen, in die Karibik. Die Ibero- oder Lateinamerikanistik als Literaturwissenschaft hat in der Bundesrepublik eine sehr viel entwickeltere Forschungstradition als afrikabezogene Fragestellungen. In der langen Zeit der Franco- und Salazar-Diktaturen auf der iberischen Halbinsel, als in den Metropolen der Eindruck einer kulturellen Erstarrung entstand, ereignete sich das, was man den 'Boom' der lateinamerikanischen Literaturen, der 'nueva novela' wie der neuen Essayistik, zu nennen pflegt. Dabei haben wir es wiederum nicht mit bilateralen Beziehungen zu tun, sondern mit einem komplizierten Geflecht von 'Wanderwegen', die vielfach durch erzwungene Emigrationsbewegungen bedingt waren. So war Mexiko, das Schwellenland zwischen dem anglophonen Norden und dem hispanophonen Süden des amerikanischen Kontinents, dasjenige Land, das einen Großteil der Emigranten des spanischen Bürgerkriegs aufnahm, und dann auch Flüchtlinge vor den Nazis. Den vor den Diktatorialregimen (dem 'caciquismo') in Lateinamerika flüchtenden linken Künstlern und Intellektuellen waren die Metropolen Spanien und Portugal verschlossen. Das privilegierte Einwanderungsland war wiederum Frankreich, weshalb der Boom der lateinamerikanischen Literaturen in komplexen Zusammenhängen mit dem französischen Existentialismus, den in *Les Temps modernes* angestoßenen Debatten, wie überhaupt den Positionen Sartres als der großen Symbolfigur des Intellektuellen im 20. Jahrhundert steht. Dies sind freilich nur dürftige Stichwörter, weil die Frankreich-Faszination der Lateinamerikaner, die ja sehr viel früher als die Afrikaner, nämlich im 18. und 19. Jahrhundert, in die hart erkämpfte Unabhängigkeit entlassen worden waren, aus viel älterer Zeit stammt. Auch die Selbstbezeichnung 'Lateinamerika' orientiert sich mehr an Frankreich als an der iberischen Latinität, wenn Michael Rössner, der Herausgeber einer jüngst erschienenen und empfehlenswerten *Lateinamerikanischen Literaturgeschichte* Recht hat, indem er schreibt: „[...] daß der sich gegen Ende des 19. Jahrhunderts herausbildende Begriff 'Latein-Amerika' unter anderem dem Wunsch entsprungen ist, sich nicht nur gegen das 'angelsächsische' Amerika des Nordens abzusetzen, sondern auch von den ehemaligen iberischen Kolonial-Mutterländern

---

32 Der Ausdruck 'Lusophonie' geht auf den mythischen Gründungsvater der Portugiesen, Lusus, zurück, der auch dem portugiesischen Nationalepos der *Lusiaden* (*Os Lusiadas*, 1572) von Camões seinen Namen gegeben hat.

zu emanzipieren und stattdessen an das 'modernere' Frankreich mit seiner quasi-mythischen Hauptstadt Paris im Geiste einer vagen 'Latinität' anzuschließen."[33]

Nun muß man allerdings für weitere und notwendige Differenzierungen der '(Latein-) Amerikanität', der 'Brasilianität', der 'Antillanität' die lateinamerikanische und karibische Essayistik heranziehen, die höchst bemerkenswerte Selbstreflexionen über Akkulturationsprozesse und Formen von 'métissage' bzw. 'mestizaje' — im Sinne der ursprünglichen Bedeutung des Wortes als 'Rassenmischung' wie sodann in der Bedeutung als 'Kultur-Synkretismus' oder 'métissage culturel' — hervorgebracht hat. Dabei geht es um ein außerordentlich beziehungsreiches Geflecht von hispano- und luso-amerikanischen, indo- und afro-amerikanischen, franko- und italo-amerikanischen Komponenten lateinamerikanischer Alltagskulturen wie auch seiner künstlerischen Produktion. Der Brasilianer Darcy Ribeiro hat dies in einem zunächst in Mexiko (1976), dann in São Paolo (1979) erschienenen Essay „Gibt es Lateinamerika?"[34] eindringlich geschildert. Insbesondere im Falle Brasiliens ist das Phänomen der Vermischung zwischen den portugiesischen Kolonisatoren, den indigenen indianischen Bevölkerungen und den für die Arbeit auf den Zuckerplantagen und im Herrenhaus 'importierten' Sklaven aus Afrika als grundlegendes Konstituens der brasilianischen Nationalidentität und des brasilianischen Nationalcharakters reflektiert worden. Der kosmopolitisch gebildete brasilianische Kulturanthropologe Gilberto Freyre veröffentlichte 1933 in Rio de Janeiro seine große anthropologisch-soziologisch-literarische Studie *Casa-grande & senzala*[35] — *Herrenhaus und Sklavenhütte* —, die zu einem „nationale[n] Kulturmonument"[36] wurde. Dabei wird besonders dem Einfluß des Afrikaners eine fundierende positive Bedeutung für die Vitalität, die Leidenschaft und Zärtlichkeit des brasilianischen Charakters zugesprochen. Während auf dem europäischen Kontinent, besonders in Deutschland, die 'métissage'-Abwehr dominierte, erkannte Brasilien seine Identität als eine Mischidentität an.[37]

---

[33] *Lateinamerikanische Literaturgeschichte*. Hg. Michael Rössner. Stuttgart, Weimar 1995, hier: „Vorwort", II. Zwar erscheint es prekär, die Literaturen so zahlreicher Länder einschließlich Brasiliens, „die (seit der Unabhängigkeit) in zwanzig verschiedenen Staaten entstanden" (S. VIII), in einer einzigen Literaturgeschichte auf 542 Seiten zusammenzufassen, doch sind sich der Herausgeber und seine zahlreichen kompetenten Autoren der Dialektik von Homogenität und Heterogenität bewußt, so daß die von der Eroberung durch Kolumbus bis in die Gegenwart führende Literaturgeschichte als vorzügliche Einführung empfohlen werden kann, die durch eingehendere Interpretationen von Einzelwerken, zum Beispiel das zweibändige Sammelwerk *Der hispanoamerikanische Roman*. Hg. Volker Roloff, Harald Wentzlaff-Eggebert. Darmstadt 1992, ergänzt werden sollte.

[34] In: Darcy Ribeiro: *Unterentwicklung, Kultur und Zivilisation. Ungewöhnliche Versuche*. Aus dem brasilianischen Portugiesisch von Manfred Wöhlcke. Frankfurt am Main 1980, 315-328.

[35] Gilberto Freyre: *Casa grande & senzala. Formação da familia brasileira, sob o regime de economia patriarcal* [Rio de Janeiro 1933]. Lisboa 1957. Anders als die englische und die französische Übersetzung ist die deutsche Ausgabe nur bedingt brauchbar, da der umfangreiche Anmerkungsapparat fehlt und die Übersetzung von Ludwig Graf von Schönfeldt aus dem Jahr 1965 auch der Revision bedürfte (Gilberto Freyre: *Herrenhaus und Sklavenhütte. Ein Bild der brasilianischen Gesellschaft* [[1]1982]. München 1990).

[36] Darcy Ribeiro: „Gilberto Freyre. Einführung zu 'Casa-grande & senzala'". In: Ders.: *Unterentwicklung, Kultur und Zivilisation* (= Anm. 34), 95-174, hier: 96 f.

[37] Vgl. Verf.in: „Nation, Rasse, Métissage. Überlegungen zu einem okzidentalen Diskurs-Dispositiv und seiner Umwertung in Brasilien". In: *Fremdheitserfahrungen und Fremdheitsdarstellungen in okzidentalen*

V.

Ich muß die Beispiele und Hinweise hier abbrechen, um wieder auf den konzeptionellen Vorschlag einer metatheoretischen Orientierung der Komparatistik zurückzukommen. Es war mir zunächst darum gegangen zu zeigen, daß bereits das Erlernen einiger weniger europäischer Sprachen immense Dimensionen welterschließender und horizonterweiternder Möglichkeiten impliziert. An dieser Stelle taucht allerdings das Problem der Arbeitsteilung auf: Wie soll sich der Einzelne hier noch orientieren können? In der Regel arbeiten Spezialisten der Lateinamerikanistik unabhängig von Afrikanologen und Afrikanisten: Die Fragestellungen und Ergebnisse der jeweiligen Disziplinen werden selten miteinander ausgetauscht. Auf der anderen Seite aber kann man konstatieren, daß es auf all diesen und weiteren Feldern in allen Disziplinen der Humanwissenschaften zu einem nicht geringen Teil um ähnliche theoretische Perspektiven und Problematiken geht, die die Verflochtenheit und den Synkretismus der Kulturen betreffen, so daß man überall auf multiliterale Beziehungen stößt. Eine kultur- und metatheoretisch orientierte Allgemeine und Vergleichende Literaturwissenschaft könnte hier sehr wichtige Aufgabenfelder finden und einen nützlichen Beitrag zur Erforschung der Welttheorie leisten. Während beispielsweise Saids *Orientalismus*-Buch auch bei uns viel Aufmerksamkeit gefunden hat, gilt dies nicht für Mudimbes *Invention of Africa*, das auch nicht ins Deutsche übersetzt zu sein scheint. Liest man jedoch beide Bücher im Zusammenhang, so verblüfft die Affinität der Problematiken, zu deren Sichtbarmachung die Komparatistik beizutragen hätte. Gewiß hängt diese Affinität damit zusammen, daß beide Autoren sich von den wissensarchäologischen und diskurs- und machtanalytischen Arbeiten Foucaults haben inspirieren lassen. Wenn es Mudimbe weniger um institutionelle Aspekte geht als Said, sondern mehr um epistemologische und philosophische Aspekte, so ist die Problematik, die Mudimbe als „The Geography of a Discourse" tituliert, doch beiden Büchern gemeinsam. Zahlreiche weitere Reflexionsparadigmen, die — zumeist unter den Etiketten des 'post-colonial theory' und 'cultural studies' im Umlauf — in den USA große Beachtung gefunden haben wie z.B. Henry Louis Gates', Jr. Buch *The Signifying Monkey. A Theory of African-American Literary Criticism* (New York, Oxford 1988) oder der von Homi K. Bhabha herausgegebene Band *Nation and Narration* (London, New York 1993), wo die Problematik der Homogenisierungstendenzen und die ganz entgegengesetzte Tendenz der Heterogenität und der Differenz aus der Perspektive ehemals Kolonisierter (der 'minorities') theoretisch reflektiert wird. Wie ich bereits anzudeuten versucht habe, ist vor allem auch Lateinamerika als einer der vorrangigsten Produzenten der theoretischen Modellierung und literarischen Vergegenwärtigung synkretistischer Phänomene anzusehen, wobei mit Vittoria Borsó zu sprechen, „das Hybride als Denkmethode", als „ein Denken, das das Andere nicht

---

Kulturen. Akten des 4. Passauer interdisziplinären Kolloquiums. Hg. Bernd Lenz, Hans-Jürgen Lüsebrink. Passau (= *PINK*, 4) (in Vorb.).

als Projektionsfläche des Eigenen mißbraucht"[38] erprobt wird. Auch der französisch schreibende Antillaner Edouard Glissant hat in seinen Romanen, Gedichten und Essays faszinierende Analyseperspektiven und ästhetisch fühlbar gemachte Modelle der Wahrnehmung von 'Kreolisierung', 'code-switching' und anderen — wie Glissant sagt — „barocken" Mischformen entworfen.[39] In Brasilien wiederum hat ein ausgeprägtes Nachdenken über 'Selbst-Exotismus' stattgefunden, der als Übernahme der Exotisierung durch den Anderen, das heißt durch die Klimatheorien über die Tropen ('tropicalismo'), die Reiseberichte und ethnologisch-historiographischen Darstellungen metropolitaner europäischer Schriftsteller aufgefaßt wird.[40]

Man müßte diese Beispielreihe sehr viel differenzierter kommentieren und selbstverständlich ergänzen. Ich hoffe jedoch, daß meine Absicht und mein Konzept hinreichend deutlich geworden sein dürften. Mein Plädoyer zielt darauf, die an verschiedenen Orten der Welt verstreuten theoretischen Modellierungen der 'Vielstimmigkeit' (Bachtin) und 'Intertextualität' (Kristeva) von Literaturen in ihrer Gattungsmischung, Stilmischung, Perspektivenmischung, Sprachen-, Sprachebenen- und Kodemischung nicht immer nur nach Ländern, Staaten, Nationen und Kontinenten getrennt wahrzunehmen. Denn sobald man im Zeitalter der Welttheorie die Anstrengung einer Zusammenschau unternimmt, erscheint es möglich, von der Intertextualität über die Intertheorizität auch eine Perspektive der Interkulturalität zu gewinnen, durch die sich vieles ordnen läßt. Der angstmachenden Unübersichtlichkeit, aus der mancherlei Abwehr- und Ausgrenzungsgesten resultieren, kann dann eine ruhigere und gelassenere Haltung in Studium und Forschung entgegengesetzt werden, die es erlaubt, sich nicht vorrangig in Verteilungskämpfen zu verausgaben und an Marktgesetzlichkeiten zu orientieren.

Verständigung hat Seltenheitswert erlangt, schreiben Johann Strutz und Peter V. Zima. Darauf führen sie zurück, daß die Wörter 'Kommunikation' und 'Multikulturalität' in aller Munde sind. Sie schreiben dies in einem Aufsatz, der der kulturellen Vielstimmigkeit in einer mitteleuropäischen Region gewidmet ist, in Istrien, wo das Slowenische, Kroatische und Italienische sich auf engem Raum begegnen und wo bereits „die sprachliche Praxis des Alltags nur im Rahmen eines mehrsprachigen Kontinuums zu beschreiben"[41] ist. Die Sprach- und Literaturwissenschaften haben ein hochdifferenziertes Beschreibungs- und Analyseinstrumentarium entwikkelt, um solchen Phänomenen gerecht werden zu können. Es erschiene interessant,

[38] Vittoria Borsó: „Mexikanische 'Crónicas' zwischen Erzählung und Geschichte — kulturtheoretische Überlegungen zur Dekonstruktion von Historiographie und nationalen Identitätsbildern". In: *Lateinamerika denken. Kulturtheoretische Grenzgänge zwischen Moderne und Postmoderne.* Hg. Birgit Scharlau. Tübingen 1994, 278-296, hier: 283.

[39] Vgl. Edouard Glissant: *Le Discours antillais.* Paris 1981 (dtsch.: *Zersplitterte Welten. Der Diskurs der Antillen.* Übers. Beate Thill. Heidelberg 1986) und: Ders.: *Poétique de la relation.* Paris 1990.

[40] Vgl. Antonio Candido: *Formaçao da literatura brasileira. Momentos decisivos* [[1]1959]. São Paulo 1975, II, und Roberto Ventura: *Estilo tropical. Historia cultural e polêmicas literarias no Brasil 1870-1914.* São Paulo 1991. Vgl. Verf.in: „Exotismus und Métissage. Gilberto Freyre liest Camões". In: *kulturRevolution* 32/33 (1995), Themenheft: „Tropische Tropen/Exotismus", 45-52.

[41] Vgl. Johann Strutz, Peter V. Zima: „Kulturelle Vielstimmigkeit: Istrien als Metapher". In: *arcadia* 31 (1996), 89-114, sowie das von Johann Strutz verfaßte Kapitel „Komparatistik regional — Venetien, Istrien, Kärnten". In: Zima: *Komparatistik* (= Anm. 5), 294-331.

die istriotische Situation mit außereuropäischen Polyglottien und Polyphonien zu vergleichen, zum Beispiel mit dem Kontinuum afrikanischer und europäischer Sprachen und oraler wie schriftlicher Literaturen in den Ländern Afrikas.

Die Literaturwissenschaft steht im Dienste der Erhaltung und Mehrung der Ressourcen Verständigung und Sensibilität, die wie die Ressource Zeit knapper werden, obwohl die Bereiche der 'Freizeitkultur' eine immer größere gesellschaftliche Bedeutung zu haben scheinen. Würde die Literaturwissenschaft ihre zentralen Untersuchungsgegenstände, nämlich die literarischen Texte aufgeben, dann wäre es um ihre Transformation aus einer 'Geisteswissenschaft' in eine 'Kulturwissenschaft' schlecht bestellt. Kulturen sind keine Ober- oder Unterbegriffe von Nationen oder Staaten, und sie sind keine Substanzen, die prädiskursiv gegeben wären. Literarische und theoretische Texte sind kulturelle Objekte ersten Ranges. Erst aus ihnen kann überhaupt ein Kulturbegriff gewonnen werden, der nicht bloß ein Substitutionsbegriff anderer Konzepte ist, sondern den Phänomenen des Kontakts, der Berührung und des Synkretismus Rechnung trägt. Die Übersetzung zählt mit Recht zu den wichtigsten Gegenstandsbereichen der Komparatistik. Eine kultur- und metatheoretisch orientierte Allgemeine und Vergleichende Literaturwissenschaft würde zur dringend benötigten Über-Setzung auch von Kulturkonzepten einen entscheidenden Beitrag leisten können. An die Stelle der Proliferation der Rede vom 'Kampf der Kulturen' könnten dann vielleicht theoretisch reflektierte Modelle von den Begegnungen der Kulturen treten.

Literaturwissenschaft zwischen Autonomie und Heteronomie: Die Herausforderung durch die Sozialwissenschaften

Peter V. Zima

Man wird die Probleme der Literaturwissenschaft am ehesten verstehen, wenn man aufhört, diese Wissenschaft für eine Selbstverständlichkeit zu halten. Sie ist historisch ebenso kontingent wie die Literatur selbst und könnte, falls die These von Herbert Gamper über die „vollendete Marginalisierung der Literatur"[1] zutrifft, zusammen mit ihrem Gegenstand verschwinden. Im Anschluß an diese Überlegungen soll hier der folgende Grundgedanke entwickelt werden: Die Literaturwissenschaft ist einerseits im Zuge der wissenschaftlichen Arbeitsteilung aus der philosophischen Ästhetik entstanden, hat sich andererseits aber im Gegensatz zu den Sozialwissenschaften definiert, indem sie — analog zur Linguistik, Soziologie und Kunstgeschichte — den autonomen Status ihres Gegenstandes hervorhob. Dadurch geriet sie in Widerspruch zu sich selbst als Sozialwissenschaft: als Literatursoziologie, Literaturpsychologie und Literatursemiotik. Denn die Betrachtung autonomer Literatur um ihrer selbst willen mag den Philologen befriedigen; in den Sozialwissenschaften ist sie nicht zu legitimieren.

I. Die historisch-heteronome Perspektive

Den Literaturwissenschaftlern wird bisweilen vorgeworfen, sie hätten keinen Literaturbegriff und folglich keinen Gegenstand.[2] Ebenso könnte man den Kunsthistorikern vorwerfen, sie hätten keinen Kunstbegriff: Das Problem besteht bekanntlich darin, daß es Literatur und Kunst als autonome Erscheinungen in mythischen (archaischen) Gesellschaften oder im europäischen Feudalismus nicht gab, weil sie sich erst im Laufe der in der Renaissance eingeleiteten Säkularisierungsprozesse aus ihrer funktionalen Einbindung in das religiöse System herausgelöst haben.[3] Es kommt hinzu, daß es auch in der gegenwärtigen Gesellschaft zahlreiche miteinander konkurrierende Kunst- und Literaturbegriffe gibt, die aus ideologischen, religiösen und ästhetischen Gründen voneinander abweichen. Es wäre töricht, spontan

---

[1] H. Gamper: „'Keiner wagt mehr seine Person daran'. Zur Situation der Literaturwissenschaft nach vollendeter Marginalisierung der Literatur". In: *Wozu Literaturwissenschaft?* Hg. F. Griesheimer, A. Prinz. Tübingen 1991, 102-126, hier: 102. Die Marginalisierung der Literatur ist natürlich kein Grund, die Literaturwissenschaft in Frage zu stellen: Auch Religionssoziologen denken nicht daran, ihre Arbeit einzustellen, nur weil Religionen der Säkularisierung weichen.

[2] Siehe: F. Griesheimer: „Unmut nach innen. Ein Abriß über das Enttäuschende in der gegenwärtigen Literaturwissenschaft". In: *Wozu Literaturwissenschaft?* (= Anm. 1), 11-43.

[3] Siehe: M. Müller, H. Bredekamp u.a.: *Autonomie der Kunst. Zur Genese und Kritik einer bürgerlichen Kategorie.* Frankfurt am Main 1972.

einen dieser Begriffe herauszugreifen und ihn öffentlich als den *der* Literaturwissenschaftler vorzustellen — wo doch die Literaturwissenschaft ideologisch und methodologisch außerordentlich heterogen ist. Es wird sich allerdings zeigen (Abschn. 2), daß einige Literaturwissenschaftler durchaus versucht haben, Literatur als autonome Erscheinung für alle verbindlich zu definieren.

Vorerst mag es sinnvoll sein, etwas weiter auszuholen und mit Jurij Lotman den historisch-funktionalen Charakter des *Textes* in Erinnerung zu rufen. Denn bei näherem Hinsehen zeigt sich, daß auch der Textbegriff nicht in allen Gesellschaften und Kulturen mit einer Universalbedeutung versehen wird, sondern einen Bedeutungswandel durchmacht: „Der Opposition 'mündlich — schriftlich' kann in der einen oder anderen Kultur die Opposition 'typographisch nicht publiziert — gedruckt' entsprechen, usw."[4] Die Bezeichnung 'Schriftsteller' ist also kulturabhängig und kann sowohl auf den Sänger (den mündlichen Vortrag) als auch auf den Schriftsteller (den veröffentlichten Text) angewandt werden: „Die Äußerungen 'Er ist ein wirklicher Dichter, man druckt ihn' und 'Er ist ein wirklicher Dichter, man druckt ihn nicht' sind in gleicher Weise möglich."[5] Lotman zeigt, daß der Gegensatz mündlich/schriftlich auch für die Unterscheidung von heiligen und profanen Texten relevant ist: Der heilige Text kann der mündlich überlieferte oder der als 'heilige Schrift' im Schrein aufbewahrte Text sein. Die Wahrnehmung des Textes als Text ist daher kulturell bedingt.

Auf die Literatur angewandt bedeutet dies, daß als Literatur bezeichnet werden kann, was in einer Kultur zu einem bestimmten historischen Zeitpunkt als Literatur anerkannt wird. Während die Aufklärung als historisch-kultureller Kontext den didaktischen, den nützlichen Text privilegierte, stellte die sozialistische Gesellschaft der UdSSR oder der DDR den politisch engagierten, den parteilichen Text an der Spitze ihrer Werteskala auf.[6] In beiden Fällen wurde Kants Schönheitsideal negiert, demzufolge das Schöne um seiner selbst willen — also autonom — zu betrachten sei und nicht *sub specie utilitatis*, d.h. als didaktisches, moralisches, politisches oder gar wirtschaftliches Phänomen: „*Schönheit* ist Form der *Zweckmäßigkeit* eines Gegenstandes, sofern sie, *ohne Vorstellung eines Zwecks*, an ihm wahrgenommen wird."[7] Das heißt: Das Schöne in allen seinen Ausprägungen ist funktionslos und sollte mit 'interesselosem Wohlgefallen' und nicht als in einen sozio-historischen Funktions- oder Zweckzusammenhang eingebunden betrachtet werden.

Einen solchen Zusammenhang stellt jedoch Hegel her, indem er die Problematik des Schönen historisiert und die Kunst sowie das einzelne Kunstwerk zu *Funktionen der Erkenntnis* macht (im Gegensatz zu Kant, der das Schöne 'ohne Begriff' zu denken suchte). Hegel erscheint das Kunstschöne nicht als autonome Erscheinung,

---

4 J. Lotman: „Text und Funktion". In: *Textsemiotik als Ideologiekritik*. Hg. P. V. Zima. Frankfurt am Main 1977, 149-164, hier: 151.

5 Ebd., 152.

6 Siehe: *Einführung in Theorie, Geschichte und Funktion der DDR-Literatur*. Hg. H.-J. Schmitt. Stuttgart 1975, darin vor allem die Beiträge von M. Struwe/J. Villwock („Aspekte präskriptiver Ästhetik", 39-75) und G. Kaiser („Parteiliche Wahrheit — Wahrheit der Partei? Zu Inhalt, Form und Funktion der Dramatik", 213-246).

7 I. Kant: *Kritik der Urteilskraft* [1790]. Stuttgart 1971, 120.

die um ihrer selbst willen *betrachtet* wird, sondern als *Ausdruck eines vergänglichen historischen Bewußtseins*, das seine Funktion einbüßen kann: „Nur durch diesen Gang der Betrachtung ergibt sich dann auch die Poesie als diejenige besondere Kunst, an welcher zugleich die Kunst sich aufzulösen beginnt und für das philosophische Erkennen ihren Übergangspunkt zur religiösen Vorstellung als solcher sowie zur Prosa des wissenschaftlichen Denkens erhält."[8] Anders ausgedrückt: In einem höheren Stadium der gesellschaftlichen Entwicklung fällt die Erkenntnisfunktion der Kunst (als 'sinnliches Scheinen der Idee') dem 'wissenschaftlichen Denken', der Philosophie, zu.

Die historisch-funktionale Kunstbetrachtung erscheint hier als eine Art von ästhetischer Heteronomie: Sie kann die Kunst nicht ausschließlich als autonomes Gebilde auffassen, weil sie den *Funktionswandel des Ästhetischen* gleichsam mitdenkt. Funktionswandel aber bedeutet, daß Autonomie nur ein möglicher historischer Modus des Kunstwerks ist, das auch heteronom im didaktischen, politischen, moralischen oder religiösen Sinne definiert werden kann. Wo die Kunst zu einer historischen Funktion wird, deren Atrophie möglich ist, kann sie nicht um ihrer selbst willen, d.h. als 'Zweckmäßigkeit ohne Zweck' mit 'interesselosem Wohlgefallen' betrachtet werden.

II. Die systematisch-autonome Perspektive

Als zu Beginn des 20. Jahrhunderts die Literaturwissenschaft begann, in der Theorie der russischen Formalisten die Gestalt einer Spezial- oder Fachwissenschaft anzunehmen, entschied sie sich nicht für eine historisch-funktionale (heteronome), sondern für eine systematisch-autonome Betrachtungsweise. Aus dieser Sicht erschien Literatur als etwas Spezifisches, Besonderes, das nicht mit einer philosophischen, psychologischen oder soziologischen, sondern nur mit einer spezifisch literaturwissenschaftlichen Terminologie angegangen werden konnte. Von diesem arbeitsteiligen Streben zeugen Wortschöpfungen wie *formalnij metod, literaturovedenie, avtomatizacija, semanticeskij slom* (semantischer Bruch) etc. Auch das von Bachtin kritisierte szientistische Selbstverständnis der Formalisten geht aus diesem für die Jahrhundertwende charakteristischen Streben hervor.[9]

Den von der Hegelschen Heteronomie geprägten Rhetoriken der russischen Marxisten hält der Formalist Ejchenbaum entgegen: „Wir sind keine 'Formalisten', sondern, wenn Sie so wollen, Spezifizierer."[10] Er fügt erläuternd hinzu, „daß das Hauptproblem der Literaturwissenschaft die spezifische Form von sprachlichen Werken ist".[11] Es geht also nicht um die Frage nach der Funktion literarischer

[8] G. W. F. Hegel: *Vorlesungen über die Ästhetik* [1818-1828/29]. Bd. III. Frankfurt am Main 1970, 234.

[9] Siehe: M. M. Bachtin: „Das Problem von Inhalt, Material und Form im Wortkunstschaffen". In: Ders.: *Die Ästhetik des Wortes*. Hg. R. Grübel. Frankfurt am Main 1979, 95-111.

[10] B. Ejchenbaum: „Zur Frage der 'Formalisten'". In: *Marxismus und Formalismus. Dokumente einer literaturtheoretischen Kontroverse*. Hg. H. Günther. Frankfurt/Main, Berlin, Wien 1976, 69-82, hier: 72.

[11] Ebd.

Texte, um die Frage, *warum* sie zu einem bestimmten historischen Zeitpunkt entstanden sind; auch nicht um die Frage, *was* ein Werk *ausdrückt* (Begriff, Ideologie), sondern um die Frage nach dem *Wie* des sprachlichen Kunstwerks, das als solches und um seiner selbst willen gelesen und untersucht wird. Vor allem der frühe Formalismus ging von kantianischen Prämissen aus: von der Forderung nach einer 'interesselosen' Betrachtung des Kunstwerks als 'Zweckmäßigkeit ohne Zweck'. Die Formalisten wandten sich gegen alle (sozialwissenschaftlichen) Versuche, Kunst als Ausdruck der Psyche, als biographisches oder gesellschaftliches Dokument zu erklären. Nur in diesem Kontext ist der Antagonismus zwischen ihnen und den damaligen Marxisten (etwa *Lunacarskij*) zu verstehen.

Das formalistische Argumentationsmuster wird später von Roman Jakobson fortgesetzt, wenn er sich in seinem tschechischen Aufsatz „Co je poezie?" („Was ist Dichtung?", 1933/34) gegen jede Art von biographischem und psychologischem Reduktionismus wendet.[12] Seine Ansichten werden weitgehend vom Strukturalisten Mukarovský bestätigt, der die Autonomie des Kunstwerks hervorhebt und alle Arten von psychologisch-biographischer Reduktion ablehnt: „Das Kunstwerk hört auf, sobald es einmal fertiggestellt ist, ein einfacher Ausdruck der seelischen Verfassung seines Schöpfers zu sein, und wird zu einem *Zeichen*, d.h. zu einem sozialen Faktum sui generis, das der überindividuellen Kommunikation dient und abgetrennt ist von der subjektiven Psychologie seines Schöpfers."[13]

In dieser Passage sind drei Ausdrücke besonders wichtig: *Zeichen, sui generis* und *soziales Faktum*. Das Kunstwerk wird zu einem autonomen, d.h. vieldeutigen und interpretierbaren Zeichen, das in neuen historischen Kontexten bedeuten kann und folglich nicht an einen psychischen oder sozialen 'Inhalt' gebunden ist. Es ist ein Faktum *sui generis* und daher nicht aus der individuellen Psyche, einer *conscience collective* oder einem Klassenbewußtsein ableitbar. Mukarovskýs Behauptung, das Kunstwerk sei ein soziales Faktum ist insofern zweideutig, als der Prager Strukturalist das ästhetische Zeichen gerade dem Zugriff des Soziologismus entziehen möchte: Es gilt schließlich zu zeigen, daß Kunst in ihrem sozialen Entstehungszusammenhang nicht aufgeht.

Der Ausdruck „soziales Faktum" ist in dem hier entworfenen Kontext deshalb wichtig, weil er die von den Formalisten und Strukturalisten betonte Autonomie des *Literarischen* mit der von den Soziologen verteidigten Autonomie des *Sozialen* verknüpft. Der Ausdruck *fait social* stammt bekanntlich von Emile Durkheim und Marcel Mauss, denen sehr viel daran lag, als soziologische „Spezifizierer" (Ejchenbaum) die sich konstituierende soziologische Wissenschaft gegen heteronome Reduktionen zu verteidigen: gegen Wirtschaftswissenschaft und Psychologie.

Vor allem der Psychologismus erscheint Durkheim — sowohl in *Le Suicide* (1897) als auch in *De la division du travail social* (1893) — als die große Gefahr, der die Soziologie ausgesetzt ist und die es zu bannen gilt. Von den sozialen Fakten sagt er, sie dürften weder mit den organischen (biologischen) noch mit den psychi-

---

[12] R. Jakobson: „Co je poezie?". In: *Volné smery* Nr. 30 (1933/34), 229-239.

[13] J. Mukarovský: „Umelcova osobnost v zrcadle díla" [„Die Dichterpersönlichkeit im Spiegel des Werks"]. In: Ders.: *Cestami poetiky a estetiky*. Praha 1971, 145-155, hier: 145.

schen verwechselt werden. „Sie sollten nicht mit den organischen Phänomenen verwechselt werden, weil sie aus Vorstellungen und Handlungen bestehen, auch nicht mit den psychischen, die es nur im individuellen Bewußtsein und durch dieses Bewußtsein gibt.“[14] Ähnliche Argumente sind in *Le Suicide* anzutreffen, und Bruno Karsenti, der in diesem Zusammenhang an die Kontroversen zwischen Durkheim und Tarde erinnert[15], betrachtet ganz zu Recht den Gegensatz zwischen individuellem (pyschologischem) und kollektivem (soziologischem) Bereich als Ausgangspunkt und Grundlage von Durkheims Diskurs.[16]

Der Vergleich zwischen Literaturwissenschaft und Soziologie läßt erkennen, worum es an der Schwelle zum 20. Jahrhundert ging: um die Autonomie der im Zuge der Arbeitsteilung entstehenden Wissenschaften und um den *spezifischen Charakter ihrer Objekte*. Diese sollten der Oberhoheit des alles umfassenden und verknüpfenden philosophischen Diskurses entzogen werden. Nicht die Zerstückelung des Menschen, die diese wissenschaftliche Arbeitsteilung mit sich brachte und die von Foucault mit obstinater Akribie beschrieben wird[17], interessierte die Wissenschaftler der Jahrhundertwende, sondern ihre spezifischen Objektkonstitutionen, die in den philosophischen Diskursen des 19. Jahrhunderts nicht zur Geltung gekommen waren.

So ist es zu erklären, daß Roman Jakobson im Anschluß an die strukturalistischen und linguistischen Überlegungen aus seiner Brünner und Prager Zeit in seinem in den 60er Jahren in den USA entstandenen Aufsatz „Linguistics and Poetics“ den Versuch unternahm, den poetischen oder literarischen Text ausschließlich systematisch, d.h. ohne Rücksicht auf seine historische Funktion, zu definieren. Bekanntlich unterscheidet er im Anschluß an Bühler und Malinowski sechs sprachliche Funktionen, von denen sich die *emotive* auf den *Sender* (Sprecher), die *konative* auf den *Empfänger* (Hörer), die *phatische* auf das *Kontaktmedium*, die *metasprachliche* auf den *Kode*, die *referentielle* auf den *Kontext* und die *poetische* schließlich auf *sich selbst* bezieht: „Die *Einstellung* auf die Nachricht als solche, die Zentrierung auf die Nachricht um ihrer selbst willen, ist die *poetische* Funktion der Sprache.“[18]

Entscheidend und für das Autonomiestreben der Literaturwissenschaft symptomatisch ist hier der Ausdruck „um ihrer selbst willen“. Denn er zeugt von einer kantianischen Ästhetik, die im Gegensatz zu Hegels Produktionsästhetik den Standpunkt des Betrachters einnimmt und nicht nach dem *historischen Bewußtsein* des Kunstwerks fragt, sondern nach dessen *Konstruktion* und *Wirkungspotential*.

[14] E. Durkheim: *Les Règles de la méthode sociologique* [1895]. 23. Aufl. Paris 1987, 5.

[15] B. Karsenti: *Marcel Mauss. Le fait social total*. Paris 1994, 61: „La célèbre polémique que Durkheim entretient avec Tarde, dans les dernières années du XIXe siècle, tient précisément à la nature spécifique de ce second genre de représentations et à l'impossibilité de la déduire ou de l'extraire des représentations du premier genre.“

[16] Siehe: J. Neyer: „Individualism and Socialism in Durkheim“. In: E. Durkheim u.a.: *Essays on Sociology and Philosophy*. Hg. K. H. Wolff. New York 1964, 32-76, bes. 47-48.

[17] Siehe: M. Foucault: *Die Ordnung der Dinge* [frz. 1966]. Frankfurt am Main 1980, Kap. 10 („Die Humanwissenschaften“).

[18] R. Jakobson: „Linguistik und Poetik“. In: *Literaturwissenschaft und Linguistik*. Hg. J. Ihwe. Bd. 1. Frankfurt am Main 1972, 99-135, hier: 108.

Literatur ist ein Phänomen *sui generis*, will um ihrer selbst willen gelesen werden (also nicht als historisches, soziales oder psychisches Dokument) und ist eine Einladung an alle Leser und Literaturwissenschaftler, sie zu verstehen, zu kommentieren, zu deuten.

Ähnlich wie die russischen Formalisten und die Prager Strukturalisten — obwohl in einem anderen Kontext und z.T. mit anderen Zielsetzungen — faßten die britischen und amerikanischen New Critics Literatur als einen Gegenstand *sui generis* auf und verteidigten sie gegen alle heteronomen Methoden: vor allem gegen Psychologismus, Biographismus, Soziologismus und Marxismus. Charakteristisch für die von den Formalisten um 1916 eingeleitete 'Spezifizierungstendenz' ist eine Bemerkung Ransoms aus seinem Standardwerk *The New Criticism* (1941): „Das Ikon ist ein Partikulares. Das Partikulare ist undefinierbar, das heißt, es geht über die Definition hinaus."[19] Hier spielt Kants Überlegung, daß das Schöne 'ohne Begriff' gefällt, eine wesentliche Rolle; zugleich wird der Anspruch der (rationalistischen, hegelianischen oder marxistischen) Sozialwissenschaften abgewehrt, Literatur begrifflich zu definieren und als definierte auf Geschichte, Gesellschaft oder Psyche zu beziehen.

Die Abneigung der New Critics gegen Psychologismus und Soziologismus, die sie *im Kontext der wissenschaftlichen Arbeitsteilung* durchaus zu Verbündeten Durkheims, Max Webers oder Freuds macht, schlägt sich vor allem in ihrer Ablehnung der drei „fallacies" nieder: der *genetic*, der *intentional* und der *affective fallacy*. Während die genetischen und die intentionalen Fehldeutungen den literarischen Text mit der Absicht des Autors oder dem sozialen Kontext verwechseln, verwechselt ihn die *affective fallacy* mit den „Ergebnissen", mit der Bedeutungszuordnung durch die Leser: „The Affective Fallacy is a confusion between the poem and its *results* [...]."[20]

Hier wird deutlich, daß die New Critics unabhängig von Formalismus und Strukturalismus zentrale Argumente der Formalisten und Strukturalisten aufgreifen: auch ihnen erscheint das sprachliche Kunstwerk als einmalig und autoreferentiell, als ein Text, der um seiner selbst willen gelesen werden will und der kein begriffliches Äquivalent hat, das es uns gestatten würde, ihn mit einer Bewußtseinsform im psychologischen, soziologischen oder historischen Sinne zu verknüpfen. Dies meint Cleanth Brooks, wenn er betont, daß „das Gedicht das *einzige* Medium ist, welches das besondere 'Was' mitteilt, das mitgeteilt wird."[21] Strenggenommen kann also ein Gedicht in keiner anderen 'Sprache' (in keiner Theorie) paraphrasiert werden. Es verträgt nur den nachdichtenden Kommentar; nicht jedoch die begriffliche Erklärung.

Es ist wohl kein Zufall, daß Vertreter der Kunstgeschichte wie Pierre Francastel in Frankreich und Otto Pächt in Österreich eine ähnliche Neigung zur 'Spezifizie-

---

[19] J. C. Ransom: *The New Criticism*. Norfolk CT 1941, 291.

[20] W. K. Wimsatt (M. C. Beardsley): *The Verbal Icon. Studies in the Meaning of Poetry*. New York 1958, 21.

[21] C. Brooks: *The Well Wrought Urn. Studies in the Structure of Poetry*. San Diego, New York, London 1949, 74.

rung' erkennen lassen. Wie die New Critics, die die Sprache der Dichtung für einmalig und irreduzibel halten, heben die Kunsthistoriker — ebenfalls im Zuge der wissenschaftlichen Arbeitsteilung — die Besonderheit des Bildes und der Farbe hervor. Ihr Hauptkontrahent ist nicht so sehr die Soziologie oder die Psychologie, sondern der theoretische und literarische (literaturwissenschaftliche) Diskurs, der immer wieder der Versuchung nachgibt, das Bild in Worte zu fassen und es als ein Sprachkunstwerk zu behandeln. Gegen ihn wendet Francastel ein, „daß das künstlerische Zeichen anderer Art ist als das sprachliche, das geschriebene oder gesprochene".[22] Wie eine Paraphrase von Brooks' These über das poetische Medium klingt die Behauptung des Kunsthistorikers Pächt, „daß die bildende Kunst nicht anders wie die Musik in ihrem Medium Dinge sagen kann, die in keinem anderen Ausdrucksbereich gesagt werden können".[23] Kurzum, es geht darum, die Autonomie der eigenen Wissenschaft und deren Objekte zu konstituieren und beide gegen heteronome Ansprüche anderer Wissenschaften zu verteidigen. Analoge Tendenzen ließen sich in der Linguistik, der Psychologie und der Psychoanalyse nachweisen.

Das Autonomiestreben der Literaturwissenschaft (*critique littéraire, literary criticism, critica letteraria*) hat nun seine Besonderheit darin, daß es in manchen Fällen auf eine *Verschmelzung mit dem Gegenstand* hinausläuft. Das liegt in der Logik oder Unlogik der Dinge: Wenn es zutrifft, daß die Sprache des Gedichts (wie Brooks meint) keiner theoretischen Metasprache zugänglich ist, dann erübrigt sich das Theoretisieren: Man kann bestenfalls als Kritiker, Critic oder 'erweiterter Autor' (im Sinne der deutschen Romantik) ein Gedicht kommentieren und mit Assoziationen versehen; erklären im wissenschaftlichen Sinne kann man es nicht. Auf den Bruch zwischen Dichtung und logischer Rede weist Ransom hin: „Ich bin der Ansicht, daß Dichtung auf revolutionäre Art mit der Konvention der logischen Rede bricht [...]."[24]

Autoren der Dekonstruktion wie Paul de Man und Geoffrey H. Hartman wird diese vom New Criticism entdeckte Kluft zwischen Dichtung und Theorie zum Anlaß, die rhetorische Figur der Dichtung gegen die Theorie auszuspielen. Die rhetorischen Figuren der Theorie, wendet de Man gegen alle Literaturwissenschaftler ein, die von der begrifflichen Illusion noch nicht genesen sind, höhlen unablässig den theoretischen Diskurs aus, stellen ihn in Frage: „Since grammar as well as figuration is an integral part of reading, it follows that reading will be a negative process in which the grammatical cognition is undone, at all times, by its rhetorical displacement."[25] Anders gesagt: Die rhetorisch-literarische Komponente des Lesevorgangs verstellt dem logisch-grammatischen Streben des Lesers den Weg und verurteilt sein theoretisches Projekt zum Scheitern. Der Nietzscheaner de Man glaubt nicht an die Möglichkeit einer wissenschaftlichen Literaturtheorie, weil er

[22] P. Francastel: *Éudes de sociologie de l'art. Création picturale et société.* Paris 1970, 12.

[23] O. Pächt: *Methodisches zur kunsthistorischen Praxis.* 2. Aufl. München 1986, 249. Pächt kritisiert den Psychologen Gombrich, der von Kunstwerken offen als von „wrappings of verbal statements" spricht und sie auf verbale Nachrichten oder Begriffe reduziert (236).

[24] Ransom: *The New Criticism* (= Anm. 19), 280.

[25] P. de Man: *The Resistance to Theory* [1986]. Second print. Minneapolis 1987, 17.

annimmt, daß die literarischen Tropen (Metaphern, Metonymien) im theoretischen Diskurs selbst am Werk sind und ihn aus den Angeln heben: „Difficulties occur only when it is no longer possible to ingore the epistemological thrust of the rhetorical dimension of discourse, that is, when it is no longer possible to keep it in its place as a mere adjunct, a mere ornament with a semantic function."[26] Die rhetorische Figur ist kein Zusatz, der im theoretischen Diskurs etwas verdeutlicht oder konkretisiert, sondern die Essenz dieses Diskurses selbst, dessen Logik an seiner eigenen 'Literarizität' zerbricht.

Angesichts solch düsterer Diagnosen erscheint es verlockend, sich mit dem späteren Roland Barthes und Geoffrey H. Hartman der Lust am Text hinzugeben und die Theorie gegen eine 'fröhliche Wissenschaft' des kreativen Textexperiments einzutauschen. „In *Criticism in the Wilderness* und *Saving the Text*", schreibt Hartman, „versuche ich, die Symbiose oder Verflochtenheit von Literatur und Literaturkommentar zu definieren."[27] Um diese Symbiose zu rechtfertigen, beruft sich Hartman immer wieder auf Friedrich Schlegel und andere Romantiker, die im Literaturkritiker einen erweiterten Autor sahen[28], und faßt den *literary criticism* als 'fröhliche Wissenschaft' im Sinne von Nietzsche auf. In späteren Arbeiten orientiert er sich an Jacques Derridas Textexperiment *Glas* (1974), einer Parallellektüre oder Textcollage von Hegels Philosophie und Jean Genets anarchistisch-materialistischen Texten, die als Hegel-Parodien fungieren. Ähnlich wie in Barthes' *Le Plaisir du texte* oder *Fragments d'un discours amoureux* wird in Hartmans Werk der *literary criticism* zu Literatur über Literatur, zu *creative writing*. Angesichts dieser — im ästhetischen Autonomiegedanken angelegten — Verschmelzung mit dem Objekt bleibt Hartman nichts anderes übrig, als sich vom Wissenschaftsideal der Rationalisten, Hegelianer, Marxisten und Sozialwissenschaftler kurzerhand zu verabschieden: „We take back from science what is ours."[29]

Wer die Kunst auf Gedeih und Verderb mit dem Autonomiepostulat im Sinne von Kants 'ohne Begriff' verknüpft, wird schließlich bereit sein, wesentliche Anliegen der Theorie (begriffliche, funktionale, historische Definition der Kunst) der Begriffslosigkeit zu opfern. Er wird möglicherweise noch einen Schritt weiter gehen und im Anschluß an Adorno den theoretischen Diskurs durch Mimesis an Kunst und Literatur in Essay, Modell und Parataxis auflösen. Die Möglichkeit einer solchen Auflösung des theoretischen Diskurses faßt Habermas ins Auge, wenn er zu Adornos ästhetischer Theorie bemerkt: „Wenn man Adornos *Negative Dialektik* und *Ästhetische Theorie* ernstnimmt und sich auch nur einen Schritt von dieser Beckettschen Szene entfernen will, dann muß man so etwas wie ein Poststrukturalist werden."[30] Der Poststrukturalismus als Dekonstruktion ist aber, wie sich gezeigt

---

[26] Ebd., 14.

[27] G. H. Hartman: *Easy Pieces*. New York 1985, 203.

[28] Siehe: W. Benjamin: *Der Begriff der Kunstkritik in der deutschen Romantik* [1920]. Frankfurt am Main 1973, 60-63.

[29] G. H. Hartman: *Criticism in the Wilderness. The Study of Literature Today*. New York, London 1980, 270.

[30] J. Habermas: „Dialektik der Rationalisierung". In: Ders.: *Die neue Unübersichtlichkeit*. Frankfurt am Main 1985, 167-208, hier: 172.

hat, ein Versuch, die Theorie in der Literatur aufgehen zu lassen oder sie zumindest auf sprachlicher Ebene der Literatur anzunähern.

III. Die Heteronomie der Sozialwissenschaften: Eine Herausforderung der Literaturwissenschaft?

Es ist zweifellos richtig, daß man die Literatur, vor allem die der Moderne oder des Modernismus, nicht in ihrer Besonderheit versteht, solange man die von Formalisten, New Critics und Dekonstruktivisten aufgeworfene Frage nach dem *Wie*, der *Schreibweise*, nicht aufwirft. Tynjanov ist recht zu geben, wenn er in seinem bekannten Aufsatz „Über die literarische Evolution" feststellt: „*Das außerliterarische Leben steht vor allem durch sein sprachliches Moment in Korrelation zur Literatur.*"[31] Diese These, die zu einem zentralen Theorem der Textsoziologie wurde[32], sollte verhindern, daß literarische Texte von Soziologen, Psychologen oder Philosophen als gesellschaftliche, psychische oder historische Dokumente monosemiert (begrifflich vereinnahmt) werden: Proust stellt nicht mimetisch die Gesellschaft der Dritten Republik oder die Salonwelt des Faubourg Saint-Germain dar, sondern entwickelt eine Schreibweise, die als Reaktion auf die mondäne Konversation und die sprachliche Situation der französischen Jahrhundertwende zu verstehen ist; zugleich plädiert er für eine autonome Kunst als obersten ästhetischen und existentiellen Wert.[33]

Dennoch ist sein Werk — wie noch zu zeigen sein wird — nicht einfach selbstreferentiell oder autoreflexiv im Sinne von Jakobson: In seinem Autonomiestreben tritt ein *besonderer, historisch kontingenter Kunstbegriff zutage*, dem eine bestimmte, zeitgebundene Funktion zufällt und der nicht der Literaturbegriff des Surrealisten Breton, des Marxisten Brecht oder des zeitgenössischen Öko-Utopisten Ernest Callenbach ist.[34] Es gibt Kunstbegriffe jenseits der Autonomieästhetik, die selbst eine historisch und gesellschaftlich kontingente Funktion erfüllt, die von ihren Vertretern (Proust, den Formalisten, den New Critics, ja sogar Adorno) nicht wahrgenommen wird.

Das hier angesprochene funktionale Problem ist zugleich eines der soziohistorischen Perspektive. Niklas Luhmann konkretisiert es, wenn er die Frage aufwirft, „was man [...] gewinnen würde, wenn man beim Beobachten eines Beobachters immer die Frage stellen würde, durch welche Unterscheidungen er eigentlich beobachtet."[35] Der Gewinn bestünde wohl darin, daß man der Kontingenz seines

---

[31] J. Tynjanov: „Über die literarische Evolution". In: *Russischer Formalismus*. Hg. J. Striedter. München 1969, 434-461, hier: 453.

[32] Siehe: P. V. Zima: *Textsoziologie. Eine kritische Einführung*. Stuttgart 1980, Kap. III („Gesellschaft als Text").

[33] Siehe: P. V. Zima: *L'Ambivalence romanesque. Proust, Kafka, Musil*. 2. Aufl. Bern, Frankfurt am Main, Paris 1988, Kap. VI („L'Aporie d'une écriture narcissique").

[34] Siehe: E. Callenbach: *Ecotopia Emerging*. Toronto, New York 1982.

[35] N. Luhmann: „Wie lassen sich latente Strukturen beobachten?" In: *Das Auge des Betrachters. Beiträge zum Konstruktivismus*. Hg. P. Watzlawick, P. Krieger. München 1991, 61-74, hier: 70.

(und des eigenen) Standorts gewahr würde: Jakobsons, Wimsatts, Brooks' oder Adornos Autonomieästhetik erschiene nicht mehr als die der Kunst angemessene Betrachtungsweise schlechthin, sondern als historisch kontingente Perspektive mit einer besonderen gesellschaftlich-institutionellen Funktion.

In diesem Zusammenhang erscheint es nicht als Zufall, daß trotz aller Unterschiede zwischen Luhmanns Systemtheorie und Bourdieus materialistischer Kunstsoziologie Bourdieu Luhmanns Fragestellung weiterentwickelt und konkretisiert, wenn er in einer Kritik an Heidegger die gesellschaftliche 'Brille' des Beobachters zum zentralen Thema macht: „Faßt man Heideggers Analyse in metaphorischem Sinne auf, so kann man sagen, daß die Illusion des 'reinen', im Sinne eines 'unbebrillten Auges' ein Merkmal derjenigen ist, die die Brillen der Bildung tragen und die gerade das nicht sehen, was ihnen zu sehen ermöglicht, und ebensowenig sehen, daß sie nicht sehen könnten, nähme man ihnen, was ihnen erst zu sehen erlaubt."[36] Einfacher ausgedrückt: Die kulturelle Kompetenz als kritisches Wahrnehmungs- und Wertungsvermögen ist dem einzelnen (und der Gruppe) nicht bewußt.

Sie ist vor allem den Vertretern einer Autonomieästhetik nicht bewußt, die ihren historischen und sozialen Entstehungszusammenhang nicht reflektiert. In *Les Règles de l'art* historisiert Bourdieu die Erfahrungen dieser Ästhetik und hebt ihre Kontingenz, ihre Partikularität hervor. Er weist darauf hin, daß sie Partikulares verallgemeinert („*universalisation du cas particulier*")[37] und über die „historischen und sozialen Bewegungen, die sie ermöglichen" („*conditions historiques et sociales de possibilité*")[38] nicht nachdenkt. Nicht zu Unrecht erinnert er daran, daß diese „Illusion der Universalität" („illusion de l'universalité") auch der hier kommentierten systematischen Definition Jakobsons innewohnt.

Wie sehen nun die historischen und gesellschaftlichen Bedingungen der Autonomieästhetik aus? Bourdieu hebt vor allem die Genese des *künstlerischen Feldes* (champ artistique) hervor, das eine *Institutionalisierung der Kunst* ermöglicht: d.h. die *Erkenntnis* des Kunstobjekts als eines ästhetischen Gegenstandes, die eine entsprechende *Sozialisierung* des Publikums als Kunstpublikum voraussetzt, sowie eine Kunstproduktion für dieses Publikum, das aufgrund seiner Sozialisierung einen *habitus* als ästhetische Wahrnehmungsfähigkeit entwickelt.[39] Diese Fähigkeit ist ebenso historisch und kontingent wie die Kunstproduktion selbst.

Die historisch-funktionale Betrachtungsweise ist zweifellos einleuchtend; sie bringt jedoch Textinterpretationen hervor, die innerhalb der Autonomieästhetik der Formalisten oder der New Critics als grobe Verletzungen des *literarisch Spezifischen* und als *genetic fallacies* erscheinen würden. In seiner soziologischen Studie über Gustave Flauberts *L'Éducation sentimentale* geht Bourdieu explizit davon aus,

---

[36] P. Bourdieu: *Zur Soziologie der symbolischen Formen*. Frankfurt am Main 1974, 164.

[37] P. Bourdieu: *Les Règles de l'art. Genèse et structure du champ littéraire*. Paris 1992, 394.

[38] Ebd.

[39] Siehe: P. Bourdieu: *Questions de sociologie*. Paris 1980, 119, wo der 'Habitus' wie folgt definiert wird: „système de dispositions acquises par l'apprentissage implicite ou explicite qui fonctionne comme un système de schèmes générateurs."

daß die Welt des Romans mit der biographischen Welt des Autors übereinstimmt: „Die Werkstruktur, die eine *rein immanente* Lektüre [lecture *strictement interne*] zutage fördert, das heißt die Struktur des sozialen Raumes, in dem sich die Abenteuer Frédérics abspielen, ist zugleich die Struktur des sozialen Raumes, in dem sich der Autor selbst befand."[40] Eine solche Bekräftigung der referentiellen Komponenten des Romanwerks muß auf Formalisten, New Critics und Dekonstruktivisten wie ein rotes Tuch wirken oder wie eine Karikatur der Literaturwissenschaft: Wie kann man nur so naiv sein und das seit einem Jahrhundert von Philosophen, Semiotikern und Philologen akkumulierte Wissen ignorieren, würden sie sagen. Gérard Genette resümiert den gesamten Wissensvorrat der Autonomieästhetik, wenn er feststellt: „Der fiktionale Text *führt* in keine außertextuelle Wirklichkeit, denn jede Anleihe, die er (unablässig) bei der Wirklichkeit macht ('Sherlock Holmes wohnte in der Baker Street Nr. 221 B', 'Gilberte Swann hatte schwarze Augen', etc.) verwandelt sich in ein Element der Fiktion, ähnlich wie Napoléon in *Krieg und Frieden* oder Rouen in *Madame Bovary*."[41]

Man kann diese Ästhetik jedoch mit einer sozialwissenschaftlichen Antithese herausfordern: Der fiktionale Text versieht zwar — ähnlich wie der historische, philosophische oder wissenschaftliche — die Bezeichnungen der Alltagssprache (London, Napoléon, Revolution) mit neuen Bedeutungen; er ist aber ohne die primären Bedeutungen des soziohistorischen Kontexts nicht zu verstehen und erfüllt in allen Fällen eine soziale, institutionelle Funktion in einem *champ artistique*. Anders gesagt: Es stimmt einfach nicht, daß der literarische Text in keine außerliterarische Wirklichkeit führt. Im Gegenteil, er ist ohne diese Wirklichkeit gar nicht zu verstehen: Stefan Georges hermetischer Stil drückt, wie Adorno wußte[42], den aristokratischen Gestus einer isolierten und sich selbst isolierenden Schriftstellergruppe aus, deren Texte sich in den *Blättern für die Kunst* an ein Publikum von Eingeweihten richteten und dadurch eine soziale Selektionsfunktion im Rezeptionsbereich erfüllten. Der autonomistische Einwand, Georges Gedichte seien vieldeutig und würden in verschiedenen sozio-historischen Kontexten unterschiedlich rezipiert, widerlegt die soziologischen Behauptungen mitnichten. Er läßt aber erkennen, daß der Bedeutungswandel ein soziales Faktum ist.

Dennoch hat Jacques Leenhardt teilweise recht, wenn er Bourdieu vorwirft, mit der Soziologie gegen die Literatur zu argumentieren: „Man sieht, daß die Position, die Bourdieu der Literatur gegenüber einnimmt, eine ganze Erkenntnistheorie involviert, und sein Kampf *für* die Soziologie wird unter der Hand zu einem Kampf *gegen* die Literatur, in dem Maße, wie er die Vorherrschaft des rationalen Wissens zu sichern sucht."[43] Er hat nur teilweise recht, weil keine Sozialwissenschaft auf eine begriffliche Darstellung von Kunst und Literatur verzichten kann; sie kann

40 Bourdieu: *Les Règles de l'art* (= Anm. 37), 19.

41 G. Genette: *Fiction et diction*. Paris 1991, 37.

42 Siehe: Th. W. Adorno: „George". In: Ders.: *Noten zur Literatur IV*. Frankfurt am Main 1974, 45-62, bes. 48-49.

43 J. Leenhardt: „Les Règles de l'art de P. Bourdieu". In: *French Cultural Studies* 4 (1993), 263-270, hier: 267.

nicht bei Kants ohne Begriff' innehalten oder gar (wie die Dekonstruktivisten) den begrifflichen Charakter ihrer eigenen Diskurse in Frage stellen.

Dies war auch Lucien Goldmanns Meinung, wenn er im Anschluß an Georg Lukács und Hegel die *kognitiven Aspekte* literarischer Werke in den Vordergrund stellte und nach ihren Bedeutungsstrukturen fragte. Diese leitete er aus Weltanschauungen ab, die in den meisten Fällen die Gestalt von theologischen oder philosophischen Systemen annahmen: Während Pascals *Pensées* und Racines Theater in Goldmanns *Le Dieu caché* von den Peripetien des Jansenismus Zeugnis ablegen, drückt Goethes *Faust* die dialektische Weltanschauung aus.[44] Goldmann vereinfacht sicherlich grob, wenn er sich auch noch vornimmt, Becketts Werk als begriffliches System zu monosemieren[45], aber sein sozialwissenschaftliches Anliegen, Literatur mit Begriffen zu umschreiben und im gesellschaftlichen Kontext zu erklären, ist sicherlich legitim. Denn literarische Texte erfüllen nicht nur soziale Funktionen im institutionellen Zusammenhang; sie sind auch als Reaktionen auf soziale Veränderungen und Umbrüche zu verstehen: Cervantes' Parodie des Ritterromans bleibt unverstanden, solange sie nicht als Reaktion auf das Verschwinden der *caballeros andantes* im zentralisierten Spanien der Reyes Católicos und der auch im Roman agierenden *Santa Hermandad* (der neuen Polizei) gelesen wird.

Deshalb hat Goldmann recht, wenn er davon ausgeht, daß André Malraux' Romane nicht unabhängig von seiner politischen Karriere und der Krise des europäischen Wertsystems zu erklären sind: *„In diesem Werk, das von der für Westeuropa zur Zeit seiner Ausarbeitung charakteristischen Krise der Werte beherrscht ist, entspricht die eigentliche Romanschöpfung der Periode, in der der Autor entgegen allen Zeiterscheinungen glaubte, an der Geltung gewisser allgemeingültiger Werte festhalten zu können."*[46] In dieser Passage ist auf methodologischer Ebene vor allem die soziohistorische Fragestellung wichtig: *Warum* entstehen Romane in einer bestimmten Schaffensperiode des Schriftstellers und nicht in anderen Perioden, die vom Essay und der phantastischen Erzählung geprägt sind? Die biographisch-soziologische Antwort lautet: Weil der Autor glaubte, *„an der Geltung gewisser allgemeingültiger Werte festhalten zu können"*. Dieser Glaube an die Möglichkeit von Wertsetzungen wird mit einer besonderen Romanform verknüpft.

Analog dazu meint Goldmann in seinem Hauptwerk *Le Dieu caché*, die Veränderungen innerhalb der Racineschen Tragödie und diese Tragödie als solche aus den Peripetien des extremen Jansenismus von Port-Royal ableiten zu können. Während innerhalb der jansenistischen Problematik Racines *Dramen* von einer Kompromißbereitschaft zwischen Jansenisten und absolutistischem Königtum zeugen, drücken die eigentlichen *Tragödien* (*Andromaque, Bérénice, Phèdre*) die Ablehnung des Kompromisses und den sie strukturierenden *refus intramondain* aus.

---

[44] Siehe: L. Goldmann: *Recherches dialectiques*. Paris 1959, 211-228, und: Ders.: *Structures mentales et création culturelle*. Paris 1970, 153-169.

[45] Siehe: L. Goldmann, in: „Deuxième colloque international sur la Sociologie de la Littérature, Royaumont" („Discussion extraite des actes du colloque"). In: *Revue de l'Institut de Sociologie* 1973, Nr. 3-4, 525-542, bes. 540.

[46] L. Goldmann: *Soziologie des Romans* [frz. 1964]. Frankfurt am Main 1984, 44.

Auch hier lautet die Frage: *Warum* schreibt Racine in bestimmten Perioden Dramen, in anderen Perioden Tragödien?

Man mag Goldmann durchaus vorwerfen, daß er literarische Werke begrifflich monosemiert[47]; man wird auch nicht zögern, mit Erich Köhler die von Goldmann vernachlässigte „Vermittlung durch literarische Traditionen"[48] oder die literarische Evolution im Sinne von Tynjanov einzuklagen. Man wird aber Goldmanns Frage nach dem *Warum* (Warum ändert ein Schriftsteller seine Schreibweise? Warum wechselt er die Gattung?) nicht kurzerhand als 'Soziologismus' verabschieden, solange man die Sozialwissenschaften nicht aus der Literaturwissenschaft verbannen will.

Auch die Psychoanalyse, die keine Sozialwissenschaft im strengen Sinne ist, fragt primär nach dem *Warum* des Textes, auch dort, wo sie — etwa in Charles Maurons *Psychocritique* — die rhetorische Form in den Vordergrund stellt. So geht es beispielsweise in Maurons Analyse von Racines *Phèdre* primär darum, die Wendepunkte dieses Dramas nicht nur philologisch zu beschreiben (im Zusammenhang mit anderen Dramen und dem Phädra-Mythos), sondern auch psychoanalytisch zu *erklären*. Als Zusammenwirken von Bewußtem und Unbewußtem, von *Es*, *Ich* und *Über-Ich* erscheint die Tragödie nicht nur in einem neuen Licht, sondern wird als dramatische Handlung verständlich. Auch in *Mallarmé l'obscur* geht es Mauron darum, das Auftreten neuer Metaphern und Metaphernsequenzen aus dem Wandel der Schriftstellerpsyche erklärend abzuleiten. Über die *métaphores obsédantes* in Mallarmés Lyrik schreibt er: „Sie zeugen wiederum von einem Denken, aber einem primitiveren, vorlogischen, das die Bilder in Übereinstimmung mit ihrer emotionellen Ladung miteinander verknüpft."[49] Diese „emotionelle Ladung", sagt Mauron, ist vorwiegend unbewußt.

Es ist sicherlich kein Zufall, wenn der Philologe Jean-Jacques Roubine, Herausgeber der *Lectures de Racine*, Goldmanns, Maurons und Barthes' Ansätze auszugsweise im letzten Kapitel unter dem Titel „Tentatives et tentations" unterbringt und in einer kurzen Einleitung bagatellisiert: „Ist der Rekurs auf die Psychoanalyse nicht das letzte Aufgebot des Biographismus? Wird die Soziologie nicht als letzte Chance der historischen Tradition ins Feld geführt?"[50] Schließlich wird Roland Barthes' *Sur Racine* der Tradition des Essays („la nostalgie de l'essayiste") zugeschlagen: Der Philologe soll unbehelligt von allen *tentations* weitermachen können.

Aber so einfach sind die Anliegen der Sozialwissenschaftler nicht zu beseitigen: Wer auf Metaebene erfahren will, wie die mancherorts immer noch herrschende Auffassung der Kunst als einer autonomen Erscheinung entstanden ist, wird Bourdieus sozio-historische Betrachtungsweise kaum vermeiden können. Er wird auch um Goldmanns und Maurons Fragestellungen nicht herumkommen, wenn er ver-

---

47 Siehe: P. V. Zima: *Kritik der Literatursoziologie*. Frankfurt am Main 1978, 128-129.

48 E. Köhler: „Einige Thesen zur Literatursoziologie" [1974]. In: *Literatur- und Kunstsoziologie*. Hg. P. Bürger. Frankfurt am Main 1978, 140.

49 Ch. Mauron: *Des Métaphores obsédantes au mythe personnel. Introduction à la psychocritique* [1962]. 7. Aufl. Paris 1983, 30.

50 *Lectures de Racine*. Ed. J.-J. Roubine. Paris 1971, 247.

sucht, Brüche und Verwerfungen innerhalb der literarischen Evolution und im Werk eines einzelnen Autors zu *erklären*. Die Formalisten und die New Critics haben ganz zu Recht betont, daß es in der Literatur (nicht nur in der Lyrik) auf die *Art des Sagens* (d.h. auf das *Wie*) ankommt und nicht auf das Thema oder die Fabel. Aber sobald das *Wie* sich ändert — und es ändert sich immer wieder — ist die sozialwissenschaftliche Frage nach dem *Warum* (des *Wie*) nicht zu vermeiden — es sei denn, daß man sich mit dem formalistischen Schema *Automatisierung* vs. *Entautomatisierung* begnügt. Aber schon Pavel Medvedev hat gezeigt, wie mechanistisch und unzureichend dieses Schema ist.[51] Dies ist einer der Gründe, weshalb die Textsoziologie als Synthese der beiden Fragestellungen und als Einheit von *Wie* und *Warum* entwickelt wurde.

IV. Autonomie und 'fait social'

Bei Bourdieu wird der Autonomiebegriff nicht nur dadurch funktional relativiert, daß er aus historischer Sicht betrachtet wird, sondern auch dadurch, daß er als *Politikum* erscheint: Der Ausdruck *symbolisches Kapital* deutet bereits an, daß die Welt der kulturellen Symbole von wirtschaftlichen und politischen Machtfaktoren durchwirkt ist, selbst wenn keine unmittelbare Konvertibilität von wirtschaftlichem und kulturellem Kapital postuliert wird. Man könnte auch sagen, daß Kultur, Politik und Wirtschaft bei Bourdieu miteinander verzahnt, *vermittelt* sind: Jedes Kunstwerk ist zugleich eine politische und als symbolisches Kapital — zumindest mittelbar — auch wirtschaftliche Erscheinung. Autonomie und Originalität sind nicht vom wirtschaftlichen Faktor, vom Markt, zu trennen: „Deswegen sind Intellektuelle und Künstler hin- und hergerissen zwischen ihrem Interesse an kultureller Proselythenmacherei, nämlich an der *Eroberung des Marktes* durch die entsprechenden Unternehmungen, sich ein breiteres Publikum zu erschließen, und andererseits der ängstlichen Sorge um die Exklusivität ihrer Stellung im Kulturleben, die einzige objektive Grundlage ihrer Außergewöhnlichkeit [...].“[52]

Dieser Gedanke der Vermittlung, der die Bereiche der Kunst, der Kultur, der Politik und der Wirtschaft aufeinander bezieht, fehlt in Niklas Luhmanns Kunstsoziologie, die „alteuropäische“ Begriffe wie Herrschaft, Interesse und Subjektivität ausblendet und durch den Begriff der arbeitsteiligen Ausdifferenzierung der Systeme ersetzt: „Die Ausdifferenzierung eines Sozialsystems für Kunst erfolgt, mit anderen Worten, als Ausdifferenzierung der *Differenz* von Profis und Publikum.“[53] Dies ist sicherlich der Fall; aber Luhmann geht nicht der Frage nach (die für Bourdieu wesentlich ist), wie sich soziale, politische und wirtschaftliche Interessen in

---

[51] Siehe: P. Medvedev: *Die formale Methode in der Literaturwissenschaft* [1928]. Hg. H. Glück. Stuttgart 1982, 361.

[52] P. Bourdieu: *Die feinen Unterschiede. Kritik der gesellschaftlichen Urteilskraft* [frz. 1979]. Frankfurt am Main 1982, 361.

[53] N. Luhmann: „Das Kunstwerk und die Selbstreproduktion der Kunst“. In: *Stil. Geschichten und Funktionen eines kulturwissenschaftlichen Diskurselements*. Hg. U. Gumbrecht, K. L. Pfeiffer. Frankfurt am Main 1986, 639.

der Interaktion von „Profis und Publikum" niederschlagen. Verfolgen Literaturkritiker nicht auch außerästhetische Interessen, die im *intellektuellen Feld* (im *System Kunst*, würde Luhmann sagen) kollidieren können?

Da er in seiner Darstellung des Kunstsystems das von Durkheim, Simmel[54] und den Funktionalisten eingeführte Differenzierungsprinzip in den Mittelpunkt rückt und Probleme der Herrschaft, des Interesses und der Kulturpolitik ausklammert, entsteht eine Kunstauffassung, welche an die der frühen Formalisten erinnert: „Meine Hypothese ist, daß die Struktur der modernen Gesellschaft es ermöglicht, funktionsbezogene autopoietische Teilsysteme zu bilden. [...] Kunst wird zu einem sich selbst bestimmenden, sich selbst produzierenden, sich an inneren Kohärenzen und Widersprüchen orientierenden System."[55] Angesichts der zunehmenden Vereinnahmung der Kunst durch die Wirtschaft, auf die Baudrillard hinweist (s.u.), klingt Luhmanns systemtheoretische These sowohl formalistisch als auch weltfremd. An den frühen Formalismus erinnert auch seine Bemerkung: „In der Kunst wird Kommunikation — fast könnte man mit einem fragwürdigen Begriffe sagen: Selbstzweck."[56] An anderer Stelle ist von der „Selbstreferenz"[57] der Form die Rede und Stil wird als das definiert, „was Kunstwerk mit Kunstwerk verbindet und so die Autopoiesis der Kunst ermöglicht".[58]

Nun hat aber Adorno unabhängig von Bourdieus funktionaler Betrachtung des symbolischen Kapitals gezeigt, wie sehr Stil ein *fait social* ist, ein Politikum, das nicht ausschließlich innerhalb des Kunstsystems verstanden und erklärt werden kann. „Man orientiert sich als Künstler nicht an den Objekten, sondern an den Vorgängern"[59], sagt Luhmann und beruft sich auf Malraux. Dies trifft jedoch nur teilweise zu, weil sich Schriftsteller nachweislich auch an politischen, philosophischen, religiösen und wissenschaftlichen Diskursen orientieren und damit stets von neuem die Grenzen des eigenen Systems überschreiten. So versucht Adorno, Georges Lyrik an der Grenze zwischen Ideologie und Ideologiekritik (als Sprachkritik) zu verstehen: „Naiv jedoch wäre eine Ansicht, welche Georges ideologische Exkursionen vom eigentlich dichterischen Werk scharf abheben wollte."[60] Ideologie und Sprache sind nicht zu trennen: ebensowenig wie Kunst und Politik, künstlerisches und politisches Subsystem. Gerade Malraux' literarisch-politische Karriere läßt den Nexus von Ästhetik und Politik zutage treten.

Aus dieser Erkenntnis der Kunst als *autonom* und als *fait social* (Adorno) ist die Textsoziologie als Soziosemiotik entstanden, zu deren Zielsetzungen die Verknüpfung von Autonomiestreben und sprachlich-sozialer Bedingtheit gehört: Die Antwort des jungen Sartre auf die ideologischen Diskurse der Zwischenkriegszeit war ein Streben nach literarischer Autonomie im Imaginären. *La Nausée* kann als ein Roman gelesen werden, dessen Erzähler auf die depravierten Ideologien der Bil-

54 Siehe z.B.: G. Simmel: *Über sociale Differenzierung*. Leipzig 1890.
55 Luhmann: „Das Kunstwerk und die Selbstreproduktion der Kunst" (= Anm. 53), 621.
56 Ebd., 627.
57 Ebd., 629.
58 Ebd., 645.
59 Ebd., 626.
60 Adorno: „George" (= Anm. 42), 48.

dung, des Humanismus und des Sozialismus mit einem Entwurf im ästhetischen Bereich reagiert: mit einem fiktiven Romanprojekt, das jenseits der ideologischen *existence* wäre.[61]

Obwohl Sartres Roman von manchen als eine Parodie von Prousts *Recherche* gedeutet wird, ist er auf soziologischer Ebene parallel zum Proustschen Werk zu lesen: Sowohl in *Contre Sainte-Beuve* als auch in seinem großen Roman setzt sich Proust mit der Salongesellschaft als *Konversationsgesellschaft* auseinander. Die mondäne Konversation als *Soziolekt der Mußeklasse*, der *leisure class*, ist das soziale Faktum, mit dem er sich unablässig auseinandersetzt, das er im Pastiche reproduziert und kritisiert. Die Konversation ist ein Sprachgebrauch, der trotz seiner ausgeprägten ästhetisierenden Tendenz den heteronomen Prinzipien des kommunikativen Symboltauschs und des Narzißmus gehorcht: Der Causeur spricht nicht, um das Wahre, Schöne oder Gute hervortreten zu lassen, sondern um zu glänzen. Prousts Erzähler Marcel läßt sich zwar zeitweise von der Brillanz der Salonredner blenden, entdeckt aber schließlich die Nichtigkeit der durch den Tausch vermittelten mondänen *parole* und ersetzt sie durch eine in der Einsamkeit des Schriftstellers sich entfaltende literarische *écriture*. Die autonome Literatur als Selbstzweck wird sowohl in *Contre Sainte-Beuve* als auch am Ende von *Le Temps retrouvé* dem *fait social*, dem mondänen Soziolekt, gegenübergestellt.

Sie ist aber ohne das soziale Faktum nicht zu verstehen, weil die Literatur als Selbstzweck aus der Kritik einer von der Heteronomie beherrschten Sprache *hervorgeht* und als Überwindung oder Aufhebung der unvollkommenen Konversationsästhetik gelesen werden kann. Freilich gilt auch für Proust, was Luhmann im Anschluß an Malraux sagt: daß man sich als Künstler an den Vorgängern orientiert. Prousts *Recherche* ist ohne die Kritik der *Comédie Humaine* in *Contre Sainte-Beuve* nicht als Moment der literarischen Evolution oder des Kunstsystems zu verstehen, und auch ihre Ausrichtung auf Flauberts *Éducation sentimentale* ist ein entscheidender Faktor. Ebenso wichtig ist aber die Überlegung, daß Prousts Einstellung zu Balzac nur im Zusammenhang mit seiner Kritik der Konversation *erklärt* werden kann. Von Balzacs Stil heißt es in *Contre Sainte-Beuve*: „Ce style ne suggère pas, ne reflète pas: il explique. Il explique d'ailleurs à l'aide des images les plus saisissantes, mais non confondues avec le reste, qui font comprendre ce qu'il veut dire comme on le fait comprendre dans la conversation si on a une conversation géniale, mais sans se préoccuper de l'harmonie du tout et de ne pas intervenir."[62] Die Kritik an Balzac, die Orientierung am Vorgänger in der Evolution des literarischen Systems, ist hier nur als *soziales Faktum*, d.h. als ein Aspekt von Prousts Konversationskritik, zu *erklären*.

Die Textsoziologie, die Literatur und Gesellschaft über sprachliche Strukturen miteinander verknüpft, greift in ihrer gegenwärtigen Form zu kurz, weil sie das Autonomiestreben Sartres oder Prousts nicht mit Bourdieu auf institutioneller Ebene (innerhalb des literarischen Feldes) darstellt und historisch relativiert. Sie sollte

---

[61] Siehe: P. V. Zima: *Der gleichgültige Held. Textsoziologische Untersuchungen zu Sartre, Moravia und Camus.* Stuttgart 1983, Kap. II („*Der Ekel* oder die Krise des Romans").

[62] M. Proust: *Contre Sainte-Beuve* [entst. 1908/10]. Hg. P. Clarac. Paris 1971 (= *Pléiade*), 269-270.

der Frage nachgehen, ob dieses Autonomiestreben in postmoderner Zeit nicht zu einem Anachronismus wird, weil die Kunst von anderen Feldern oder Systemen aufgesaugt wird.

In diesem Zusammenhang spricht Jean Baudrillard von einer *transesthétique*, in der der Gegensatz von Autonomie und Heteronomie aufgehoben wird, weil die Kunst als ästhetisches Faktum von den alles ästhetisierenden Medien vereinnahmt wird: „Sie [die Kunst] versucht, sich, wie alle Formen, die verschwinden, in der Simulation zu verdoppeln, aber bald wird sie restlos ausgelöscht, und nichts wird von ihr übrigbleiben als das immense künstliche Museum und die entfesselte Werbung."[63] Man muß nicht alles, was Baudrillard, der Meister des *sweeping statement*, behauptet, ernst nehmen. Der Umstand jedoch, daß Jean Duvignaud unabhängig von ihm (in: *Spectacle et société*, 1970) eine Aufhebung des Theaters durch das Fernsehen ins Auge faßt, sollte nachdenklich stimmen: *„Indem das Fernsehen die unmittelbare Wirklichkeit vergegenwärtigt, nähert es das Imaginäre endgültig dem Ereignis an."*[64]

Angesichts solcher Diagnosen ist es prekär, weiterhin an der Autonomieästhetik festzuhalten und Literatur durch das Autonomiestreben der Künstler sowie im Rahmen eines sich autopoietisch reproduzierenden Systems zu definieren. Könnte es nicht sein, daß andere Systeme wie Wirtschaft, Medien und Werbung längst in das Kunstsystem eingedrungen sind, so daß es immer schwieriger wird, einen kommerziellen von einem authentischen, literarischen Text zu unterscheiden? Hat Scott Lash so unrecht, wenn er im Gegenzug zu Luhmann, der die alte Autonomieästhetik soziologisch differenzierend untermauert, die Ansicht vertritt, daß postmoderne Kunst und Literatur dem Prinzip der Entdifferenzierung gehorchen? Es ist wohl kein Zufall, daß sich Lash auf Bourdieu beruft, den Soziologen, der versucht, dialektisch zwischen den einzelnen Feldern zu vermitteln: „Wenn Modernisierung durch die Differenzierung von Bourdieus Feldern gekennzeichnet war, dann ist Postmodernisierung, wie sich zeigen wird, durch deren Entdifferenzierung gekennzeichnet."[65] Lash verdeutlicht, was er meint, wenn er hinzufügt: „Wenn Modernisierung die Differenzierung von Feldern meint, so bedeutet Postmodernisierung eine zumindest teilweise Verschmelzung bestimmter Felder mit anderen Feldern: Etwa [...] die Vereinnahmung (implosion) des ästhetischen Feldes durch das soziale; oder — im Hinblick auf die 'Verdinglichung' ('commodification') — das Verschmelzen des ästhetischen Feldes mit dem wirtschaftlichen."[66]

Sollten sich diese Aussagen als zutreffend erweisen, könnte man gegen Luhmann polemisch einwenden, daß er zwar die moderne Differenzierung beschreibt, vor der postmodernen Entdifferenzierung der Systeme oder Felder aber halt macht. Vor diesem Entdifferenzierungsprozeß, den Baudrillard, Duvignaud und Lash kommentieren, kann die traditionelle Literaturwissenschaft als Autonomieästhetik oder

63 J. Baudrillard: *La Transparence du Mal. Essai sur les phénomènes extrêmes*. Paris 1990, 24.

64 J. Duvignaud: *Spectacle et société. Du théâtre grec au happening, la fonction de l'imaginaire dans les sociétés*. Paris 1970, 159.

65 S. Lash: *Sociology of Postmodernism*. London, New York 1990, 239.

66 Ebd., 252.

Autonomiepoetik nur die Waffen strecken: Da sie die sozialwissenschaftlichen Argumente bisher nur als *tentatives et tentations*, d.h. als böse Versuchungen, bagatellisiert oder verteufelt hat, ist sie nach wie vor außerstande, ihre historische Position zu reflektieren und sieht sich — zusammen mit der nach Autonomie strebenden Literatur — der Atrophie ausgesetzt.

Allgemeine Literaturwissenschaft — ein Entwurf und die Folgen

Siegfried J. Schmidt

1.

Die Frage „Was ist Allgemeine Literaturwissenschaft?" möchte ich im folgenden nicht mit einer Definition beantworten, sondern mit einem Vorschlag dafür, was Vertreterinnen und Vertreter einer solchen Disziplin m.E. sinnvollerweise tun sollten: Sie sollten möglichst explizit darüber nachdenken und ebenso explizit darüber kommunizieren, welche Fragen beantwortet werden müssen (sollten), wenn man Literatur wissenschaftlich behandeln will — so wie es ja der ehrwürdige Name 'Literaturwissenschaft' in Aussicht stellt. Mit diesem Vorschlag sind einige Differenzsetzungen eingebracht, die kurz benannt werden sollen:

a.) Das hier vorgeschlagene (bzw. erst noch zu entwickelnde) Konzept von 'Allgemeiner Literaturwissenschaft' steht in Differenz zu Konzeptionen mit Titeln wie „Allgemeine und Vergleichende Literaturwissenschaft" oder „Komparatistik".

b.) Eine zweite Differenz besteht zwischen Allgemeiner Literaturwissenschaft und National- bzw. Einzelphilologien.

c.) Allgemeine Literaturwissenschaft im hier vertretenen Sinne wird schließlich unterschieden von Wissenschaftstheorien im klassischen analytischen Sinne (etwa W. Stegmüllers) und inhaltlich bestimmt als Reflexionsmodus bzw. als Selbstbeobachtungsinstanz literaturwissenschaftlicher Prozeduren, wie sie in allen Branchen der als 'Literaturwissenschaft' bezeichneten akademischen Disziplin(en) durchgeführt werden. Damit soll ausgedrückt werden, daß sich die hier empfohlene Allgemeine Literaturwissenschaft nicht als eine Disziplin versteht, die Literaturwissenschaftlerinnen und Literaturwissenschaftlern die Normen ihres Handelns vorschreiben will, sondern daß sie — auf einer Ebene der Beobachtung zweiter Ordnung — Latenzbeobachtungen anstellt und literaturwissenschaftliches Prozedieren auf seine Grundlagen, Voraussetzungen, Implikate und Evidenzen hin befragt.

2.

Wie jede andere Wissenschaft sollte(n) sich auch die Literaturwissenschaft(en) (welcher Ausrichtung auch immer) die Frage zur Beantwortung vorlegen: „Worüber spricht eine Wissenschaft?" Die Antwort auf diese triviale Frage scheint sehr einfach zu sein: Eine Wissenschaft spricht über die sie interessierenden Gegenstände in ihrem Untersuchungsbereich; also die Literaturwissenschaft z.B. spricht über Literatur (= literarische Werke), über was sonst! Aber der Schein trügt, so einfach ist die Ausgangssituation gerade nicht.

Meine erste Gegenthese lautet denn auch: Eine Wissenschaft spricht nicht über Gegenstände, sondern über Phänomene und Probleme. Und diese gibt es nicht 'an sich', sondern nur für WissenschaftlerInnen. Hinter dieser These steht der (von Systemtheoretikern diverser Richtungen wie von verschiedenen Konstruktivisten) mit guten Gründen eingebrachte Vorschlag, nicht mit Identitäten, sondern mit Differenzen zu beginnen, da jede Gegenstandskonstitution — ob in der Wahrnehmung oder in der Kommunikation — mittels Unterscheidungen und Benennungen erfolgt, also via Differenzmanagement. Hinter dieser Argumentation wiederum stehen Beobachtertheorien à la George Spencer Brown, N. Luhmann und H. von Foerster, die auf die schlichte, aber seit Demokrit unwiderlegte Formel gebracht werden können: Wahrnehmung und Wahrgenommenes, System und Umwelt sind untrennbar und autokonstitutiv.

Beobachten ist eine 'Realoperation' in Umwelten. Aber Beobachter können nur nach ihren (biologischen, psychischen, sozialen, kulturellen und medialen) Bedingungen beobachten; m.a.W., Beobachter, nicht Umwelten, sind die symmetriebrechende Instanz im Verhältnis von System und Umwelt. Das bedeutet: alle Beobachtungen sind beobachterdependent. Und alles, was gesagt wird, wird von Beobachtern zu Beobachtern gesagt. Ohne hier weiter auf die Erkenntnistheorie eines operativen Konstruktivismus einzugehen[1], macht die ernsthafte Berücksichtigung des Beobachterproblems zweierlei deutlich:

a.) Objekte, Gegenstände, Umwelten gibt es nur für Beobachter, die diese via Differenzmanagement als sinnvolle Entitäten konstituieren.

b.) Die so konstituierten Objekte usw. sind daher nicht Gegenstände im klassisch ontologischen Sinne, sondern Phänomene, d.h. Beobachterfunktionen bzw. zeitgebundene Resultate empirisch hochkonditionierter sensumotorischer kognitiver und kommunikativer Prozesse.

Diese Überlegungen haben m.E. weitreichende Konsequenzen für die Startsituation jeder Wissenschaft. Für die Literaturwissenschaft etwa folgt daraus: LiteraturwissenschaftlerInnen sprechen nicht über Literatur, sondern über sozio-kulturell konditionierte Beobachterprobleme beim Erfahrungmachen mit literarischen Phänomenen in literarisch bestimmten sozialen Situationen. Dabei wird nach den Gepflogenheiten in der akademischen Gemeinschaft erwartet, daß solche Probleme den Rang intersubjektiv plausibilisierbarer Anfragen an literarische Phänomene haben — bzw. durch geeignete Kommunikationen erhalten. Wann welche Beobachterprobleme auftauchen und wie sie kommunikativ durchgesetzt werden, das ist nur historisch und empirisch zu beantworten — und es ist auf jeden Fall kontingent[2], d.h. es gibt im Umgang mit literarischen Phänomenen weder 'natürliche' noch 'objektive' Probleme.

---

1 Vgl. dazu u.a. Luhmann 1990, 1990a, von Foerster 1993, Schmidt 1997, Schmidt 1998, Mitterer 1992.

2 'Kontingent' heißt nicht etwa 'willkürlich', sondern verweist darauf, daß auch andere Möglichkeiten (hätten) gewählt werden können.

3.

Wissenschaftlich relevant werden Beobachtungen, Probleme und deren Lösungen erst in Form von Kommunikationen, für die es traditionsbestimmte und meist sehr rigide Erwartungen und Anforderungen in den verschiedenen Wissenschaften gibt. Kurz gesagt: Wer erfolgreich (also anschlußfähig) im Rahmen einer Disziplin kommunizieren will, muß akzeptable Beiträge zu Themen im Rahmen des/eines disziplinspezifischen Diskurses anbieten. Diese Beiträge müssen nicht nur thematisch viabel sein, sondern sie müssen auch den diskursspezifischen Erwartungen an Gattungs-, Stil- und Registererwartungen entsprechen bis hin zur Kompatibilität mit den Leitmetaphern spezifischer Diskurse. Über diskursspezifische Regularien der Kommunikation selegiert eine Disziplin also systemspezifische Beiträge und etabliert die systemspezifische Grenze, die systemintern weitgehende Selbstreferenz und Selbstorganisation, also (relative) Autonomie konstituiert.

Die hiermit — quasi en passant — skizzierte Konzeption wissenschaftlicher Disziplinen unterscheidet zwei systemische Aspekte: den Aspekt des Sozialsystems und den Aspekt des Diskurssystems. Ohne hier den Streit um die (In-)Kompatibilität von Handlungs- und Systemtheorie aufgreifen zu können[3], sei hier nur so viel angemerkt: Die Berücksichtigung der beiden genannten systemischen Aspekte soll den beobachtenden Blick einerseits auf Theorie- und Kommunikationszusammenhänge lenken, andererseits auf die Aktanten, die durch Diskursteilnahme im System agieren, sowie auf sozialstrukturelle Aspekte wie Institutionen, Organisationen, Medien usw.[4]

Aus historischen Gründen wie aus Gründen der Identitätsbricolage müssen wissenschaftliche Disziplinen ein erfolgreiches doppeltes Differenzmanagement betreiben: Sie müssen sich zum einen hinreichend von nichtwissenschaftlichen Problembeschäftigungen unterscheiden (= Differenz Wissenschaft/Nichtwissenschaft), und sie müssen eine für die Bestandserhaltung hinreichende Differenz zu anderen wissenschaftlichen Disziplinen stabilisieren (z.B. die Differenz Literaturwissenschaft/Ästhetik).

4.

Nachdem bisher die allgemeine Frage im Mittelpunkt stand: „Worüber spricht eine Wissenschaft?“, soll diese Frage nun disziplinär spezifiziert werden: „Worüber spricht Literaturwissenschaft wie?“ Wie oben schon angedeutet, kann die Frage nach dem Worüber nicht einfach mit „über Literatur“ beantwortet werden, sondern mit „über literarische Phänomene“, um der Beobachterproblematik gerecht zu werden. Literarische Phänomene aber lassen sich — wegen ihrer Beobachterbindung — nur historisch und empirisch bestimmen: Sie sind das, was Beobachter für lite-

[3] Vgl. dazu Schmidt 1994a.

[4] Vgl. dazu Schmidt 1996b.

rarisch halten, und zwar gemäß den Unterscheidungsoperationen, die sie zum Zwecke bzw. im Verlauf der Gegenstandskonstitution in Anschlag bringen. Dabei geht es zunächst darum, welche mediale Materialbasis (Texte, Filme, Hörstücke, Hypertexte usw.) für literaturfähig gehalten wird (in Abgrenzung zu anderem) — die Zeit exklusiver Konzentration auf Printangebote ist bekanntermaßen längst vorbei. Dabei geht es zum zweiten darum, in welcher sozialstrukturellen Position Beobachter literarische Phänomene konstituieren: Bildung, Beruf, Einkommen, Zeitbudget, gesellschaftliche Stellung u.ä. bilden hier ein gewichtiges Bedingungsgefüge dafür, welche poetologischen Kriterien zur Phänomenkonstitution eingesetzt werden. Diese Kriterien resultieren notwendig aus der je beobachteten spezifischen literarischen Sozialisation, in der anhand prototypischer Erfahrungen und dabei ausgebildeter poetologischer Erwartungen bzw. Kriterien die Differenzen literarisch/nicht-literarisch sowie literarisch wertvoll/literarisch wertlos erlernt und evident gemacht worden sind — eben in der Regel im Umgang mit prototypischen AutorInnen und Werken i.w.S., in der Regel (an)geleitet durch vertrauenswürdige Personen im sozialisatorischen Umkreis von Familie, Freundeskreis und Schule.

Mit diesen Hinweisen ist die sozio-historische Konditionierung und damit die unvermeidbare sozio-historische Kontingenz *jedes* Konzeptes von Literatur konstatiert und die Beobachtung darauf gelenkt herauszufinden, über welche konstitutiven Differenzen literarische Phänomene jeweils in Kognition und Kommunikation „emergieren".

Wie aus der Geschichte der Literatur hinlänglich bekannt, sind dabei ganz unterschiedliche Kriterien und Differenzen konstitutiv geworden. So etwa — Ende des 18. Jahrhunderts — die Differenz (authentische) Fiktion vs. Aktualität (Objektivität), mit der literarische Phänomene von journalistischen Medienangeboten unterschieden wurden bzw. die Differenz Fiktion vs. Wahrheit, mit der — je nach sich ausdifferenzierenden Wahrheitskonzepten — literarische von wissenschaftlichen, philosophischen oder religiösen Texten abgegrenzt wurden. Über die Variation von Referenzmodalitäten per Fiktion und der von Literatur erwarteten prägnanten Komponente 'Form' kann Literarität dann sowohl gebunden werden an subjektive Rezeptionsfreiheiten (= Polyvalenz) als auch an Genuß, Identifikation oder Erkennen (etwa über die Differenz literarische vs. nicht-literarische Wirklichkeiten). Usf.[5]

Ausgehend von und beginnend mit der literarischen Sozialisation machen Beobachter Erfahrungen nicht an isolierten Texten und in isolierten Rezeptionssituationen, sondern an Texttypen und in komplexen sozialen Situationen, die sich gegenseitig determinieren (bzw. zumindest spezifizieren). Diese beiden Gegebenheiten lassen sich, so (m)ein Vorschlag, konzeptuell modellieren über die Kategorien Sozialsystem vs. Symbolsystem Literatur.

[5] Vgl. dazu Schmidt 1989.

5.

Das *Symbolsystem Literatur* besteht dabei aus einem historisch z.T. sehr variablen Zusammenhang, gestiftet zwischen denjenigen Medienangeboten, die Beobachter aus den oben geschilderten Gründen für literarisch halten. Dieser Zusammenhang wird in der Kommunikation über literarische Phänomene auf unterschiedlichen Ebenen und mittels unterschiedlicher Kriterien hergestellt, so z.B. über AutorInnen und Œuvres, über Gattungskonzepte oder Epocheneinteilungen, über Interaktionsaspekte, Formen- und Themenkontinua bzw. -differenzen usw. Dabei spielen Kanones für alle an literarischer Kommunikation Beteiligten eine wichtige Rolle bei allen Selektions- und Bewertungsprozessen[6].

Kanonisierte literarische Phänomene werden in literarischer Kommunikation und vor allem in literarischen Sozialisationsprozessen bevorzugt als Prototypen zur Einübung und Bestätigung literaturadäquaten Handelns, Erfahrungmachens und Kommunizierens herangezogen, wodurch sich wiederum Kanonisierungsprozesse und deren Kriterien selbstreferentiell bestätigen.

Neben Intertextualität als Modus der Binnenreferenz im Sozialsystem Literatur ist Interdiskursivität ein wichtiger Differenzmechanismus.[7] Welche Themen, Formen und sprachlichen Strategien aus Diskursen anderer Sozialsysteme auch immer im Literatursystem aufgegriffen werden: Sie müssen einer systemspezifischen Transformation unterworfen werden, die ein erfolgreiches Differenzmanagement literarisch/nicht-literarisch erlaubt und mit Kanonisierungsresultaten kompatibel macht.

6.

Nimmt man — wie hier verlangt — die Beobachterproblematik ernst, dann wird es schwer, über literarische Phänomene (bzw. das Symbolsystem Literatur) ohne Bezug auf Aktanten zu sprechen, will man nicht wieder zu werkimmanenten Diskursformen übergehen. Aus diesem Grunde habe ich Ende der 70er Jahre vorgeschlagen, statt über isolierte Texte über „Text-Aktant-Kontext-Syndrome" zu sprechen und diese als *Sozialsystem Literatur* zu konzipieren (Schmidt 1980/82), wobei die historische Emergenz solcher Sozialsysteme auf die zweite Hälfte des 18. Jahrhunderts datiert werden kann (Schmidt 1989).

Die Frage, wie das Sozialsystem Literatur am überzeugendsten konzeptualisiert werden kann, ist seit 1980 kontrovers diskutiert worden. Ich selber habe 1980 eine handlungstheoretische Variante vorgeschlagen. Danach wird die Systemstruktur gebildet von vier Handlungsrollen (Produktion, Vermittlung, Rezeption, Verarbeitung von für literarisch gehaltenen Phänomenen), wobei die literaturbezogenen Prozesse in diesen Handlungsrollen in handlungslogischen, zeitlogischen und kau-

---

6 Vgl. dazu Schmidt und Vorderer 1995.

7 Zum Differenzmechanismus Intermedialität vgl. Abschnitt 11.

salen Beziehungen zueinander stehen. Die Grenze des Systems wird gebildet von sozial verpflichtenden Makro-Konventionen (Ästhetik- und Polyvalenzkonvention). Und als spezifische Funktion wird die Gleichzeitigkeit von kognitiven, normativen und hedonistischen Erfahrungsmöglichkeiten im Umgang mit literarischen Texten bestimmt.[8]

Alternativ zu dieser handlungstheoretischen Systemkonzeption ist von Luhmann und seinen Schülern (D. Schwanitz, G. Plumpe, N. Werber u.a.) eine systemtheoretische Konzeption entwickelt worden, die als Systemkomponenten ausschließlich Kommunikationen (genauer Texte) ansehen und das Grenzproblem über Codes bzw. über symbolisch generalisierte Kommunikationsmedien zu lösen versuchen — bisher allerdings noch ohne Konsens in den eigenen Reihen. Auch die Funktionsbestimmung des Literatursystems, die G. Plumpe als Unterhaltung (in Relation zum Code interessant/uninteressant) bestimmt, ist bis heute kontrovers (Plumpe 1995, Plumpe und Werber 1995).

Angesichts der Probleme beider Vorschläge plädiere ich daher inzwischen für eine Verbindung handlungs- und systemtheoretischer Modellierungen unter Rückgriff auf die Allgemeine Systemtheorie. Damit läßt sich ein Mehrebenenmodell für das Literatursystem konzipieren, das verschiedene interrelierte Dimensionen enthält, so etwa Aktanten, Kommunikationen, Sozialstrukturen, Institutionen und Organisationen (zur Verstetigung von Interaktionen und Entscheidungen), Medienangebote und symbolische Ordnungen kollektiven Wissens (zu Einzelheiten vgl. Schmidt 1996a). Grenz- und Funktionsfragen können in einem solchen Modell nicht mehr definitorisch durch die Angabe eines Codes bzw. einer Funktion beantwortet werden, sondern erfordern eine historische und empirische Untersuchung der konkret ablaufenden Prozesse in den jeweiligen interrelierten Dimensionen.

7.

Wie immer man die Phänomene auch theoretisch modelliert, an denen man als LiteraturwissenschaftlerIn interessiert ist: Eine reflektierte literaturwissenschaftliche Arbeit setzt voraus, daß die Frage der Gegenstandskonstitution *explizit* beantwortet wird, wobei damit zu rechnen ist, daß unterschiedliche Antwortvarianten in der akademischen Diskussion konkurrieren. Je nach Gegenstandskonstitution lassen sich erst dann die Themen, Probleme und Perspektiven explizieren, die LiteraturwissenschaftlerInnen für relevant und kommunikativ durchsetzungsfähig halten, wobei m.E. die Frage der Relevanz bis heute weitgehend unterschätzt wird. Auch sie erfordert eine ebenso explizite Beantwortung wie die Frage nach der Phänomen- und Problemkonstitution. Denn es dürfte nach den bisherigen Überlegungen einleuchten, daß Phänomen- und Problemkonstitution und Relevanzeinschätzungen unlösbar miteinander verbunden sind. Bis heute neigen viele LiteraturwissenschaftlerInnen aber dazu, sich in diesen Fragen auf Evidenzen zu verlassen bzw.

[8] Zur Kritik vgl. u.a. die Beiträge in Barsch u.a. (Hg.) 1990.

zurückzuziehen, so als sei ohnehin klar, daß Literatur an sich relevant und die bisher an Literatur gestellten Fragen sowohl richtig als auch relevant sind. — Die äußerst unbefriedigenden Antworten, die LiteraturwissenschaftlerInnen bis heute auf entweder politisch oder ökonomisch motivierte Fragen nach der 'Relevanz' von Literatur und Literaturwissenschaft gegeben haben, desavouieren dieses Evidenzvertrauen gründlich.

8.

Bisher bin ich vor allem der Frage nachgegangen, wovon Literaturwissenschaft spricht. Im folgenden gehe ich auf den zweiten Teil der oben gestellten Frage ein: „*Wie* spricht Literaturwissenschaft *qua Wissenschaft* von den von ihr für relevant gehaltenen literarischen Phänomenen?"

Nach den bisherigen Erfahrungen gibt es keine konsensfähige Bestimmung des Wissenschaftsbegriffs der Literaturwissenschaft — nicht zuletzt deshalb, weil es 'die Literaturwissenschaft' nicht gibt. Aber gerade wenn LiteraturwissenschaftlerInnen nicht erwarten können, daß eine Lösung dieses Problems 'von außen', etwa von einer Wissenschaftstheorie kommt, müssen sie um so mehr Augenmerk darauf richten, 'im Inneren' eine Lösung zu finden. Eine solche Lösungsvariante möchte ich im folgenden skizzieren. Dieses Angebot folgt nicht der traditionellen Differenzierung zwischen Natur- und Geisteswissenschaften, Hard und Soft Sciences o.ä., sondern beginnt mit der Unterscheidung wissenschaftlich/nichtwissenschaftlich, um zu einem monistischen Wissenschaftsverständnis zu kommen. Die Ausgangshypothese lautet wie folgt: Im wissenschaftlichen wie im nichtwissenschaftlichen Verhalten und Kommunizieren sind wir schwerpunktmäßig damit beschäftigt, Erfahrungen zu machen und Probleme zu lösen, wobei diese Aktivitäten stets emotional besetzt und normativ evaluiert sind. Die Differenz zwischen den beiden Arten des Erfahrungmachens und Problemlösens besteht primär in der Explizitheit der Operativität und ihrer handlungsleitenden Parameter. Anders ausgedrückt: die Differenz liegt im strategischen Wechsel der Beobachterposition zwischen Beobachtungen erster, zweiter und (eventuell) dritter Ordnung.

Die Spezifik wissenschaftlichen Handelns i.w.S. läßt sich kurz auf die Formel bringen: *explizites Problemlösen durch Verfahren*. Um diese Spezifik zu realisieren, sind gewisse Voraussetzungen zu erfüllen, die nicht etwa als wissenschaftstheoretische Normen zu betrachten sind, sondern als Bedingungen der Möglichkeit expliziten Problemlösens durch Verfahren, wie sie sich in der bisherigen Praxis bewährt haben. Zu diesen Voraussetzungen zählt zuerst einmal ein systematisch geordneter konzeptioneller Rahmen für die Konstitution von Phänomenen und Problemen, kurz: eine explizite Theorie als konzeptionelle Problemlösungsstrategie. Um die Anforderung der Explizitheit erfüllen zu können, muß zum einen die logische Struktur der Theorie deutlich sein, zum anderen müssen die zentralen Konzepte der Theorie definiert oder exemplarisch eingeführt sein (= Fachsprachenpostulat); erst dann ist begründet damit zu rechnen, daß die Theorie intersubjektiv vergleichbar angewendet werden kann.

Für die theoretisch explizierten Probleme, deren Lösung in einer Wissenschaftlergruppe („community of investigators") als relevant angesehen wird, muß dann eine Operationalisierung gefunden werden, d.h. es muß festgelegt werden, wie die Problemlösungsschritte aussehen sollen (= Methodenpostulat) und wann ein Problem als gelöst gilt. Methoden haben das Ziel, eine Entscheidung zwischen wahr und falsch (im Bezug auf entsprechende Entscheidungskriterien) durchzuführen. Sie erzwingen eine Verlagerung des Beobachtens auf die Ebene der Beobachtung zweiter Ordnung. Erst bei einer solchen expliziten Relationierung von Problemen, Problemlösungsstrategien und Problemlösungen kann das Problemlösungsverfahren intersubjektiv nachvollzogen und überprüft werden; erst dann kann auch die Anwendungsrelevanz gefundener Lösungen für andere Problemlösungszusammenhänge innerhalb und außerhalb der Wissenschaft beurteilt werden (= Anwendungspostulat).[9]

Die bisher skizzierten Voraussetzungen wissenschaftlichen Problemlösens bilden schließlich die Voraussetzung für die Lehr- und Lernbarkeit von Theorien einerseits, für die Möglichkeit zu interdisziplinären Kooperationen andererseits. Das eine verbürgt eine qualitativ hochwertige Nachwuchsrekrutierung, das andere die Fähigkeit zu ständigem Lernen und zur Transformation des Fundus in Co-Evolution mit anderen wissenschaftlichen Disziplinen — und in bezug auf beide Aspekte handelt es sich, wie man heute wissen kann, keineswegs um Selbstverständlichkeiten oder Trivialitäten.

9.

Die bisherigen Versuche, eine Antwort zu finden auf die Frage „Worüber spricht Literaturwissenschaft wie?" sollten verdeutlichen, daß eine Allgemeine Literaturwissenschaft, die sich genau mit diesen Problemen beschäftigt, in erster Linie Latenz- bzw. Evidenzbeobachtung betreiben muß. Sie muß sinnvolle Konzepte von 'Literatur' und 'Literaturwissenschaft' anbieten; die Relevanz von Literatur und Literaturwissenschaft im Kontext anderer wissenschaftlicher Disziplinen wie im gesellschaftlichen Kontext zu bestimmen versuchen; die Gründe für die Relevanz von Problemen erörtern: kurz, die „Kultürlichkeit" (P. Janich) *aller* Aspekte des Geschäftes von LiteraturwissenschaftlerInnen, d.h. ihre Kontingenz, erhellen. Daß sie bei ihrem Geschäft des Beobachtens zweiter Ordnung ihre eigenen blinden Flecken mitträgt, ist unvermeidlich und spricht nicht etwa für die Unmöglichkeit einer so konzipierten Allgemeinen Literaturwissenschaft, sondern für die Notwendigkeit fortgesetzter Latenzbeobachtung — meistens eine Aufgabe, die vom wissenschaftlichen Nachwuchs wahrgenommen wird.

---

[9] Zur Frage der Anwendbarkeit literaturwissenschaftlich produzierten Wissens vgl. Schmidt 1997.

Während die bisherigen Überlegungen darauf gerichtet waren zu klären, welches Differenzmanagement erforderlich ist, um eine Literaturwissenschaft als ein spezifisches (also differentes) Problemlösungssystem konstituieren zu können — sozusagen noch vor jeder approach-spezifischen Implementierung —, soll an dieser Stelle zunächst explizit darauf verwiesen werden, daß *ein* Versuch einer solchen Implementierung vorliegt, und zwar in Gestalt der Empirischen Literaturwissenschaft (Bielefelder und Siegener Prägung).

Daß gerade dieses Beispiel hier m.E. zu Recht einschlägig ist, liegt an der Entstehungsgeschichte der Empirischen Literaturwissenschaft, die sich als Alternative zu (allen) anderen Varianten von Literaturwissenschaft verstanden hat und deshalb bewußt ihre objekttheoretische Ausarbeitung (Schmidt 1980/82) auf einer wissenschaftstheoretischen Basis (Finke 1982) aufgebaut hat, die also — im Rahmen der hier vorgelegten Argumentation — ihre Konzeption von Allgemeiner Literaturwissenschaft entwickelt und der Objekttheorie vorgeschaltet hat.

Nun liegt sicher der Einwand nahe, daß die Personalunion des Autors der hier konzipierten Allgemeinen Literaturwissenschaft und der als Implementierung angebotenen Empirischen Literaturwissenschaft den Verdacht einer self fulfilling prophecy nahelegt. Da ich weiß, daß man gegen allfällige Verdächtigungen und Unterstellungen dieses Typs sowieso machtlos ist, wenn die Argumentation bisher nicht überzeugt hat, lasse ich diesen Kasus auf sich beruhen und widme mich lieber der Aufgabe, einen bislang noch weitgehend unbeobachteten blinden Fleck der Empirischen Literaturwissenschaft zu beobachten: nämlich ihr Konzept von 'Empirie'. Dabei konzentriere ich mich auf jene Variante Empirischer Literaturwissenschaft, die explizit auf der eingangs skizzierten beobachtungstheoretischen Grundlage operiert, also auf eine konstruktivistische Empirische Literaturwissenschaft.

10.

Wissenschaftliche Erkenntnisproduktion vollzieht sich auf der Ebene von Handlungen und Kommunikationen im Rahmen des Sozialsystems Wissenschaft. Kommunikativ gehen Wissenschaftler aber nicht mit stabilen Realitäten um, sondern mit experimentell und kommunikativ stabilisierten Beschreibungen oder Unterscheidungen in der Erfahrungswirklichkeit einer Gesellschaft; m.a.W., sie operieren mit Fakten (= Gemachtem), nicht mit Daten (= Gegebenem).

'Empirisch forschen' kann dementsprechend allgemein bestimmt werden als praktisches Herstellen logischer, pragmatischer und sozialer Stabilitäten (sensu P. Kruse), mit denen Wissenschaftler wie mit unabhängigen Gegenständen kommunikativ umgehen (= ein pragmatisches Als-Ob im Sinne Vaihingers). Alles, was zu dieser Stabilitätskonstruktion argumentativ erfolgreich herangezogen werden kann, fungiert — je nach Kriterium und Kontext als Plausibilisierung oder Beleg. Empirisches Forschen stellt mithin eine spezifische Art und Weise der Wirklichkeitskonstruktion dar.

Die Erzeugung von Fakten nach theoretisch-methodologisch kontrollierten Verfahren entspricht dem, was H. von Foerster als *Trivialisierung* beschrieben hat[10]; nämlich eine Form der Konstruktion von stabilen Unterscheidungen unter zum Teil extrem komplexitätsreduzierten Bedingungen (etwa in Laborversuchen). Nimmt man die oben skizzierte Beobachterproblematik ernst, dann muß 'empirisch' in der wissenschaftlichen Forschung von der traditionellen Referenz auf 'die Realität' und den Beobachter erster Ordnung (= Direktbeobachtung) umgestellt werden, auf Wissen und theoretisch-methodisch kontrolliertes Erfahrungmachen (= Inszenieren von Beobachtungen). Die aus empirischer Forschung resultierende Intersubjektivität trägt genau so lange, wie sich ihre Auswirkungen auf die wissenschaftliche Kommunikation stabil halten lassen; sie endet, wenn sie einer neuen Beobachtung zweiter Ordnung nicht (mehr) standhält. Wie M. Stadler und P. Kruse mit Nachdruck betonen, können empirische Untersuchungen „[...] im Denken eines Konstruktivisten eher Hinweise als Beweise erzeugen; Hinweise nämlich auf eine in sich stimmige, konsistente Sichtweise von nach bestimmten Regeln erzeugten Daten, die beim Hinzukommen weiterer Daten oder Überlegungen durch jede andere Sichtweise abgelöst werden kann, die einen höheren Grad an Konsistenz aufweist."[11]

Eine Antwort auf die Frage, was nun *wissenschaftliches empirisches Forschen* kennzeichnet, kann nach den bisherigen Rahmenbemerkungen von zwei grundlegenden Überzeugungen ausgehen:

a.) Da die systematische Frage nach der Empirie eine Frage des Beobachtens zweiter Ordnung ist, sollte die Frage nach wissenschaftlicher empirischer Forschung entsprechend auf die Ebene des Verhältnisses zwischen Beobachtungen erster Ordnung und zweiter Ordnung plaziert werden.

b.) Wenn man die Unterscheidung empirisch vs. nichtempirisch festmacht an sozialen Kriterien für Erfahrungen und deren Ergebnisse, dann tritt auch bezüglich wissenschaftlicher empirischer Forschung der Gesichtspunkt der Sozialität/Kulturalität und damit der Kontingenz von Wissen in den Vordergrund.

Damit zeichnet sich sozusagen ein erstes allgemeines Format der Antwort ab. Wissenschaftliche empirische Forschung ist zunächst einmal dadurch charakterisiert, daß das Erfahrungmachen in einer Reihenfolge festgelegter Verfahrensschritte, d.h. methodisch, sowie in den meisten Fällen mit Hilfe besonderer Instrumente, d.h. experimentell, erfolgt. Die Unterscheidungen bzw. systematisch geordneten Mengen von Unterscheidungen, mit deren Hilfe methodisch geregelte Beobachtungen bzw. experimentelle Handlungen durchgeführt werden, müssen im Rahmen einer expliziten Theorie geklärt und begründet werden, die Rechenschaft darüber ablegt, warum eben diese und nicht andere mögliche Unterscheidungssets gewählt werden, wobei der Grad der Akzeptanz von Klärungen und Begründungen ausschließlich im Wissenschaftssystem selbst bestimmt wird.

---

[10] von Foerster 1993: 206 f.; vgl. dazu Schmidt 1996a.

[11] Stadler und Kruse 1990: 147.

Die praktische *Durchführung* empirischer Forschungen erfolgt dann als Realisierung der Operationalisierungsschritte auf einer Beobachterebene erster Ordnung.

Zur Wissenschaftlichkeit empirischen Forschens im Sozialsystem der jeweiligen Disziplin gehört schließlich, daß die Ergebnisse des systematisch geregelten Erfahrungmachens kommunikativ stabilisierbar sind bzw. stabilisiert sind, insofern im Diskurs einer relevanten epistemischen Gemeinschaft Konsens über die Konzepte, Kritiken und Ergebnisse des Erfahrungmachens hergestellt werden kann.

Als Basis der Konsensherstellung dienen dabei bislang erprobte unstrittige Kriterien und Verfahren der Konsensbildung, also letztlich Evidenzen, die sozusagen als Stopsignale Begründungsregresse abbrechen, wobei diese Evidenzen als kulturelle blinde Flecken der Beobachtung bestimmt werden können. Zu diesen Evidenzen zählen seit langem und noch immer Überzeugungen hinsichtlich der grundlegenden Dimensionen menschlicher Wirklichkeitserfahrung wie zum Beispiel Kontinuität, Kohärenz, Strukturiertheit in Raum und Zeit, Ursache und Wirkung und vieles andere mehr.

'Konsens(bildung)' wird hier bewußt als Beobachterterm benutzt, der einen Zustand wissenschaftlicher Kommunikation kennzeichnet, in dem — temporär — kein Einspruch gegen Beiträge zu Themen in Diskursen erhoben wird. Damit werden Konzepte von 'Konsens' oder 'Intersubjektivität' ausgeschlossen, die eine Übereinstimmung von Mentalzuständen etwa in 'herrschaftsfreier Kommunikation' postulieren. Mit N. Luhmann bin ich dagegen der Auffassung, daß Kommunikation die Bedingung für Intersubjektivität ist und nicht Intersubjektivität die Bedingung für Kommunikation (vgl. Luhmann 1990a: 19).

Ich fasse zusammen: 'Empirisch forschen' im Rahmen einer (Konstruktivistischen) Empirischen Literaturwissenschaft wird bestimmt als theoriegeleitete operationalisierte Produktion von Erfahrungswissen (= Fakten, Tat-Sachen), das kommunikativ anschlußfähig ist und dessen Interpretation als Fremdreferenz auf signifikante Zeit nicht widersprochen wird, weil es intersubjektiven Überprüfungen standhält. Dieses Empiriekonzept hat nichts mehr zu tun mit ontologischen (empiristischen oder positivistischen) Empirie-, Objektivitäts- und Wahrheitsbegriffen, womit ein Haupteinwand gegen Empirische Literaturwissenschaft, sie sei eine positivistische Sozialwissenschaft, entfallen dürfte. — Wie hat W. J. Ong einmal so treffend gesagt: „Die Natur setzt keine 'Fakten': Fakten entstehen nur durch menschliche Festlegungen, deren Zweck es ist, das nahtlose Gewebe der Wirklichkeit handhabbar zu machen.“ (Ong 1987: 22)

Im Rahmen des geschilderten Empiriekonzeptes ist — entgegen anders lautenden Gerüchten — 'Arbeit am literarischen Text' durchaus sinnvoll durchführbar im Sinne eines reflexiven Erfahrungmachens mit/an literarischen Phänomenen i.w.S. Akzeptabel sind hier alle Formen expliziten Diskurses über die Strukturierbarkeit und Referentialisierbarkeit literarischer Phänomene im Rahmen expliziter Methoden und unter Angabe begründeter Zielsetzung für den Einsatz dieser Methoden.

Entgegen einem oft geäußerten Vorurteil ist Empirische Literaturwissenschaft also keineswegs festgelegt auf empirische Leserforschung.[12] Sie beobachtet literarische Texte etwa — wie andere Texte auch — als (mehr oder weniger) anschließbare Beiträge zu Themen und Präsentationsstrategien in Diskursen, die notwendig auf kollektives Wissen in/von Diskursgemeinschaften zurückgreifen. So lassen sich etwa literarische Texte beobachten im Hinblick auf die je spezifische Handhabung der Differenzstrategien Intertextualität, Interdiskursivität und Intermedialität (s.u.), wobei jeweils spezifische Kommunikationskonventionen (wie z.B. Fiktionalität) entsprechend zu berücksichtigen sind. Dabei ist — wie vernünftigerweise nicht anders zu erwarten — unser semantisches Wissen in Form evidenten kollektiven Wissens immer vorausgesetzt; ein voraussetzungsloser Beginn ist unmöglich, und er wäre auch sinnlos, da wir in einem solchen Fall ohne jedes Wissen, also aussichtslos, beginnen müßten. Nicht eine Abschaffung von 'Hermeneutik' steht also zur Debatte, sondern ihre wissenschaftliche (i.o.a.S.) 'Disziplinierung', um die Plausibilität der Probleme und Problemlösungen sowie die Relevanz des erzeugten Wissens zu erhöhen.

11.

In den letzten Jahren ist — auch in der Literaturwissenschaft — zunehmend darüber diskutiert worden, wie das Verhältnis von Printliteratur zu anderen *Medien* und wie das Verhältnis der (Print)Literaturwissenschaft zu anderen *Medienwissenschaften* (neu oder überhaupt erst) bestimmt werden kann. Hier stehen sich zwei Positionen konträr gegenüber: Splendid isolation (oder: business as usual) vs. Literaturwissenschaft als Medienkulturwissenschaft. Wie bekannt, votiere ich für die zweite Option[13], und die Gründe dafür, die ich schon oft vorgetragen habe, resultieren aus der Argumentationslogik der hier vertretenen Allgemeinen Literaturwissenschaft — und sind damit hier einschlägig.

Wenn — wie oben argumentiert — Literatur nur differenztheoretisch bestimmt werden kann, dann stehen als Differenzpole zur traditionellen Printbindung von Literatur heute *alle* verfügbaren Medien zur Verfügung: Printliteratur gewinnt Spezifik im Focus von Betrachtern in Differenz zu AV-Medien, Hörfunk, Film usw.

Dasselbe gilt für die Rezeption von Printliteratur. Eine TV- und computeradaptierte Rezipientengeneration geht notwendigerweise anders mit Printliteratur um als die Gutenberg-Fossilien. Im Differenzmanagement mit einer Vielzahl konkurrierender Medien entstehen ganz neue Nutzungsmodi — man denke nur an Innovationen der Anschlußfähigkeit, wie sie durch Hypertextsysteme verfügbar sind (werden).

---

[12] Eine bemerkenswert gehässige wie schlecht informierte Vorurteilssammlung gegen die Empirische Literaturwissenschaft und den Konstruktivismus hat Gehrke (1994) kürzlich in der renommierten Fachzeitschrift *DVjs* ablassen dürfen — was hat sich die Redaktion wohl dabei gedacht?

[13] Vgl. Schmidt 1992, 1993.

Wie bekannt arbeiten nicht mediaphobe AutorInnen schon seit langer Zeit an neuen Produktionsweisen für literarische Phänomene, die mit neuen Gattungsvorstellungen und neuen Modi der Materialität und Zeitverhältnissen literarischer Phänomene experimentieren. Neue Formen der Zugänglichkeit und Verfügbarkeit von Literatur — etwa auf CD-ROM — werden nicht nur deren Nutzung, sondern auch deren Analyse verändern — vielleicht analog zur Verfügbarkeit über TV-Bilder durch Video. Neue technische Systeme werden schließlich Hybridisierungsstrategien unter Einschluß aller medialen Möglichkeiten literarischer Phänomene erlauben, im Vergleich zu denen alte Gesamtkunstwerkversuche eher schlicht erscheinen.

Aber es dürfte auch dazu kommen, daß die wachsende Differenz des guten alten Buches zu avancierten literarischen Medialphänomenalitäten wiederum das Buch interessant macht und seine langsame, anstrengende und phantasieheischende Rezeption zu einem intellektuellen und emotionalen Abenteuer eigenen Typs macht.

Wenn eine beobachterorientierte Allgemeine Literaturwissenschaft Beobachter und literarische Phänomene als untrennbar, das eine als Funktion des anderen sieht (B(L) wie L(B)), dann liegt die Antwort auf die Alternative Isolation vs. Medienwissenschaft sozusagen ganz unspektakulär auf der Hand. Angefangen von der Gegenstands- und Problemkonstitution bis zur Spezifik des Nutzerverhaltens muß Printliteratur in Differenz zu anderen verfügbaren Medien, muß Literaturwissenschaft als eine spezifische Print-Medienwissenschaft in Differenz zu anderen Medienwissenschaften konzipiert werden. Wenn man darüber hinaus berücksichtigt, daß wir schon längst nicht mehr in einer Printkultur ('Gutenberggalaxie' getauft), sondern in einer (Multi-)Mediakultur leben, dann läßt sich die o.a. Folgerung erweitern: (Print-)Literaturwissenschaft erscheint dann als *eine spezifische* Problemlösungsdomäne im Gesamtspektrum einer Medienkulturwissenschaft, die nur durch Differenz Identität gewinnen kann. Für die Allgemeine Literaturwissenschaft folgt daraus, daß sie die Grundsatzüberlegungen einer Allgemeinen Medienwissenschaft kompatibilisieren muß, daß sie andererseits durch Differenzbeobachtung die Spezifik des Printmediums und seines Dispositivs scharf herausarbeiten muß.

Wie auch immer die Entscheidung fällt: Allgemeine Literaturwissenschaft, so mein Vorschlag, ist die Instanz expliziter Selbstbeobachtung der Literaturwissenschaft(en). Sie macht LiteraturwissenschaftlerInnen klar, daß alles an ihrer Arbeit kultürlich (und ergo kontingent) ist, und gerade deshalb empirisiert (i.o.a.S.) werden sollte; und sie macht LiteraturwissenschaftlerInnen klar, was sie sich leisten, wenn sie sich Selbstbeobachtung leisten — und daß diese Investition aus Überlebensgründen in einer Medienkulturgesellschaft unausweichlich ist. Für Naivitäten des Beobachtens erster Ordnung hält die Medienkulturgesellschaft keine Nischen mehr im Wissenschaftssystem bereit, sondern nur noch in TV-Spielshows und Heimatmusikabenden — that's it.

Literatur

Barsch, Achim, Gebhard Rusch und Reinhold Viehoff (Hg.), 1994: *Empirische Literaturwissenschaft in der Diskussion.* Frankfurt am Main 1994.

Feilke, Helmuth und Siegfried J. Schmidt, 1995: „Denken und Sprechen. Anmerkungen zur strukturellen Kopplung von Kognition und Kommunikation". In: *Sprache denken. Positionen aktueller Sprachphilosophie.* Hg. Jürgen Trabant. Frankfurt am Main 1995, 269-297.

Finke, Peter, 1982: *Konstruktiver Funktionalismus. Die Wissenschaftstheoretische Basis einer empirischen Theorie der Literatur.* Braunschweig, Wiesbaden 1983.

Foerster, Heinz von, 1993: *Wissen und Gewissen. Versuch einer Brücke.* Hg. Siegfried J. Schmidt. Frankfurt am Main 1993.

Gehrke, Ralf, 1994: „Was leistet der Radikale Konstruktivismus für die Literaturwissenschaft?" In: *DVjs* 68 (1994), 170-188.

Luhmann, Niklas, 1990: *Soziologische Aufklärung 5. Konstruktivistische Perspektiven.* Opladen 1990.

Luhmann, Niklas, 1990a: *Die Wissenschaft der Gesellschaft.* Frankfurt am Main 1990.

Mitterer, Josef, 1992: *Das Jenseits der Philosophie. Wider das dualistische Erkenntnisprinzip.* Wien 1992 (= *Edition Passagen*, Bd. 38).

Ong, Walter J., 1987: *Oralität und Literalität: die Technologisierung des Werkes.* Opladen 1987 (am.: *Orality and Literacy. The Technologizing of the Word.* London 1982).

Plumpe, Gerhard und Niels Werber (Hg.), 1995: *Beobachtungen der Literatur. Aspekte einer polykontexturalen Literaturwissenschaft.* Opladen 1995.

Plumpe, Gerhard, 1995: *Epochen moderner Literatur.* Opladen 1995.

Schmidt, Siegfried J. und Peter Vorderer, 1995: „Kanonisierung in Mediengesellschaften". In: *Literaturkanon, Medienereignis, Kultureller Text. Formen interkultureller Kommunikation und Übersetzung.* Hg. Andreas Poltermann. Berlin 1995, 144-159.

Schmidt, Siegfried J., 1980: *Grundriß der Empirischen Literaturwissenschaft.* Teilband 1: *Der gesellschaftliche Handlungsbereich Literatur.* Braunschweig, Wiesbaden 1980.

Schmidt, Siegfried J., 1982: *Grundriß der Empirischen Literaturwissenschaft.* Teilband 2: *Zur Rekonstruktion literaturwissenschaftlicher Fragestellungen in einer Empirischen Theorie der Literatur.* Braunschweig, Wiesbaden 1982.

Schmidt, Siegfried J., 1989: *Die Selbstorganisation des Sozialsystems Literatur im 18. Jahrhundert.* Frankfurt am Main 1989.

Schmidt, Siegfried J., 1992: „Why literature is not enough; or, literary studies as media studies". In: *Emerging visions of the aesthetic process.* Eds. Gerald Cupchik, Janos Laszlo. New York 1992, 227-243.

Schmidt, Siegfried J., 1993: „Literaturwissenschaft als interdisziplinäres Vorhaben". In: *Vielfalt der kulturellen Systeme und Stile. Vorträge des Augsburger Germanistentags 1991.* Bd. 2. Hg. Johannes Janota. Tübingen 1993, 3-19.

Schmidt, Siegfried J., 1994: *Kognitive Autonomie und soziale Orientierung. Konstruktivistische Bemerkungen zum Zusammenhang von Kognition, Kommunikation, Medien und Kultur.* Frankfurt am Main 1994.

Schmidt, Siegfried J., 1994a: *'System' and 'Observer': Two Key Concepts in (Future) Literary Studies*". Siegen 1994 (= LUMIS-Schriften, 32).

Schmidt, Siegfried J., 1997: „Anwendungsorientierte Literaturwissenschaft — Perspektiven eines Projekts". In: *Wissenschaft und Berufspraxis. Angewandtes Wissen und praxisorientierte Studiengänge in den Sprach-, Literatur- und Medienwissenschaften.* Hg. Georg Jäger, Jörg Schönert. Paderborn, München, Wien, Zürich 1997, 135-144.

Schmidt, Siegfried J., 1996a: „Trivialization and Empiricity". In: *Systems Research and Behavioral Science* 13 (1996), no. 3, 385-392 (= *Heinz von Foerster Festschrift.* Ed. R. Glanville).

Schmidt, Siegfried J., 1996b: *Medienwirklichkeiten. Grundlagen und Perspektiven der Medienbeobachtung.* Braunschweig, Wiesbaden 1996.

Schmidt, Siegfried J., 1998: *Die Zähmung des Blicks. Konstruktivismus — Empirie — Wissenschaft.* Frankfurt am Main 1998.

Stadler, Michael und Peter Kruse, 1990. „Über Wirklichkeitskriterien". In: *Zur Biologie der Kognition.* Hg. Volker Riegas, Christian Vetter. Frankfurt am Main 1990, 133 158.

III. Konturen und Perspektiven — Literatur, andere Künste, Neue Medien

Intermedialität als neues Forschungsparadigma der Allgemeinen Literaturwissenschaft

Volker Roloff

Der Begriff der 'Intermedialität' hat bisher — im Gegensatz zur 'Intertextualität' — noch nicht die in Deutschland bekannten literaturwissenschaftlichen Nachschlagewerke und Lexika erreicht; aber es dürfte nur eine Frage der Zeit sein, bis er — über die Medienwissenschaften — auch dort auftaucht. Schon seit längerem trägt insbesondere die Medientheorie, die von Norbert Bolz als Grundwissenschaft der zukünftigen Kultur angesehen wird[1], dazu bei, das traditionelle Repertoire von Begriffen und Methoden in den Literaturwissenschaften zu erweitern und zu modifizieren. Intermedialität erscheint geradezu als Schlüsselwort für solche Eingriffe und Grenzüberschreitungen. Voraussetzung dafür ist das neue, durch die technische Entwicklung der Wahrnehmungs- und Aufzeichnungsmedien inspirierte Interesse an den Wechselbeziehungen vor allem von Schrift und Bild. Dabei wird betont, daß Bild und Text auf dem Wege sind, „die engen Grenzen ihrer kunst- und literaturwissenschaftlichen Disziplinen zu verlassen, um in 'interdisziplinärer' Forschung hinsichtlich ihrer Leistung für das kulturelle Gedächtnis der Menschen in Beziehung gesetzt zu werden. In den intertextuellen Dialog der Schriftmedien haben sich die Bilder 'eingeschaltet', während Interaktion nicht mehr nur textuell, sondern darüber hinaus medial verstanden werden will".[2] So werden die 'Schnittstellen' zwischen Worten und Bildern, Zwischenräume, Passagen, Interferenzen oder auch Zwischenspiele zu den bevorzugten Metaphern für intermediale Verbindungen; „kulturelle Kommunikation findet heute als vielschichtiges Zwischen-Spiel der Medien statt".[3]

Es ist seit langem bekannt, daß die Literatur auf andere, vor allem visuelle und auditive Medien angewiesen ist; „es gibt kein Kunstwerk, das nicht seine Fortsetzung oder seinen Ursprung in anderen Künsten hat"[4], und es ist keine Lektüre eines literarischen Textes vorstellbar, an der nicht verschiedene Sinne, wie z.B. das Sehen und Hören, beteiligt sind und zusammenwirken. Dies wird sogar dort deutlich, wo man es am wenigsten vermuten möchte, etwa in einem Lehrbuch der Allgemeinen Literaturwissenschaft aus den 50er Jahren, jener Zeit, in der u.a. auch die Werke von Emil Staiger, Wolfgang Kayser, Leo Spitzer und René Wellek zur Einführung in die Allgemeine und Vergleichende Literaturwissenschaft empfohlen wurden, Werke, in denen der Begriff 'Medium' in keinem der Kapitel oder Wortregister auftaucht. Es handelt sich um Max Wehrlis Buch *Allgemeine Literaturwis-*

---

[1] Vgl. Bolz 1990.
[2] Paech 1997: 12 f.
[3] Müller 1996: 313.
[4] Deleuze 1986: 26; vgl. Paech 1997: 12.

senschaft (Bern 1951); dort lautet der erste Satz in der typischen Sprache jener Zeit „Literaturwissenschaft ist als Geisteswissenschaft und speziell als Wissenschaft von der sublimsten Form menschlicher Gestaltung, der Gestaltung mit dem dichterischen Wort, nicht eine bloße Sonder- oder Fachwissenschaft. Sie gedeiht nur in der engsten Wechselwirkung mit den Nachbarwissenschaften und darüber hinaus mit dem bewußten oder unbewußten Bild, das sich der Mensch von sich selbst und der Welt macht, im Handeln, im Erkennen und vor allem auch im künstlerischen Gestalten selbst".[5] In diesem Zitat, mit dem Max Wehrli dann allmählich auf das für ihn maßgebliche Paradigma der Allgemeinen Literaturwissenschaft, nämlich den Idealismus der deutschen Klassik, hinlenkt, ist für mich aus heutiger Sicht zweierlei bemerkenswert: es geht Wehrli um die „Gestaltung mit dem dichterischen Wort", noch weit entfernt von dem Gedanken einer notwendigen Erweiterung des Literaturbegriffs, der u.a. für das Siegener Modell der Allgemeinen Literaturwissenschaft konstituierend ist. Aber auch im Rahmen neuester medientheoretischer Reflexionen, z.B. in Michel Serres *Hermès* und *La légende des anges*[6], bleibt die Sprache, der sprachliche Dialog, das entscheidende Medium, als ein letztlich nicht substituierbarer Angelpunkt jeder Kommunikation. 'Hermes' und die 'Engel' sind für Serres Metaphern der Kommunikation, mythische Figuren der Intermedialität, aber sie wirken nicht als Bilder, sondern als Botschafter der Sprache, Vermittler der Gedanken, Gefühle und Wünsche. Auf der anderen Seite enthält das Zitat von Max Wehrli bereits — zumindest andeutungsweise — eine Grundlage *jeder* Theorie und Praxis der intermedialen Analyse:[7] es geht um das bewußte oder unbewußte Bild, das sich der Mensch von sich selbst und der Welt macht; hinzuzufügen wäre nur, zugleich auch um die Bilder, die *uns* machen, konstituieren, modellieren, manipulieren oder simulieren: d.h. um den Menschen in der Welt der Medien und um die Wechselwirkungen zwischen den Medien, in denen wir stekken.

In vielen Werken, die die Geschichte der Allgemeinen Literaturwissenschaft und ihre Theoriebildung mitgeprägt haben, ist davon durchaus schon die Rede, z.B. von der Bildhaftigkeit und Sinnlichkeit der dichterischen Sprache, der Visualität der Einbildungskraft, der Mythen und Träume, der Text und Bild verbindenden Metaphorik — mit Begriffen und Formeln wie 'Gesamtkunstwerk', *ut pictura poiesis* usw. Wenn man versucht, historische Anknüpfungspunkte für Strategien der Intermedialität zu finden, so gelangt man z.B. zum Programm einer wechselseitigen Erhellung der Künste bei Oskar Walzel und Wölfflin, einem bemerkenswerten Versuch, die Intermedialität der sog. 'Kunstformen' an Stilmerkmalen, d.h. an Formen der Differenz, die zwischen den Kunstformen vermittelt, festzumachen.[8] Es wäre verkehrt, das enorme Potential medientheoretischer Reflexionen, das in der Geschichte der Literatur und Ästhetik steckt, als unzeitgemäß oder überholt abzutun; viele Medientheoretiker der Gegenwart, z.B. Deleuze, Foucault, Baudrillard, Derri-

---

5 Wehrli 1951: 9.
6 Serres 1969-1980; Serres 1995.
7 Vgl. Roloff 1995: 273 ff.
8 Vgl. Paech 1997: 17.

da, Serres, Flusser, Kittler, Bolz oder Paech, sind sich dessen bewußt und benutzen dieses Potential, indem sie auf antike, mittelalterliche oder barocke Kombinationen von Bild und Text, auf traditionelle Figuren der Intermedialität zurückgreifen.[9]

Neu sind vor allem — dies ist ein Ausgangspunkt für intermediale Analyse im Rahmen der Allgemeinen Literaturwissenschaft — ganz konkrete Veränderungen im Umgang mit der Literatur, ihrer Vermittlung; d.h. wir erleben seit einiger Zeit, wie Paech es ausdrückt, wie sich die Literatur an Buchillustrationen vorbei, durch die Feuilletons illustrierter Zeitungen und den Film in das Radio und Fernsehen bewegt: „Auf CD-Rom-Trägern wird Literatur künftig aus geschriebenen Texten, Video, Photographien und akustischen Effekten bestehen".[10] Insbesondere die digitalen Medien schaffen neue Formen der Vermittlung und Simulation, der Computer kann, wie Peter Gendolla betont, so tun, als ob er ein Buch, Schreibmaschine, Photographie, Film oder Graphik repräsentiere.[11] Paech spricht in diesem Zusammenhang von neuen 'synästhetischen' Erfahrungsräumen, in denen die Strukturen moderner Intermedialität deutlich werden, von einer „zunehmenden intermedialen Durchdringung und Vernetzung der Künste", die nicht, wie noch in der Konzeption des Gesamtkunstwerks, zur Konzentration führe, sondern zu einer „intermedialen dissémination und Zerstreuung".[12] Solche Formulierungen sind zunächst einmal ein Beispiel dafür, daß neue Begriffe gesucht werden, um den Ort der Literatur und ihre Rezeption im Spektrum der neuen Medien neu zu bestimmen. Die Suche nach neuen, passenden Begriffen und Kategorien gehört zur intermedialen Analyse selbst; es ist kein Zweifel, daß diese Begriffe metaphorisch, schillernd, gleitend sind, d.h. sich in einem schwer faßbaren und definierbaren Zwischenbereich bewegen, gewissermaßen ihre eigene Auflösbarkeit, ihre Dekonstruierbarkeit mitbedenken wollen. Das Gleiten und Entgleiten der Begriffe gehört paradoxerweise — wie das (Ent)-Gleiten der Bilder — zum Prinzip der Intermedialität selbst.[13] Darin liegt m.E. aber gerade ihre Überlegenheit gegenüber traditionellen Abgrenzungen und Systematisierungen der Fachsprachen *einzelner* Medien, die die aktuellen Hybridisierungen der Medienszene gar nicht mehr erfassen können. Dasselbe gilt für ältere, aber auch übergreifende Beschreibungsmodelle — wie z.B. strukturalistische oder semiotische — die, wie sich zeigt, hier nicht mehr ohne weiteres anwendbar sind.[14] Im Sinne von Deleuze müßte wohl — im Blick auf die Komplexität der Medienwelt — der Begriff des 'Begriffs' modifiziert werden: es gibt für Deleuze keine Ober-Begriffe mehr und keine 'universalen' Klassifikationen, die Einheiten schaffen, sondern nur sogenannte Fraktale, die nicht (wie in der traditionellen Begriffsbildung) Komplexität reduzieren, sondern diese als solche verdeutlichen, d.h. Heterogenes nicht verähnlichen und damit Diskontinuität, Kontingenz, Bruchstellen sichtbar machen.[15] Gerade die französischen Theoretiker, die

[9] Vgl. die abschließenden Literaturhinweise.
[10] Paech 1997: 12 f.
[11] Vgl. den Beitrag von Peter Gendolla in diesem Band.
[12] Paech 1997: 15 ff.
[13] Zum Begriff des *glissement* vgl. Roloff 1995: 283 und Gendolla 1991: 183.
[14] Vgl. Paech 1997: 16.
[15] Vgl. Hesper 1994: 184.

neuen' Philosophen wie Deleuze, Derrida, Foucault oder Baudrillard sind — mit ihrer Suche nach einer alternativen, nicht mehr substantialistischen oder kausalistischen Begriffssprache, mit der Entwicklung dekonstruktivistischer Verfahren, und nicht zuletzt mit ihrer ganz bewußten Annäherung von Philosophie, Ästhetik und Literaturtheorie — ein Vorbild für die auch in Deutschland inzwischen erfolgreiche, für den Medienbereich unvermeidliche Auflockerung jener traditionellen Terminologien, die die Fächer abgrenzen und ihre obsolet gewordene Autonomie bewahren wollen.

Ich selbst werde im folgenden einige solcher 'Fraktale' verwenden, insbesondere den Begriff des 'intermedialen Komplexes', der für mich einen Angelpunkt intermedialer Analyse darstellt und Phänomene und Prozesse wie Vernetzung, Hybridisierung, Transformation und Transfiguration, die Mannigfaltigkeit der Wechselwirkungen zwischen den Medien zu umfassen sucht. Es geht schon bei der Begriffsbildung — und im Rahmen solcher intermedialen Komplexe selbst — prinzipiell darum, die Beweglichkeit, Offenheit, Diffusion sowie die Virtualität der Raum- und Zeitbilder, der „audiovisuellen Zeitmaschinen"[16] zum Ausdruck zu bringen, d.h. die offene, unsichere, brüchige Grenze zwischen Wirklichkeit und Imagination sowie die Juxtaposition verschiedener Räume und Zeiten, die Formen der Simultaneität und Verschachtelung. „Wir sind", so Foucault in dem vielzitierten Essay über „Andere Räume", „in der Epoche des Simultanen, in der Epoche der Juxtapositionen des Nahen und Fernen, des Nebeneinander, des Auseinander [...], in einem Moment, wo sich die Welt weniger als ein großes, sich durch die Zeit entwickelndes Leben erfährt, sondern eher als Netz, das seine Punkte verknüpft und sein Gewirr durchkreuzt".[17] Von daher die Faszination und Attraktivität alternativer Begriffe wie Heterotopie und Chronotopie, die Foucault schon 1967 in dem genannten Essay im Gegensatz zu dem Utopie-Begriff entwickelt, und das bei Foucault und Deleuze erkennbare Bemühen, mit den Begriffen der 'Zwischenräume', des 'Interstitiums', den „Raum zwischen den Räumen", aber zugleich auch zwischen widerstreitenden Diskursen, zu erfassen.[18]

Symptomatisch dafür ist der Begriff des 'entre-images' von Raymond Bellour: „Il y avait autrefois le cinéma, la photo, la peinture. Il y a désormais et plus en plus, des images. Des passages entre les images parce que tout passe à la télévision. Parce que la vidéo a pu former, transformer toutes les images [...]. Entre photo, cinéma, vidéo, l'entre-images est un lieu de passage, le lieu où passent aujourd'hui les images".[19] Intermedialität ist in diesem Sinne ein Ort von Übergängen, von Passagen, in einem mehrfachen Sinne des Wortes. Es erscheint konsequent, daß Bellour hier an den schillernden Begriff Benjamins anknüpft: Benjamins *Passagen-Werk* ist, wie auch der Essay über das *Kunstwerk im Zeitalter seiner technischen Reproduzierbarkeit*, ein Beispiel für die Analyse der Heterotopien des großstädtischen Lebens, für den Versuch, dessen Erscheinungsformen als intermediale Kom-

---

[16] Vgl. Zielinski (Hg.) 1991: 9 ff. und 91 ff.
[17] Foucault 1991: 34.
[18] Foucault 1991: 34-46.
[19] Bellour 1990: 1.

plexe zu erfassen.[20] Intermediale Komplexe sind Kombinationen, die die konkrete Erfahrung städtischer Räume und Zeiträume, hier der Pariser Passagen, als ein Ensemble von Beziehungen erfassen, als Beziehungsnetz im Sinne einer Archäologie der Moderne. „Es sind wirkliche Orte, wirksame Orte, die in die Einrichtung der Gesellschaft hineingezeichnet sind [...], tatsächlich realisierte Utopien" — und zugleich Orte außerhalb aller Orte, virtuell, unwirklich, imaginär.[21] Nur eine intermediale Analyse, die entsprechende Mythen, literarische und visuelle Traditionen, Traumstrukturen, Utopien und hier besonders die Wechselwirkungen von Architektur, Fotografie und Literatur in ihrer Komplexität und Kombination erfaßt, kann solche Zusammenhänge überhaupt begreifen. Benjamins *Passagen-Werk* ist in dieser Hinsicht — auch in bezug auf seine offene literarische Form als Fragment, im Zwischenraum zwischen Lektürenotizen, Entwürfen einer mythologie moderne der Großstadt und sozialkritischem Essay — ein Beispiel, vor allem in seiner intertextuellen und intermedialen Dimension: die Pariser Passagen selbst, und damit auch das *Passagen-Werk* Benjamins, lassen sich als offenes Beziehungssystem erläutern, als imaginäre Topographie, als Produkt vielfacher Überlagerungen, Transformationen und Verwandlungen, verstreuter Zitate, Kombinationen, Träume, Visionen, Imaginationen und Erinnerungen. Sie führen von den Parisbildern bei Mercier (*Tableau de Paris*), Balzac, Baudelaire und Proust bis hin zu Aragons surrealistischem *Le Paysan de Paris*. Der literarische Text selbst ist hier — in seiner Diffusion und Zerstreutheit — Produkt einer audiovisuellen Lektüre und Wahrnehmungsweise, er verbindet die Darstellung der Paris-Mythen, der Imaginationen verschiedener Leser und Zeiten mit dem Ziel, aktuelle Veränderungen der Wahrnehmung der Stadt zu begreifen und die Stadt selbst als 'intermedialen Komplex' zu analysieren.

Ich möchte zunächst, bevor ich solche intermedialen Komplexe durch weitere Beispiele erläutere, einige Bemerkungen zur Begriffsgeschichte und Vorgeschichte der Intermedialität einfügen.[22] Jürgen E. Müller verweist darauf, daß man bei der Suche nach den poetologischen Ursprüngen der Intermedialität sehr weit zurückgehen kann, etwa zu Simonides von Keos Konzeption von der Malerei als stummer Poesie,[23] oder auch zu Platons Höhle, die von Norbert Bolz — aufgrund der trügerischen Schattenbilder auf der Höhlenwand — bereits als Modell des Dispositivs 'Kino' erläutert wird.[24] Man könnte — mit Jürgen E. Müller — die Geschichte des Kinos auch mit dem riesigen Wandteppich von Bayeux verbinden, weil der Betrachter hier nur durch eigene körperliche Bewegung die szenische, durch quasi filmische Einstellungen repräsentierte Geschichte der normannischen Eroberung nachvollziehen kann: also in einer Art Umkehrung des Dispositivs Kino, das dann später die bewegten Bilder an dem ruhig sitzenden Zuschauer vorbeiziehen läßt. Ebenso ließe sich, wie Gerhard Wild zeigt, die Lancelot-peintre-Episode im franzö-

[20] Benjamin 1982.
[21] Foucault 1991: 39.
[22] Vgl. u.a. Paech 1997: 15.
[23] Müller 1994: 123 und Müller 1996: 47 ff.
[24] Bolz 1990: 17.

sischen Prosa-Lancelot des 13. Jahrhunderts als eine kinoanaloge, intermediale Reflexion deuten: Lancelot malt im Gefängnis die Bilder seiner Geschichte mit Genoveva in dem Bemühen, das Objekt seiner Begierde durch Simulation, durch die Magie der Bilder zurückzugewinnen;[25] ein erstaunliches Beispiel dafür, wie genau schon mittelalterliche Texte trotz ihrer Alterität den problematischen und komplizierten Zusammenhang von Isolation, Begehren, Imagination, Simulation und Repräsentation reflektieren, das sogenannte Kino in unserem Kopf. In bezug auf die Begriffsgeschichte von 'Intermedialität' verweist Jürgen E. Müller darauf, daß Intermedialität als ästhetisches Konzept in der Romantik entstand, daß Coleridge im Jahre 1812 schon den Begriff 'intermedia' prägt, für eine konzeptuelle Fusion unterschiedlicher Medien, die Verbindung von Poesie, Musik und Bildender Kunst.[26] Im Rahmen der Begriffsgeschichte verweist Jürgen E. Müller auf Dick Higgins, *Horizons. The Poetics and Theory of the Intermedia* (1984). Higgins' Vorschlag zu einer „intermedialen Theorie der Avantgarde" enthalte viele Anregungen, besitze aber doch einen entscheidenden Mangel: „Higgins verortet die Intermedialität von Kunstwerken *zwischen* unterschiedlichen Medien und nicht *innerhalb* spezifischer medialer Kontexte". Damit entgehe ein „fundamentaler Sachverhalt seiner Aufmerksamkeit, den z.B. Aumont mit Blick auf das Verhältnis von Malerei und Film überzeugend herausgearbeitet hat: Intermedialität bedeutet weder eine Addition verschiedener medialer Konzepte noch ein Zwischen-die-Medien-plazieren einzelner Werke, sondern eine Integration von ästhetischen Konzepten einzelner Medien in einen neuen medialen Kontext."[27] Demnach ist es für Jürgen Müller nur folgerichtig, „die Transformationen und Übergänge zwischen verschiedenen Medien zum Gegenstand einer wissenschaftlichen Begegnung zu machen."[28]

Dies erscheint mir wichtig, gerade wenn man auf der Suche ist, den Zwischenraum, das 'interstitium', das zwischen den Bildern Existierende, von Bellour sogenannte 'entre-images' zu erfassen, das Bild zwischen den Bildern und damit die Zirkulation der Bilder und Texte. Ein solches Zwischen-Bild entzieht sich dem „eindimensionalen Zugriff der Medienwissenschaften" und kann nur durch konkrete ästhetische Erfahrung im Umgang mit einzelnen intermedial konzipierten Werken, historischen Gattungen, erfaßt werden. Auch Paech, der gegenüber dem integrativen Modell Jürgen E. Müllers skeptisch ist[29], hat, soweit ich sehe, diesen Weg vorgezogen und an vielen Beispielen aufgezeigt. Es erscheint besonders lohnend, solche intermedialen Untersuchungen im Blick auf Umbruchsituationen, d.h. an jenen Angelpunkten anzusetzen, an denen neue Hierarchisierungen bei der Bewertung der Medien und Künste sichtbar und ältere Traditionen aufgelöst werden, z.B. in der frühen Romantik in dem Disput zwischen Malerei und Fotografie im 19.

---

25 Wild 1994: 685 ff.

26 Müller 1994: 123. Paech 1997: 15, merkt dazu an, daß dabei 'Medium' noch nicht im modernen Sinne gebraucht wird.

27 Müller 1994: 133.

28 Müller 1994: 133; vgl. Aumont 1989.

29 Vgl. Paech 1997: 16, der kritisiert, daß ein solches Konzept „als Deckel und Behälter für alle möglichen kulturellen (künstlerischen und/oder medialen) Erscheinungen herhalten" muß, so daß eine definitorische Unterscheidung zwischen Kunst und Medium schwierig werde.

Jahrhundert, in der Zeit der Avantgarde-Bewegungen wie Dada, Futurismus und Surrealismus oder z.B. in den 60er Jahren, als das Fernsehen das Beziehungssystem zwischen den Medien radikal verändert.[30] Im übrigen sind es meistens die Künstler selbst, in ihrer Spielfreude im Umgang mit den neuen Medien, die dies als erste bemerken und in ihren Werken darstellen und reflektieren. Die 'eigentlichen' Literatur- und Medienwissenschaftler hinken meist hinterher. Immer noch gibt es Literaturgeschichten, Filmgeschichten usw., in denen die Medien sorgfältig abgegrenzt bzw. ausgegrenzt werden und in denen die nationalen Grenzen besonders wichtig erscheinen; und noch immer sind Untersuchungen wie z.B. Franz-Josef Albersmeiers Buch über *Theater, Film und Literatur in Frankreich, Medienwechsel und Intermedialität* (Darmstadt 1992) eher die Ausnahme.

Anzumerken bleibt, daß es im Rahmen der Forschungsperspektive 'Intermedialität' verschiedene Konzepte gibt, aber kein festliegendes wissenschaftliches Paradigma. Es geht um den Zusammenhang, die Wechselwirkungen, Interferenzen und Komplementarität der verschiedenen Medien, um die immer engere Vernetzung, die Substituierbarkeit eines Mediums durch andere. Für eine intermediale Analyse genügt es nicht, verschiedene Medien einfach nebeneinander aufzuführen, Querverbindungen anzudeuten; von Interesse ist der Funktions- und Strukturwandel, der mit der Transformation von Diskursen und Verfahrensweisen des einen Mediums in das andere verbunden ist. Intermedialität bezieht sich darüber hinaus auf all das, was man in Analogie zum Konzept der Intertextualität als Präsenz von Prätexten und Intertexten im künstlerischen Werk erkennen kann.[31] Filme und Fernsehproduktionen sind als solche — in dem Maße, in dem sie ganz verschiedene Künste wie Literatur, Musik, Theater, Oper, oft auch Tanz, Architektur, Photographie und Bildende Künste kombinieren — prinzipiell intermedial konzipiert. Auch daraus ergibt sich, daß die in der älteren Film-, Literatur- und Medienwissenschaft vertrauten Begriffe und Kategorien neu zu überdenken sind. Ein Rückzug auf die für einzelne isolierte Medien entwickelten Fachsprachen wäre daher nicht geeignet, die Wechselbeziehungen zwischen den verschiedenen Medien und die Transformationsprozesse zwischen Bild, Ton und Text zu erfassen. Wir befinden uns in einer Phase grundlegender Neuorientierung, der Suche nach neuen Kombinationsmöglichkeiten und nach neuen Definitionen. Es geht nicht um eine bloße Häufung verschiedener interagierender Medien (deshalb erscheint mir auch der Begriff 'Multimedialität' nicht ausreichend), sondern es gilt, Intermedialität als eine „Form der medialen Überdetermination" zu begreifen, als ein Ereignis im Spannungsfeld synästhetischer Erfahrung. Man kann mit Joachim Paech McLuhans Gedanken, daß der „Inhalt eines Mediums immer ein anderes Medium sei", weiterentwickeln: das Medium ist gleichsam 'pur' nicht erkennbar, sondern nur als eine Form, in der es im Kommunikationsprozeß vermittelt.[32] Der virtuelle Ort der Intermedialität erscheint — im Sinne von Luhmann und Paech — als Differenz zwi-

[30] Vgl. dazu auch Roloff und Winter 1997.

[31] Vgl. Roloff 1995: 271.

[32] Vgl. Paech 1997: 22, der an Luhmann 1995: 168, anknüpft: „Medien sind nur an der Kontingenz der Formbildungen erkennbar, die sie ermöglichen".

schen Medium und Form, symbolisiert als Bild zwischen den Bildern, als Passage bzw. 'entre-images' — oder auch als „visueller Raum, der sich im interstitium zwischen widerstreitenden Diskursen eröffnet".[33] Es ist, wie Paech bemerkt, nicht zu übersehen, aber wohl auch unvermeidlich, daß die Konzepte der Intermedialität auf sehr verschiedenen Ebenen oder in ganz unterschiedlichen Systemen operieren, daß dabei die Unterscheidungen zwischen Kunst und Medium verschwimmen.[34] Festzuhalten bleibt — als Angelpunkt ganz verschiedener Ansätze und Kombinationen — die Feststellung von Paech, daß sich „Intermedialität als 'formaler Prozess' in der Geschichte der Künste ereignet",[35] d.h. im Übergang von den älteren zu den jeweils neuen Medien; und daß dabei — als Formen der Intermedialität — Brüche, Intervalle, Zwischenräume, Passagen und Grenzüberschreitungen eine entscheidende Rolle spielen.

Man kann den Strukturwandel der Medien, die Geschichte der Audiovision und der audiovisuellen Diskurse und damit auch die Veränderung unserer Wahrnehmungsweisen durch die Medienwelt um so besser verstehen, je mehr man dabei rezeptionsästhetische Prozesse miteinbezieht, z.B. das 'Kino in unserem Kopf', die Sinne des Menschen als das älteste Medium bzw. als synästhetisches Mediensystem, das allen medientechnischen Innovationen schon voraus ist und sie bedingt.[36] In diesem Sinne begreift z.B. Buñuel, ebenso wie vorher schon Eisenstein, die Montage als einen geistigen und künstlerischen Vorgang, „die erste Projektion des Films findet im Hirn des Filmemachers statt".[37] Deleuze wird diesen Gedanken noch weiterführen, „le cerveau c'est l'écran, [...] c'est-à-dire nous-même".[38] Zur Intermedialität gehört daher auch das „perzeptive Zusammenspiel von Medien der Wahrnehmung zur kognitiven Konstruktion von Realität".[39]

Immer noch wird dabei zu wenig bedacht, daß z.B. auch bei jeder Lektüre visuelle Phantasie nicht nur mit im Spiel ist, sondern eine konstituierende Funktion hat. Es handelt sich hier um das Potential innerer Bilder, besser noch innerer Filme, die in jedem Lektürevorgang hergestellt werden und die mit Traumsequenzen bzw. Tagtraumbildern vergleichbar sind. Träume bieten ein gutes Anschauungsbeispiel für die ständige Vermischung und Konfusion der inneren und äußeren Sinne, die Spielformen der Dramatisierung, Verrätselung und Visualisierung, die dabei eine Rolle spielen und jetzt mit Hilfe neuer Medien besser denn je darstellbar sind. Dies gilt für das Zuschauen im Kino und Fernsehen ebenso wie für die Lektüre, die u.a. als ein Prozeß der Inszenierung und Simulation von Intermedialität, als eine Verwandlung des Textes in einen dreidimensionalen Film analysiert werden kann.[40] Mit den neuen Medien, den Technologien audiovisueller Zeitmaschinen wird nicht nur deutlich, daß sich die ästhetischen Gestaltungs- und Rezeptionsprozesse längst

33 Borsò 1994: 164.
34 Paech 1997: 16.
35 Paech 1997: 25.
36 Bolz 1990: 88; Paech 1988: 65.
37 Buñuel 1991: 125.
38 Deleuze 1986: 26.
39 Paech 1997: 17.
40 Nerlich 1991: 321.

von der sogenannten Nachahmung der Natur gelöst haben; es geht vielmehr darum, die Veränderungen der sinnlichen Wahrnehmung und Imagination selbst, damit die Konstitution von Wirklichkeit, in ihrem engen Zusammenhang mit den Inszenierungen optischer und mentaler Täuschungen, mit den neuen intermedialen Spielformen der Simulation zu erkennen. Die gegenwärtige Medientheorie versucht, solche Zusammenhänge mit Hilfe des Begriffs des 'Dispositivs' zu analysieren — d.h. im Rahmen der, um das Beispiel des Films zu wählen, Wechselwirkungen von technischer Apparatur, Film-Raum/Film-Bild/Film-Phantasie und mentaler Disposition des Zuschauers.[41] Erst kürzlich hat A. Kibédi Varga daran erinnert, daß zwischen Lesen und Sehen, im Gegensatz zu gängigen Auffassungen, keine radikale Opposition bestehen kann; beide Sinne koinzidieren im Prozeß der Wahrnehmung, und zwar auf vollkommene, partielle, oder verdeckte Weise.[42] Man könnte in diesem Zusammenhang den Begriff der Synästhesie, wie bereits angedeutet, in einem erweiterten Sinne verwenden, d.h. nicht mehr, wie meist üblich, als rhetorische Figur, sondern als Zusammenspiel verschiedener Sinne bei der Wahrnehmung sowie als kreatives Zusammenwirken, als 'ars combinatoria' bei der Rezeption von Literatur und Kunst.[43] Intermediale Synästhesie wäre dadurch gekennzeichnet, daß die Spannungen und Bruchstellen, die Passagen und Zwischenräume zwischen den Bildern berücksichtigt werden, die zunehmende Durchdringung, Vernetzung und Hybridisierung der Künste und Medien.

Es bleibt ein gewisses Unbehagen, in dieser allgemeinen Form über Begriff und Konzept der Intermedialität als einem neuen Forschungsparadigma zu sprechen. Mir erscheint es, wie schon angedeutet, sinnvoll, intermediale Komplexe an konkreten Fällen, in ihren historischen und aktuellen Kontexten zu untersuchen. Bei solchen intermedial konzipierten Fallstudien geht es grundsätzlich um die Analyse von Wechselwirkungen zwischen verschiedenen Medien, und zwar nicht nur, wie in vielen älteren Arbeiten, um die hermeneutische 'Übersetzung' verschiedener Medien in das Medium Sprache bzw. Literatur. Bei der Analyse der Transformationsprozesse zwischen den Medien geht es auch nicht allein um eine Geschichte der 'Materialität der Kommunikation', etwa die von Kittler behandelten Veränderungen der Aufschreibesysteme[44], sondern darüber hinaus um eine die verschiedenen Medien und Dispositive vergleichende Diskurs- und Gattungsgeschichte, den Versuch einer, wie Franz-Josef Albersmeier es nennt, integrierten Mediengeschichte.[45] Ich möchte einige solcher Projekte skizzieren, die in Siegen bearbeitet werden. In einem größeren Rahmen stehen Studien zu einem intermedialen Komplex, den ich 'Theatergeschichte des Films' nenne: Angelpunkte sind die Theatertraditionen des Films, sowie die offene und latente Theatralität, die für viele Theaterfilme des 20. Jahrhunderts typisch ist: hierzu gibt es relativ wenige genauere Analysen und Fallstudien, da sich die meisten Forschungen mit den Wechselbeziehungen zwischen

[41] Vgl. Hickethier 1993: 19-21.
[42] Kibédi Varga 1996.
[43] Vgl. zum Begriff der 'ars combinatoria' Holländer 1982.
[44] Vgl. z.B. Kittler 1986 und Kittler 1993.
[45] Albersmeier 1992.

Film und Literatur beschäftigen und sich eher auf die Untersuchung der Narrativität des Films konzentriert haben.[46] Enger umrissen ist ein Projekt mit dem Arbeitstitel 'Spielformen der Intermedialität im europäischen Surrealismus (bzw. verwandten Avantgarde-Bewegungen)'. Auf den mediengeschichtlich besonders wichtigen Zeitraum vor und nach 1916 weist insbesondere Peter Gendolla in diesem Band hin; mir scheint es lohnend, den europäischen Surrealismus (bzw. seine Vorstufen und Nachwirkungen) als eine Werkstatt intermedialer Produktion, Rezeption und Reflexion zu analysieren.[47] Die Untersuchung der Interdependenzen und Interferenzen von Literatur, Film, Photo, Bildender Kunst, Malerei, Architektur, Theater, Musik, Choreographie usw. erscheint hier geradezu als ein Musterbeispiel für die Relevanz einer intermedialen Konzeption. Wichtig erscheint dabei u.a. die intermediale Praxis vieler Künstler selbst, besonders im spanischen Surrealismus, z.B. bei Lorca, Buñuel, Picasso, Dalí, Picabia, Gómez de la Serna und vorher schon Valle-Inclán[48], aber auch in anderen Ländern, z.B. bei Apollinaire, Breton, Cocteau, Artaud, Magritte, Duchamps, Max Ernst, Man Ray. Es sind nicht in erster Linie die Theoretiker jener Zeit, sondern die Künstler selbst, die neue Spielformen der Intermedialität entwerfen und ausprobieren, die vor allem die damals neuen Medien nutzen; viele Künstler sind, und dies gilt auch heute, den Medientheorien ihrer Zeit weit voraus. Es erscheint symptomatisch, daß z.B. Lacan von Dalí, durch die Kunst Dalís, schon in den 30er Jahren zu einer weiterführenden Konzeption der Psychoanalyse im Sinne einer Theorie des Imaginären inspiriert wird.[49] Wichtig sind die intermedialen Grenzüberschreitungen und neuen, ungewohnten Kombinationen; es hat daher lange gedauert, bis die akademischen Institutionen überhaupt das Phänomen der surrealistischen Intermedialität als solches begreifen wollten. Zwar gibt es inzwischen einige Publikationen etwa zu den literarischen Texten Buñuels und Dalís, zu den Theaterstücken Picassos, den Zeichnungen Lorcas, den Collagebüchern von Max Ernst,[50] aber diese Produktionen gelten immer noch meist als komplementär, als bloße Ergänzung zu dem 'eigentlichen' Werk, das dann von den traditionellen Literatur-, Film- oder Kunstwissenschaften okkupiert wird.

Wir gehen demgegenüber davon aus, daß nahezu alle entsprechenden Produktionen intermedial strukturiert sind, d.h. sich den gewohnten Kategorien der Einzeldisziplinen entziehen. In dieser Hinsicht bringen z.B. die Studien von Uta Felten über intermediale Inszenierungen von *Traum und Körper bei Federico García Lor-*

---

[46] Vgl. z.B. Paech 1988; Schneider 1981; eine Ausnahme bildet Albersmeier 1992.

[47] Vgl. Verf.: „Vom Traumspiel zum surrealistischen Film: spanische Beispiele". In: „Kaleidoskop des spanischen Films". Hg. Gerhard Wild. In: *Hispanorama* 69 (1992), 12-21 (= Themenforum: „Schwerpunkt spanischer Film"); ders.: „Fragmentierung und Montage am Beispiel surrealistischer Texte, Bilder, Filme". In: *Das Fragment.* Hg. Arlette Camion, Wolfgang Drost, Volker Roloff. Heidelberg 1999 (in Druck); ders.: „Vom Surrealismus zur postmodernen Erzählfreude". In: *Projekte des Romans nach der Moderne.* Hg. Karlheinz Stierle, Ulrich Schulz-Buschhaus. München 1997 (= *Romanistisches Kolloquium,* 8), 289-310.

[48] Vgl. Verf.: „Literatura, cine y surrealismo. Hacia una historia integrada de los medios". In: *Los movimientos de vanguardia en España. Perspectivas de investigación.* Hg. Harald Wentzlaff-Eggebert. Frankfurt am Main 1999 (= Beiheft *Iberoromania*) (in Druck).

[49] Zur Beziehung von Dalí und Lacan vgl. Verf.: „Fragmentierung und Montage" (= Anm. 47).

[50] Vgl. die Hinweise in: Verf.: „Literatura, cine y surrealismo" (= Anm. 48).

ca neue Erkenntnisse, wie auch schon Peter Gendollas Analyse der *Phantasien der Askese*,[51] die sich u.a. auf Dalí, Buñuel und Max Ernst beziehen. Solche Arbeiten sind überhaupt nur möglich, wenn man versucht, sich soweit wie möglich in die intermedialen Spielräume, Heterotopien und Synästhesien der Surrealisten hineinzuversetzen. Eine so verstandene Allgemeine Literaturwissenschaft könnte den Blick erweitern, Fachgrenzen überschreiten, z.B. Literatur-, Kunst-, Film- und Mediengeschichte in ihrer Wechselwirkung begreifen. Es gibt dazu keine Alternative, dies ist der Reiz, aber auch die Schwierigkeit eines Faches, das von Eberhard Lämmert zu Recht ein artistisches Fach genannt wird, auch im Blick auf seine historische und multikulturelle Dimension.[52] Die Allgemeine Literaturwissenschaft, die u.a. zum *Magister artium* ausbildet, könnte, so Lämmert, wie im Mittelalter eine elementare Funktion für alle Fächer haben. Von daher gibt es auch keine Opposition zwischen der europäischen Bildungstradition und dem hier skizzierten neuen intermedialen Paradigma. Wer sich z.B. für Lorca, Buñuel oder Picasso interessiert, sollte die europäische Kunst- und Literaturgeschichte kennen, mit dem Prado, Louvre oder den Uffizien und selbstverständlich mit antiken, mittelalterlichen und barocken Traditionen und Mythologien vertraut sein, deren Bilder und Texte als Spielfiguren etwa der surrealistischen 'ars combinatoria' immer wieder neu inszeniert werden. So kann man die 'Ikonen des Begehrens', die die Surrealisten faszinieren, wie z.B. der Minotaurus, Orpheus, Hermes, Dionysos, Narziß, Odysseus oder San Sebastian, ihren meist ironischen und satirischen Umgang mit der Mythologie nur dann erkennen, wenn man die traditionellen Kodierungen des Imaginären in der europäischen Kulturgeschichte zum Vergleich heranzieht. Angelpunkte für solche intermedialen und zugleich komparatistischen Analysen können jene künstlerischen Produktionen und Inszenierungen sein, die in dem Maße, in dem sie Intermedialität kritisch reflektieren oder auch ironisieren, eine besondere Rolle spielen, d.h. historische und ästhetische Umbrüche, Passagen und Heterotopien veranschaulichen oder präfigurieren. Wenn die Surrealisten, die vielleicht als erste Intermedialität zum produktiven Moment ihrer Kunst gemacht haben, z.B. Lautréamonts Formel zitieren, „wie schön das Zusammentreffen von Nähmaschine und Regenschirm auf einem Seziertisch sei", so haben sie damit nicht nur das Prinzip intermedialer Heterotopie vorgeführt, sondern auch schon die „Verdinglichung metaphorischer Intermedialität" ironisiert.[53]

Eine Allgemeine Literaturwissenschaft könnte im Sinne dieser intermedialen und damit zugleich interkulturellen Perspektive integrierend wirken, verhindern, daß die sogenannten Fachleute, die sich nur auf *ein* Medium oder *eine* Kunstform konzentrieren, bestimmte Themen und Fächer für sich in Anspruch nehmen. Auch die Untersuchung der Film- und Fernsehproduktionen oder die Erforschung der digitalen Medien darf man nicht allein den Spezialisten überlassen. Sicherlich kann ein Film wie Godards *Le Mépris*, um ein Beispiel aus dem Siegener Forschungsprojekt zur *Nouvelle Vague* zu wählen, mit Hilfe bestimmter filmtechnischer

51 Gendolla 1991 und Felten 1998.
52 Lämmert 1990: 380 ff.
53 Vgl. Paech 1997: 13.

Kenntnisse besser verstanden werden; aber dies gilt nur für einige Aspekte des Films. In diesem Film steckt z.B. auch eine ironisch-skeptische und aktualisierende Auseinandersetzung mit der *Odyssee*; er gehört zu den intermedialen Wanderungen und Verwandlungen der *Odyssee* im 20. Jahrhundert. Wer sich nicht mit Homer, Hölderlin, Joyce oder Sartre und mit der speziellen Vorlage von Moravias Roman *Il disprezzo* näher beschäftigt, kann die intermediale Dimension des Godard-Films nicht einmal ahnen; und er wäre ebensowenig in der Lage, die intermedialen Differenzen etwa zwischen dem modernen Mythentheater und den neuen Formen eines solchen 'Mythenfilms' zu erfassen.[54] Das Paradigma Intermedialität könnte von daher zu fachübergreifenden Themen und Problemstellungen anregen, wie sie z.B. Gert Mattenklott angedeutet hat. Für das von Carsten Zelle behandelte Genre des 'Paragone' (bzw. der 'Querelle' und der 'Comparaison') ergeben sich so — in der Perspektive der Intermedialität — neue, spannende Herausforderungen und Konfrontationen.

Literaturhinweise

Albersmeier, Franz-Josef und Volker Roloff (Hg.), 1989: *Literaturverfilmungen*. Frankfurt am Main 1989.

Albersmeier, Franz-Josef, 1992: *Theater, Film und Literatur in Frankreich. Medienwechsel und Intermedialität*. Darmstadt 1992.

Aumont, Jacques, 1989: *L'œil interminable. Cinéma et peinture*. Paris 1989.

Baudrillard, Jean, 1979: *De la séduction*. Paris 1979.

Baudrillard, Jean, 1989: *Paradoxe Kommunikation*. Übers. Dieter W. Portmann. Bern 1989.

Bellour, Raymond, 1990: *L'entre-images. Photo, Cinéma, Vidéo*. Paris 1990.

Benjamin, Walter, 1982: *Das Passagen-Werk*. 2 Bde. Frankfurt/Main 1982 (= *Gesammelte Schriften*, V).

Bolz, Norbert, 1990: *Theorie der neuen Medien*. München 1990.

Borsò, Vittoria, 1994: „Luis Buñuel: Film, Intermedialität und Moderne". In: Ursula Link-Heer, Volker Roloff (Hg.): *Luis Buñuel*. Darmstadt 1994, 159-179.

Buñuel, Luis, 1991: *Die Flecken der Giraffe. Ein- und Überfälle*. Berlin 1991.

Deleuze, Gilles, 1983: *L'image — mouvement*. Paris 1983.

Deleuze, Gilles, 1985: *L'image — temps*. Paris 1985.

Deleuze, Gilles, 1986: „le cerveau, c'est l'écran. Entretien avec Gilles Deleuze". In: *Cahiers du Cinéma* 380 (1986), 25-32.

Derrida, Jacques, 1979: *Die Stimme und das Phänomen* [frz. 1967]. Frankfurt am Main 1979.

Dirscherl, Klaus (Hg.), 1993: *Bild und Text im Dialog*. Passau 1993.

Felten, Uta, 1998: *Traum und Körper bei Federico García Lorca. Intermediale Inszenierungen*. Tübingen 1998.

Flusser, Vilem, 1993: *Gesten. Versuch einer Phänomenologie*. 2., erw. Aufl. Düsseldorf 1993.

Flusser, Vilem, 1994: *Für eine Psychologie der Fotografie*. Göttingen 1994.

Foucault, Michel, 1966: *Les mots et les choses*. Paris 1966.

Foucault, Michel, 1991: „Andere Räume". In: Karlheinz Barck u.a. (Hg.): *Aisthesis. Wahrnehmung heute oder Perspektiven einer anderen Ästhetik*. Leipzig 1991, 34-46.

Gendolla, Peter, 1991: *Phantasien der Askese: Über die Entstehung innerer Bilder am Beispiel der Versuchung des Heiligen Antonius*. Heidelberg 1991.

Großklaus, Götz, 1995: *Medien-Zeit, Medien-Raum. Zum Wandel der raumzeitlichen Wahrnehmung in der Moderne*. Frankfurt am Main 1995.

Gumbrecht, Hans-Ulrich und K. Ludwig Pfeiffer (Hg.), 1988: *Materialität der Kommunikation*. Frankfurt am Main 1988.

[54] Roloff 1995: 292 ff.

Hesper, Stefan, 1994: *Schreiben ohne Text. Die prozessuale Ästhetik von Gilles Deleuze und Félix Guatteri*. Opladen 1994.

Hickethier, Kurt und Siegfried Zielinski (Hg.), 1991: *Medien/Kultur. Schnittstellen zwischen Medienwissenschaft, Medienpraxis und gesellschaftlicher Kommunikation*. Berlin 1991.

Hickethier, Kurt, 1993: *Film- und Fernsehanalyse*. Stuttgart 1993.

Higgins, Dick, 1984: *Horizons. The Poetics and Theory of the Intermedia*. Carbondale 1984.

Holländer, Hans, 1982: „Ars inveniendi et investigandi: zur surrealistischen Methode". In: Peter Bürger (Hg.): *Surrealismus*. Darmstadt 1982, 244-312.

Kibédi Varga, Aron, 1996: „De l'image au texte, du texte à l'image: une typologie des transitions". Vortrag der Dubliner Tagung der *International Association of Word and Image Studies*, August 1996.

Kittler, Friedrich, 1986: *Grammophon — Film — Typewriter*. Berlin 1986.

Kittler, Friedrich, 1993: *Draculas Vermächtnis. Technische Schriften*. Leipzig 1993.

Lämmert, Eberhard, 1990: „Literaturwissenschaft — ein artistisches Fach". In: *Romanistische Zeitschrift für Literaturgeschichte* 14 (1990), 375-392.

Link-Heer, Ursula und Volker Roloff (Hg.), 1994: *Luis Buñuel. Film — Literatur — Intermedialität*. Darmstadt 1994.

Luhmann, Niklas, 1995: *Die Kunst der Gesellschaft*. Frankfurt am Main 1995.

Müller, Jürgen E., 1994: „Intermedialität und Medienwissenschaft. Thesen zum *State of the Art*". In: *Montage. AV* 4 (1994), H. 3, 119-138.

Müller, Jürgen E., 1996: *Intermedialität: Formen moderner kultureller Kommunikation*. Münster 1996.

Nerlich, Michael, 1991: „Literaturwissenschaftliche Reflexionen von Text und Film und ein Exkurs zu Alain Robbe-Grillet". In: Kurt Hickethier, Siegfried Zielinski (Hg.): *Medien/Kultur. Schnittstellen zwischen Medienwissenschaften, Medienpraxis und gesellschaftlicher Kommunikation*. Berlin 1991, 291-237.

Paech, Joachim, 1988: *Literatur und Film*. Stuttgart 1988.

Paech, Joachim (Hg.), 1994: *Film, Fernsehen, Video und die Künste. Strategien der Intermedialität*. Stuttgart, Wien 1994.

Paech, Joachim, 1997: „Intermedialität". In: *Medienwissenschaft* 1/1997, 12-30.

Roloff, Volker, 1995: „Film und Literatur. Zur Theorie und Praxis der intermedialen Analyse am Beispiel von Buñuel, Truffaut, Godard und Antonioni". In: Peter V. Zima (Hg.): *Literatur intermedial. Musik — Malerei — Photographie — Film*. Darmstadt 1995, 269-309.

Roloff, Volker und Scarlett Winter (Hg.), 1997: *Godard intermedial*. Tübingen 1997.

Schanze, Helmut, 1993: „Literatur — Film — Fernsehen. Transformationsprozesse". In: *Text & Kontext* 18 (1993), 8-19.

Schneider, Irmela, 1981: *Der verwandelte Text. Wege zu einer Theorie der Literaturverfilmung*. Tübingen 1981.

Serres, Michel, 1969-1980: *Hermès*. Bde. I-V. Paris 1969-1980.

Serres, Michel, 1995: *Die Legende der Engel* [frz.: *La légende des anges*. Paris 1994]. Frankfurt am Main 1995.

Strosetzki, Christoph und André Stoll (Hg.), 1993: *Spanische Bilderwelten. Literatur, Kunst und Film im intermedialen Dialog*. Frankfurt am Main 1993.

Wehrli, Max, 1951: *Allgemeine Literaturwissenschaft*. Bern 1951.

Wild, Gerhard, 1994: „Von der 'Chambre aux images' zur 'Camera obscura': Medienimagination im Lancelot, bei Guillem de Torroella, in den libros de caballerías, bei Cervantes und Proust". In: Axel Schönberger, Klaus Zimmermann (Hg.): *De orbis Hispani linguis litteris historia moribus. Festschrift für Dietrich Briesemeister zum 60. Geburtstag*. Bd. 1. Frankfurt am Main 1994, 683-716.

Winter, Scarlett, 1995: *Spielformen der Lebenswelt. Zur Spiel- und Rollenmotivik im Theater von Sartre, Frisch, Dürrenmatt und Genet*. München 1995.

Zielinski, Siegfried, 1989: *Audiovisionen. Kino und Fernsehen als Zwischenspiele in der Geschichte*. Reinbek bei Hamburg 1989.

Zielinski, Siegfried (Hg.), 1991: *Video-Apparat/Medium, Kunst, Kultur*. Frankfurt am Main 1991.

Zima, Peter V. (Hg.), 1995: *Literatur intermedial. Musik — Malerei — Photographie — Film*. Darmstadt 1995.

Allgemeine Literaturwissenschaft im Gravitationsfeld Neuer Medien und Technologien (mit 99 Titeln zum Thema im Anhang)

Peter Gendolla

Vorbemerkung

Den mir von Carsten Zelle für meinen Beitrag in dieser Reihe vorgeschlagenen Titel nehme ich als Anregung gern auf, jedenfalls das darin vorhandene Gravitationsfeld: das ich zunächst ganz technisch, physikalisch verstehe, wonach beliebige Körper rein aufgrund ihrer Masse a) ein eigenes Gravitationsfeld besitzen, mit dem sie sich b) in anderen Gravitationsfeldern befinden — mindestens immer zwischen „Sonne, Mond und Sterne[n]“. Das ist nicht bloß ein altes Lied — damit befaßte sich die wahrscheinlich älteste Wissenschaft, und Gravitationsfelder beschäftigen von der Astro- bis zur Teilchenphysik (u.a. mit wichtigen Vertretern in Siegen) heutige Wissenschaftler. Solche physikalischen Schwerkräfte haben von alters her eine große metaphorische Schwerkraft ausgebildet, für die Literaturen der Völker, und damit für ihre Wissenschaften.

Ich komme somit zu meinem Thema: Welche eigene Schwerkraft besitzt die Allgemeine Literaturwissenschaft oder könnte sie besitzen? Aufgrund welcher Schwerkräfte der Literatur, und in welchen Gravitationsfeldern bewegt sie sich derzeit (in welchen sie sich bisher bewegt hat, ist in dieser Reihe von Carsten Zelle und Ursula Link ja bereits ausführlich entwickelt worden[1]). In diesem Feld versuche ich im folgenden, weitere Eintragungen vorzunehmen. Ich möchte dabei einen Dreischritt vorschlagen: I. Was passiert oder ist mit dem Gegenstand der Allgemeinen Literaturwissenschaft passiert: der *Literatur*? II. Welche Konsequenzen hat/hatte das für ihre *Methoden*? III. Was wären mögliche *Perspektiven*?

I. Zwei Enden der Parabel

Daß Literatur zunächst aus Buchstaben gemacht wird, aus denen dann eventuell Bedeutungen kombiniert werden können, hat sie selbst von der Antike bis zum Lettrismus des 20. Jahrhunderts schon immer, die Literaturwissenschaft eher weniger interessiert. Erst in jüngerer Zeit, sagen wir seit G. R. Hocke, W. M. Faust, H. Heissenbüttel... ist diese Materialität der Kommunikation doch umfangreicher analysiert worden. Mit einem recht gewaltsamen Sprung aus der Semantik und ihren Hermeneutiken, aus der unvordenklichen Zeit des Sinns, der Ideen, des Geistes und seinen Selbstentwürfen befand man sich in den präzis meßbaren Raum des

[1] Siehe die Beiträge der Genannten in diesem Band.

Schwarz-auf-Weiß versetzt, von den *Fleurs du mal* Baudelaires zum „a rose is a rose is a rose..." G. Steins, vom „sprichst du nur das Zauberwort" zu den ersten Buchstaben T. Ulrichs: „Am Anfang war das Wort Am".

Daß sich zwischen diesen Positionen ein weiter Bogen spannt, ist mit der seit ein paar Jahren begonnenen und seitdem wahrscheinlich unabschließbaren Diskussion um die Postmoderne deutlich geworden, ihrer erbitterten Abwehr oder (manchmal nicht minder erbitterten) Verteidigung der Travestie, des geistigen Diebstahls, des Patchworks, der simulierten Narrationen, aus denen ihre Literatur nicht erst seit Ecos *Il nome della rosa* besteht. Für eines der Hauptwerke, gewissermaßen das Referenzobjekt dieser Diskussion, ist seit seinem Erscheinen 1973 Th. Pynchons *Gravity's Rainbow* erklärt worden, von der amerikanischen Literaturkritik sofort, sehr schnell von Anglisten und Komparatisten, seit der Übersetzung 1981 mit dem Titel *Die Enden der Parabel* durch W. Teichmann und E. Jelinek auch von deutschsprachigen Germanisten.

Ich will hier weder den Roman noch seine hin- und hergerissene Rezeption wiederholen — eine Auswahlbibliographie umfaßte 1981 bereits 16 Monographien und 81 Artikel und Rezensionen.[2] Wie der Roman sich zwischen alttestamentarischen Gottesworten und chemischen Formeln für den Treibstoff der deutschen V2-Rakete, so bewegt sich die Kritik zwischen krasser Verdammung und ebenso hemmungsloser Bewunderung. Wichtiger als diese eher affektiven und moralisierenden Bewertungen sind mir Lesarten, die der Roman ermöglicht oder provoziert hat. Sie sind paradigmatisch für den Endpunkt eines Prozesses, an dessen Anfang die Literatur — ob sie nun wollte oder nicht — eine Bildungsfunktion erfüllt hat, an dessen Ende sie nichts inniger versucht, als eben diese Funktion zu destruieren.

Als „Konfrontation und Verknüpfung disparater Schreib- und Redeweisen — [...] Kunst und Fertigprodukt, philosophische Spekulation und Comic strips, Fiktion und Geschichte, private Phantasie und kollektive Paranoia, Transzendenz und Ökonomie, Selbstaufgabe und soziale Steuerung [...]"[3] hat H. Ickstadt die Themenkreise Pynchons charakterisiert — zunächst eine Beschreibung, die in etwa auch auf Goethes *Wilhelm Meister* zutrifft, setzt man Theater und Harfners Liedgut statt Fertigprodukt und comic strip. Der gravierende Unterschied der beiden Romane wird deutlich, wenn man auf das Ende sieht. Da hält im ersten Viertel des 19. Jahrhunderts der Held Goethes doch recht zufrieden seinen Sohn Felix an der Hand, nach all den Irrungen und Wirrungen einigermaßen sicher und selbstbewußt in die Zukunft blickend. Statt solche Identität zu finden, hat sich der Held Pynchons — Ende des Zweiten Weltkriegs — am Ende seines Romans schlicht aufgelöst, dem 2. thermodynamischen Gesetz, der sog. Entropie gehorchend, wonach in geschlossenen abdiatischen Systemen alle Elemente einer gleichmäßigen Verteilung zustreben. Überhaupt folgen die Biographien oder Narrationen hier weniger von ästhetischen Traditionen gelieferten Modellen — Theater, Kunst, Architektur oder Gartenbau —, sondern eher technischen: solchen der genannten Thermody-

---

[2] Siehe *Ordnung und Entropie. Zum Romanwerk von Thomas Pynchon.* Hg. Heinz Ickstadt. Reinbek bei Hamburg 1981, 324-330.

[3] Ebd., 8.

namik, der Chemie, der Wahrscheinlichkeitstheorie oder Infinitesimalrechnung. Wo Goethe, und wenn nicht er, so jedenfalls seine Exegeten, über alle Widersprüche hinweg eine Synthesis behaupten, wird bei Pynchon Analysis getrieben. Statt der Idee der Bildung von Kultur durch Individuen steht die Komplexität diverser Strukturen, die sich aufbauen und wieder zerfallen, statt soziokultureller Anleitung technische Steuerung. Beginnt die Parabel vom Bildungsroman — immerhin *der* Gattung des bürgerlichen, literarischen Zeitalters — mit dem seiner selbst bewußten Subjekt, so endet sie im 20. Jahrhundert mit einem Objekt, der Parabel eines Objekts, wortwörtlich, d.h. den Gesetzen der Gravitation gehorchend. Die einzige durchgezogene Linie von *Gravity's Rainbow*, den Ariadnefaden des Romans bildet die Flugbahn, eine Parabel, die eine aus Deutschland abgeschossene Interkontinentalrakete verfolgt. Sie endet präzis über einem vollbesetzten Kino in L. A. Wie ein Magnet sammelt dies Objekt die Elemente der großen bildungsbürgerlichen Literaturtradition zusammen und führt sie dem neuen Publikum zu, dem Publikum der Leinwände, Monitore, Terminals. Wie alle Romane des 20. Jahrhunderts ist auch *Die Enden der Parabel* ein Roman 'nach': noch einmal einer nach der Literatur. Danach, jetzt gibt es nur noch Romane nach — dem Film, nach dem Adventure-Game, nach der Werbung, nach der CD-ROM.

II. Neue Paragone

„Non c'è paragone" — „es gibt keinen Vergleich", „einfach unvergleichlich!", heißt es im Italienischen, und wird heutzutage meist gebraucht, wenn ein neuer Ferrari oder Lamborghini das Licht der Welt erblickt. In der Kunstgeschichte bezeichnet Paragone den Wettstreit der Künste, ergab sich „aus den Emanzipationsbestrebungen der Maler und Bildhauer. Sie waren den *artes mechanicae* zugeordnet und seit dem 13. Jahrhundert in den städtischen Zünften organisiert und damit auch Zwängen unterworfen, die im 15. Jahrhundert zuerst in Italien als antiquiert und lästig betrachtet wurden. Die Künste des *Disegno* (Malerei, Plastik und Architektur) traten damit auch in eine Konkurrenz mit den *artes liberales.*"[4]

Mit Nachdruck hat Hans Holländer darauf beharrt, daß diese Emanzipation nur durch ihre Fundierung in der *freien Kunst* der Mathematik gelang. „Der wichtigste Aspekt in den Emanzipationsansprüchen war zweifellos der mathematische. Mit der Euklidrezeption des späten Mittelalters und der daraus entwickelten Zentralperspektive durch Brunelleschi, Masaccio und Alberti (1436) konnte der Nachweis geliefert werden, daß Malerei eine den mathematischen Wissenschaften zugeordnete Kunst, also kein bloßes Handwerk sei."[5] Die Malerei, die Plastik und die Architektur befreien sich, indem sie sich an die Leitdisziplinen der Neuzeit anschließen, Mathematik und Naturwissenschaften. Sie machen sie anschaulich, den

[4] Hans Holländer: „Literatur, Malerei und Graphik. Wechselwirkungen, Funktionen und Konkurrenzen". In: *Literatur intermedial. Musik, Malerei, Photographie, Film.* Hg. Peter V. Zima. Darmstadt 1995, 129-170, hier: 137.

[5] Ebd., 137.

Sinnen zugänglich. So verteidigt Leonardo wie ein zu früh gekommener V. Flusser die Malerei mit ihrer „eigentümlich feinen Beobachtung", weil sie auf dem Auge, dem „edleren Sinn" beruhe, der allen weiteren Erfindungen vorgängigen visuellen Wahrnehmung. „Wenn ihr Geschichtsschreiber, ihr Dichter oder ihr Mathematiker nicht mit eigenen Augen die Dinge gesehen hättet, so könntet ihr in euren Schriften wohl kaum davon berichten."[6]

Leonardos Notizen blieben zunächst in der Schublade, wurden erst im 19. fragmentarisch, erst im 20. Jahrhundert vollständig ediert. Unter den sich ausdifferenzierenden Künsten und Wissenschaften blieb der Paragone, der Vergleich zwecks Höherstellung der jeweils eigenen Tätigkeit immer virulent. Er blieb deshalb nicht gleich. Das wird deutlich, wo er offen ausbricht. Ist für Lessing — 1766, der Schriftsteller spricht über den Maler — die Dichtung der Malerei überlegen, weil diese räumlich begrenzt, jene zeitlich unendlich sei, und für E. R. Curtius 200 Jahre später die bildende Kunst schlicht gedankenlos, „weil die Literatur, abgesehen von allem anderen, Träger von Gedanken ist, die Kunst nicht"[7], so bezeichnet dies einigermaßen genau den Zeitraum, über den sich die Literatur, die *Bücher*literatur, als Hauptmedium des bürgerlichen Zeitalters begründet, mit dem Roman Karriere macht, um in den Bestsellern unserer Tage zu verschwinden. Offensichtlich war sie nötig, wurde dringend gebraucht zur Ausbildung und Sicherung eines Nationalbewußtseins, dessen Exzesse in unserem Jahrhundert wieder ein anderes, europäisches oder gar interkulturelles Bewußtsein nötig machen. Eine Zeitlang war es wohl tatsächlich die Bücherliteratur, welche die Basis-Narrateme für die komplexer werdenden sozialen Systeme lieferte, die Fiktion von individuellen Ganzheiten, wo längst vernetzt kooperiert und konkurriert wurde. Solange die Kommunikation über diese Selbstkonstruktion zwischen zwei Buchdeckeln stattfand, war auch die Nationalphilologie, und waren die späteren vergleichenden Philologien gesichert: als Bestätigungen oder Fixierungen eines in den Primärtexten eventuell noch offenen, wandernden Sinngefüges. Im Maße, wie die genannte Selbstkonstruktion in anderen, den seit über hundert Jahren entwickelten, immer noch so genannten *neuen* Medien stattfindet, bekommt der Paragone einen anderen Charakter. In ihm — er heißt jetzt Intermedialität — scheint immer klarer zu werden, daß es um gar keine Hierarchie, Höherstellung oder Subordination einzelner Künste oder Gattungen noch ihrer Medien mehr gehen kann, daß die medientechnischen Bedingungen des 20. Jahrhunderts zumindest *diesen* Streit obsolet machen, mit Konsequenzen für alle Künste, und notgedrungen für ihre Wissenschaften.[8]

Wollte man ein Datum für diesen Umschlag in der Positionierung von Kunst und Literatur machen, so ist es wahrscheinlich doch das Jahr 1916, Datum der Erstedition des *Cours*, des linguistischen Hauptwerks F. de Saussures, zugleich Grün-

6 Leonardo da Vinci: *Tagebücher und Aufzeichnungen*. Nach den italienischen Handschriften. Übers., Hg. Thomas Lücke. München 1952; zit. Holländer: „Literatur, Malerei und Graphik" (= Anm. 4), 138.

7 Ernst Robert Curtius: *Europäische Literatur und lateinisches Mittelalter* [1948]. Bern, München [3]1961; zit. Holländer: „Literatur, Malerei und Graphik" (= Anm. 4), 132.

8 Siehe zum folgenden auch: Hans Ulrich Reck: „Der Streit der Kunstgattungen im Kontext der Entwicklung neuer Medientechnologien". In: *Interface I. Elektronische Medien und künstlerische Kreativität*. Hg. Klaus Peter Dencker. Hamburg 1992, 120-133.

dungsdatum des russischen Formalismus. Seit diesen Systematisierungen und Ausdifferenzierungen einer Zeichentheorie, der prinzipiell *jedes* Material zum Signifikanten für *jedes* Signifikat werden kann, ist auch nicht mehr einzusehen, weshalb optischen oder akustischen, haptischen oder olfaktorischen Medien, weshalb dem Stein, der Leinwand oder der Buchseite, weshalb der Hand, der Nase, dem Auge oder dem Ohr der Vorzug zu geben sei. Für all diese Sinne ist ein Sinn nur zugänglich, wenn er ihnen entsprechend codiert wird, und entsprechend umcodiert wird er auch den anderen Sinnen zugänglich, nicht besser oder schlechter, nur anders. Von 1916 bis in die Gegenwart läßt sich so — basierend auf oder zumindest angeregt durch de Saussures Ideen einer allgemeinen Semiologie — auch in den Wissenschaften der Künste und Literaturen jenes Zusammenspiel von Differenzierung und Vereinfachung, Bewältigung größerer Komplexität durch Ausbildung generell gültiger Modelle oder Handlungsanweisungen beobachten, das N. Elias für den Prozeß der Zivilisation behauptet hat. Vom Formalismus über den Strukturalismus zu den diversen aktuellen oder bereits wieder abgelegten Diskurstheorien gibt es eine intensive Recherche jener generellen, allen Zeichensystemen gemeinsamen Zuordnungen von Signifikanten zu Signifikaten und jeweiligen Referenten, die Suche nach jener allgemeinen Sprache oder dem Universalcode, der das Rohe, Gekochte und Verdorbene, der Arbeit, Liebe, Sprache, der das Wahre, Gute und Schöne zusammenhalten könnte. Über diesem Basiskonsens haben sich die Einzeldisziplinen gleichzeitig vervielfacht, die Fragen nach dem Spezifischen einer Kunst oder einer Literatur etwa, nach der besonderen Materialität von Zeichen immer weiter vermehrt. Die besonderen Artikulationsformen von Klang und Bild, Buchstabe, Linie oder Plastik in mit dem 19. Jahrhundert ja ebenfalls vervielfachten besonderen Medien haben auch eine fast unüberschaubare Viefalt von Wissenschaften des Ästhetischen hervorgebracht. An Versuchen, sie dennoch überschaubar zu machen, hat es nicht gefehlt. Sicher ist die Entwicklung der Komparatistik von einer nationale Philologien *vergleichenden*, einzeln interpretierenden zur *Allgemeinen* Literaturwissenschaft, zu einer das Literarische oder Literarizität in den Blick nehmenden Theorie mit Untersuchungsverfahren für möglichst viele Literaturen so zu verstehen. Diese Entwicklung haben die vorangehenden Beiträge ja bereits skizziert.

Auf die heutige Situation führen noch andere, noch einmal weiter gespannte Versuche. Bereits 1917, nur ein Jahr nach der Moskauer und Genfer Zugrundelegung einer allgemeinen Theorie der Zeichen hat O. Walzel in Berlin seinen Vorschlag von der *Wechselseitige*[n] *Erhellung der Künste* publiziert. War dieser noch eher an den *Gegenständen* der Einzelkünste, dem wechselweisen Kommentar oder Zusammenspiel von Bild und Text orientiert, weniger an den *Medien* dieses Spiels, so ist die Aufmerksamkeit für diese, für ihren Beitrag zum ästhetischen Prozeß seitdem unaufhaltsam gestiegen. Als ein erstes Kompendium, das die Verfahren, das Handwerk, die ars combinatoria, nach der Materien in Zeichen transformiert wurden und werden, mithin auch die Handwerkszeuge, die Mittel, Apparate und Medien, in denen sie sich realisierten, ist wohl G. R. Hockes *Die Welt als Labyrinth* (1957) zu situieren. Beides, spezifische Künste wie ihre spezifischen Medien bis hin zu den Medien *als* Künsten versuchen gegenwärtig Forschungskolloquien, ein Graduiertenkolleg, interdisziplinäre Arbeitsgruppen etc. unter dem Titel *Intermedialität* in einen Kontext zu stellen. Sich unterschiedlich auf Walzel beziehend, gibt es inzwischen eine beachtliche Literatur dazu. Hier die ersten Sätze des einleitenden Essays eines Bandes *Intermedialität*, aus dem auch die Paragone-Darstellung Holländers stammt: „In einer Zeit, in der das Stichwort *Intermedialität* die Diskussion beherrscht, richtet sich das Augenmerk in erster Linie auf das Medium einer Kunstform und auf dessen spezifischen, unverwechselbaren Charakter. Nicht das Wesen der Kunst ist Gegenstand der Betrachtung, sondern die mannigfaltigen Erscheinungsformen des Ästhetischen in ihrer Besonderheit und Unverwechselbarkeit. Dies ist einer der Gründe, weshalb die philosophische Ästhetik des 18. und 19. Jahrhunderts im Jahrhundert des Films und des Fernsehens von Spezialdisziplinen wie Kommunikationssoziologie, Literaturwissenschaft, Kunstgeschichte, Musikwissenschaft und Filmsemiotik abgelöst wurde. Es wird sich zeigen, daß die Vertreter dieser Fachwissenschaften immer wieder nach dem spezifischen Charakter der Literatur, der Musik, der Malerei oder des Films fragen — und nicht so sehr nach ihrem gemeinsamen Nenner auf ästhetischer Ebene.“[9]

Der Band, durchaus exemplarisch für den aktuellen Stand der Intermedialitäts-Diskussion, versammelt Essays zu „Literatur und Musik“, „Literatur und Malerei“, „Literatur und Photographie“, einen zu „Literatur und Film“ und einen zu „Film und Literatur“. Das sieht wieder aus wie der alte Paragone, mit der Literatur an der Spitze als alle anderen Künste integrierendem Zeichensystem. Dagegen unternehmen die Beiträge tatsächlich durchgehend den Versuch, zum einen die Autonomie ihrer jeweiligen Kunst — Musik, Malerei, Photographie und Film — nachzuweisen, zum anderen ihr Wechselspiel mit der Literatur als ein ebenso eigenes, eine dritte, eben intermediale Qualität erzeugendes Verfahren.

Bei aller Bewunderung für diese Analysen, ich muß sie für Zwischenstationen halten, für bloße Vorbereitungen auf eine sich doch sehr deutlich abzeichnende Umgruppierung, Transformierung, Neubestimmung *aller* Künste einschließlich der Literatur. Sie hat bereits mit der Installation jenes Mediums, das alle anderen Medien potentiell integriert, des Universalmediums Rechner begonnen und findet weiter statt. Keiner der Beiträge aus dem erst kürzlich, 1995, publizierten Band erwägt einen Gedanken in diese Richtung — obwohl doch die eine der erwähnten wissenschaftlichen Anstrengungen, die Suche nach dem universellen, alle Zeichenproduktion generalisierenden Code hier zum Erfolg geführt hat, in den informationsverarbeitenden Maschinen längst praktische Realität geworden ist. Ihre universelle Verwendbarkeit gründet ja nicht in der zweifellos raffinierten maschinellen Zusammensetzung, in der high tech dieser Systeme. Die Unterwanderung aller anderen Medien und der mit ihnen praktizierten Künste kann stattfinden, weil deren analoge, in der Zeit gerichtete Zeichenprozesse mit dem Rechner in digitale, d.h.

9 Peter V. Zima: „Ästhetik, Wissenschaft und 'wechselseitige Erhellung der Künste'“. In: *Literatur intermedial. Musik, Malerei, Photographie, Film.* Hg. Peter V. Zima. Darmstadt 1995, 1-28, hier: 1; als ähnlich angelegte Intermedialitätsforschung siehe auch: *Intermedialität. Vom Bild zum Text.* Hg. Thomas Eicher, Ulf Bleckmann. Bielefeld 1994.

diskrete Elemente eines einzigen Codes in einer 'qualitätslosen' Zeit, die Taktzeit des Rechners oder seiner Übertragungsmedien — der Netze — umformuliert werden.

Schaut man auf laufende Resultate dieser Transformierungen, so wird die weitgehende Unaufmerksamkeit der Literatur- und Kunstwissenschaften, auch und gerade der intermedial angelegten, mit einer überraschenden 'Rache' ausgerechnet der Zeichenform, der Literatur eben bestraft, die in der Paragone des 20. Jahrhunderts doch angeblich zur Bedeutungslosigkeit abgesunken sei — siehe Flusser, Bolz u.a. — oder die nur gerade mal gleichwertig zu den anderen Ausdrucksformen existiere, so etwa der stillschweigende universitäre Konsens.

Die Verhältnisse sind — leider oder zum Glück? — anders, die Literatur ist mitnichten ins Nichts aufgelöst, sie etabliert sich durchaus im Gegenteil in der Avantgarde der neuen Tätigkeiten, nicht stillschweigend sondern recht vernehmlich redend, aber auch zeichnend, malend, singend, mit einem Wort: entwerfend, Handlungsrollen entwerfend. In neuen, im digitalen Medium sich ausbreitenden 'literarischen Formen' hätte auch eine sich neu orientierende Allgemeine Literaturwissenschaft ein weites Feld für Forschung und Lehre, oder — in den Stichworten des Cyberspace — ihre Matrix.

III. Quo vadis, Allgemeine Literaturwissenschaft?

Mit der Behauptung einer gar nicht heimlichen Übernahme einer leitenden, strukturierenden Rolle im sich explosionsartig ausbreitenden Feld der rechnergestützten Medien intendiere ich keine bereits klassische Adaptionstheorie, nach der neue Medien sich nur mit alten Geschichten speisen, die sie der Literatur entwenden, eine Zombie-Theorie: das Radio beute das Theater aus, indem es Hörspiele daraus macht, der Film den Roman: Spielfilme, das Fernsehen die Courths-Mahler oder den Krimi: Dallas oder Miami Vice, etc. etc. Umgekehrt wird ein Schuh daraus: Immer schon sind Mythen, Geschichten, literarische Ideen erst dann ins Leben getreten, wenn sie medialisiert worden sind, ein Medium hatten, in dem sie gespeichert, bearbeitet, verbreitet werden konnten. Die Wirksamkeit der bis dahin mnemotechnisch gespeicherten, oral und lokal verbreiteten Literatur setzt ja erst mit dem Buchdruck ein, ihre Massenwirksamkeit erst mit Taschenbuch und Zeitung. Insofern bedeuten neue Medien, hier die Printmedien, nicht das Ende der tradierten, sondern ihre Steigerung, Intensivierung, neue Möglichkeiten ihrer Aktivierung. Ebenso erweitern und intensivieren dann die technischen, die audiovisuellen und elektronischen Medien den Radius der Literatur. Indem sie Schall und Licht (und gegenwärtig, wenn auch noch begrenzt, Druck, Duft, Geschmack) direkt aufzuzeichnen und zu verbreiten erlauben, ohne den Umweg über den Buchstaben, fügen sie dem Kreis der Extensionen des Gedächtnisses und Vorstellungsvermögens weitere Fakultäten hinzu, die Innenwelt der Außenwelt der Innenwelt wächst beständig. Mit dem sich schneller als jedes bisherige Medium, die bisherigen zunehmend verbindenden Medium Rechner — von denen wiederum immer mehr, derzeit bereits über 40 Millionen vernetzt sind — beginnen sich diese Extensionen gewissermaßen zu schließen, um den Globus zu schließen. Das Netz, über das nicht einfach Datenströme laufen, sondern aus dem über multimediale Ankoppelungen tendenziell jeder Text mit jedem Bild und jedem Klang zu jeder Zeit an jedem Ort zusammengefügt werden kann, das insofern auch individuelles wie kollektives Vorstellungsvermögen amalgamiert und realisiert, entwickelt sich zum Universalmedium, mit noch kaum absehbaren Konsequenzen.[10]

Interessanterweise liefert die Literatur ausgerechnet hier Modelle, Formen, Orientierungen, nach denen jene Konsequenzen vorgedacht, umgesetzt und verbreitet werden, setzt sie an den Anfang Organisationsmodelle, Handlungsentwürfe, Spielstrategien. Einer Literaturwissenschaft, die *Allgemeine* Literaturwissenschaft zu sein behauptet, öffnet sich hier ein ganz ernstzunehmendes Forschungsfeld, bei aller Verspieltheit, die es auf den ersten Eindruck macht. Wie zu Beginn der Dampfmaschine in Ermangelung einer neuen, funktionalen Form eine der ersten Eisenbahnen in die Gestalt eines Pferdes gebracht wurde, erscheinen die Produktionen der Telematik in Metaphern der Literatur, auf jeder Ebene. Metapher wie Medium meinen ja nur: etwas hinüberbringen, übertragen, übersetzen, und die Literatur ermöglicht solche Brücken in einen Raum, der noch wenig überschaubar ist.

Zur Beruhigung unserer Furcht, daß es ein zentral und anonym, vollautomatisch gesteuerter Kontrollraum werden könnte, funktionieren etwa die Werber für Olivettis Multimedia-Anlage das anti-utopische Schema — von Campanella bis Orwell reichend — schnell einmal um („Grande Amico"; Abb. 1). Die Zeitschrift *Cogito. Zeitschrift für den Informationsmarkt* stellt ihre Ausgabe zum 10jährigen Jubiläum unter ein noch älteres, genuin biblisches Erlösungsschema: „Quo vadis, Information?" Eine darin enthaltene Werbung für „Das Buch zur CD-ROM" macht Verhältnisse deutlich, die über die bloße Umfunktionierung literarischer Schemata hinausgehen: eben das Buch liefert das Organisationsmodell, nach dem auch die digitalisierten Daten, off- oder online, abgelegt und wieder zugänglich gemacht werden (Abb. 2). Die Fenster zu unserer Innenwelt, die mit Apples oder Microsofts Benutzeroberflächen aufgemacht werden, bilden Metaphern von nichts als Büchern, in denen wir blättern, lesen, schreiben...

„Ganz im Sinne der von McLuhan attestierten Verspätung — unser Vorstellungsrahmen hinkt unserer Medientechnologie hinterher — ist der weitaus verbreitetste Gebrauch der Post-Gutenberg-Maschine die eine oder andere Form der Textverarbeitung. Der Computer tut so, als sei er Schreibmaschine, Gedrucktes und Bibliothek."[11] Das gilt für den individuellen User wie für seine neue Gemeinde im Netz. Tatsächlich ist es wohl Borges' Universalbibliothek, die als erster Traum der

[10] Die unübersehbare Tendenz zu chaotischen, von keinen Archivierungs- und Zugriffsstrategien mehr zu bändigenden, in einen unüberschaubaren, riesigen Datenstrom — Datenmüll? — mündenden Kommunikationen diskutiert konzis Hartmut Winkler: *Docuvers. Zur Medientheorie der Computer*. Habil.-Schrift. Frankfurt am Main 1996. Die obigen Bemerkungen möchten als eine — erst ausführlich zu entwickelnde — Gegenthese verstanden werden, die der Literatur eine durchaus bekannte, nichtsdestoweniger in den neuen Medien noch ganz unerprobte Rolle zusprechen möchte.

[11] Volker Grassmuck: „Die Turing-Galaxis. Das Universalmedium auf dem Weg zur Weltsimulation". In: *Lettre international* 28/1995, 48-55, hier: 51.

Literatur in der Kombination von Rechnern und Netzen realisiert werden dürfte. „Bibliothekare gehörten zu den ersten, die die neue Galaxis erschlossen und besiedelt haben. Mehr als 1000 Bibliothekskataloge sind heute online, über 700 digitale Zeitschriften, hunderte von Volltextbüchern, gar ein Projekt, aus dem Universal-Netz eine Universal-Enzyklopädie emergieren zu lassen (*Interpedia*). Michael S. Hart, Initiator des wohl ältesten Projekts einer umfassenden Bibliothek in der Matrix, gründete sein *Projekt Gutenberg* auf die Erkenntnis, '*daß der größte Wert von Computern nicht im Rechnen liege, sondern im Aufbewahren, Suchen und Wiedergewinnen dessen, was in unseren Bibliotheken lagert.*'"[12] Themen, Motive, Mythen, plots, Geschichten... werden auf eine neue Weise, da in den Kinderschuhen stekkend, noch als Abenteuer- oder Kindergeschichten entwickelt. In den MUDs — den Multi-User-Dungeons — „auf den ersten Blick durch und durch gutenbergianisch: nichts als ASCII-Text, der über den Bildschirm rollt" — herrschen noch die ersten Geschichten, Genesis, als Fantasy: „Cyberpunk, Mittelalter, Folklore, Mystik, Okkultismus, Horror, Welten inspiriert von Tolkiens *Herr der Ringe*, Dantes *Göttlicher Komödie* oder Michael Endes *Unendlicher Geschichte*."[13]

Die neue Qualität liegt wie gesagt nicht hierin, im Mythenmix, den hybriden Erzählungen, mit denen die so Verkoppelten ein Gespräch beginnen. Sie liegt in der Art der Verkopplung, der Form dieser Kommunikation. Diese schließlich realisiert eine Idee, die mit keiner sortierenden Philologie, auch mit keiner Werkästhetik zu analysieren ist, die dennoch eine bereits formulierte literarische Idee darstellt, in der Romantik, im Surrealismus, in Fluxus oder Happening formuliert: das autorlose Schreiben, die nicht mehr einsinnigen, sondern vielfach verkreuzten Kommunikationen, „distribuiertes Denken"[14].

„Mit der Externalisierung der Erinnerungsbilder wird es möglich, nicht nur einen Dialog über Begriffe zu führen, sondern kooperativ in den Bildern selbst zu agieren, in einem intersubjektiven Dazwischen, das an Dichte dem multidimensionalen Erleben im *real life* von allen bisherigen Medien am nächsten kommt."[15] Hier dann kommt in diesem Medium etwas hinzu, das von den bisherigen Literatur- und Kunstwissenschaften wohl bemerkt, in seinen Konsequenzen, Effekten, Möglichkeiten aber noch sehr marginal bedacht worden ist. Am weitesten gehen hier etwa die Tagungen in Marbach „Literatur und Technik" und in Essen „High Tech — Low Lit" mit den entsprechenden Dokumentationen[16], welche die Literatur und die neuen Medien mit ihrer Rechnertechnologie im wesentlichen in drei Aspekten betrachten: a) wie lassen sich ganz klassische philologische Analysen von der Handschriftenerkennung bis zur Edition mit den neuen Mitteln vereinfachen,

[12] Ebd., 51.

[13] Ebd., 54.

[14] Durchaus kritisch diskutiert die mit diesen Verfahren — insbesondere den diversen Möglichkeiten des Hypertextes — verbundenen Euphorien Martin Klepper u.a. (Hg.): *Hyperkultur*. Berlin 1996.

[15] Grassmuck: „Die Turing-Galaxis" (= Anm. 11), 54.

[16] Siehe *Literatur im Industriezeitalter*. Hg. Ullrich Ott. Marbach 1987 und *HighTech — LowLit? Literatur und Technik: Autoren und Computer*. Hg. Erhard Schütz. Essen 1991.

präzisieren, beschleunigen, Beispiel Meyer-Krentlers *ECCE*[17]; b) in welche neuen Speicher-, Distributions- und Rezeptionsformen wird tradierte Buchliteratur gebracht, Beispiel die *Faust I*-CD-ROM von Reclam; c) was versprechen neue Produktionsverfahren für klassische oder auch avantgardistische literarische Formen (Beispiel Computerpoesie-Programme wie *Delphi, CAP, Thunder* etc., bisher eher Low-Lit). Diese Fragestellungen sind aufgeworfen, sie werden auch von den Einzelphilologien zunehmend aufgegriffen und bearbeitet.

Aber es gibt weiterreichende, eine *Allgemeine* Literaturwissenschaft betreffende Aspekte. Hatten die Avantgardebewegungen zwar mit ihren Doppel- oder Koproduktionen die Genieästhetik, den einsamen Autor abgeschafft, und hatten sie dies ohne Rücksicht auf einzelne Künste oder Gattungen auch quer durch alle ästhetischen und anti-ästhetischen Formen getan, so hatten sie dafür doch immer noch in gewisser Weise statische, in ihrer Funktionsweise festgelegte Medien benutzt, alle tradierten Medien eben bis hin zu Foto und Film. Mit dem Rechner gibt es zum erstenmal ein *programmierbares* Medium, also eines, das seinen Input nicht bloß einfach speichert und weitergibt, daß ihn vielmehr einem eigenen, mehr oder weniger umfangreichen Programm gemäß bearbeitet, einen Output produziert, der keineswegs immer voraussehbar ist[18]. Zwischen die Kommunikationen der Menschen treten mehr und mehr Kommunikationen mit Programmen, die von anderen — Autorinnen, Autoren, Autorengruppen? — entworfen und geschrieben wurden, die wiederum alle ihre Anwendungen keineswegs überschauen. Das Dazwischen, die genannte Intersubjektivität erhält eine tatsächlich neue Dimension, eine gar nicht mehr rückgängig zu machende Autonomie, die mit dem Stichwort Interaktivität erst in Ansätzen erfaßt wird, deren Radius sich aber mit jedem neu geschriebenen Programm erweitert, und das wird nicht erst mit den Schachprogrammen sichtbar, die inzwischen Großmeister schlagen. Und wo, wenn nicht in den Literaturwissenschaften sind bereits bisher Strukturen, Voraussetzungen und Konsequenzen verselbständigter oder sich verselbständigender, von den Subjekten unabhängiger Kommunikationen untersucht worden, Dimensionen jenes Gesprächsspiels oder Probehandelns, das wir bisher Literatur genannt haben, das wir eventuell Simulation auf neuem Niveau nennen müssen, ars simulatoria, wie V. Grassmuck vorschlägt? In einer Situation, wo es für zunehmend mehr alltägliche Entscheidungen

---

[17] Eckhardt Meyer-Krentler: *Edition & EDV. Elektronische Arbeitshilfen für Editoren, Philologen, Bücherschreiber* [mit dem WORD-Zusatzpaket ECCE]. München 1992. Siehe auch *Informationstechnologien in den Geisteswissenschaften*. Hg. Johannes Gordesch, Hartmut Salzwedel. Frankfurt am Main 1993.

[18] Siehe Wolfgang Coy: „Aus der Vorgeschichte des Mediums Computer". In: *Computer als Medium*. Hg. Norbert Bolz, Friedrich Kittler, Christoph Tholen. München 1994, 19-37. Siehe auch die in der Reihe *Literatur- und Medienanalysen* vorangegangenen Bände, Ergebnisse einer mehrjährigen interdisziplinären Arbeitsgruppe, die sich den genannten neuen Aufgaben erstmals umfassend zu stellen versucht hat: Bd. 1: *Arsenale der Seele*; Bd. 2: *Armaturen der Sinne*; Bd. 3: *HardWar/SoftWar*. Vergleichbar stellen die tradierten Künste in den Kontext der Rechnertechnologien: Manfred S. Fischer (Hg.): *Mensch und Technik: Literarische Phantasie und Textmaschine*. Aachen 1989; Klaus Peter Dencker (Hg.): *Interface II. Weltbilder/Bildwelten. Computergestützte Visionen*. Hamburg 1995; Christian W. Thomsen (Hg.): *Hybridkultur. Bildschirmmedien und Evolutionsformen der Künste*. Siegen 1994 (= *Arbeitshefte Bildschirmmedien*, 46).

— in der Arbeit, Politik, Verwaltung..., überall da, wo die neuen Technologien zum Einsatz kommen — immer weniger *Reaktionszeit* gibt, sich ein *kritisches Intervall*[19] ausbreitet, die Zeit zum Nachdenken weniger wird, werden ästhetische Verhaltensweisen ja nicht obsolet. Im Gegenteil, was stellen sie anderes dar als die Kunst, innezuhalten. Und wie sie das bisher gemacht hat, wie sie das gegenwärtig tut, und wie sie es tun könnte, darüber muß auch weiterhin in den Wissenschaften von dieser Kunst nachgedacht werden.

Ohne also die in den bisher gehörten Vorträgen skizzierten Aufgaben aufzugeben: es gibt jede Menge Stoff für eine Allgemeine Literaturwissenschaft, die ihre Literatur nicht ausschließlich in Büchern sucht, die sie vielmehr bei ihrer Wanderung durch die Medien verfolgt, ihre Ideen, die auf die eine oder andere Weise ja schon immer aus den Büchern herauszuspringen versuchten, die sie bis in ihre Transformationen in den Simulationsraum der Rechner und Netze aufspürt.

Ob und wie das in Forschungsprojekte und Curricula umgesetzt werden kann, will ich nicht allein entwerfen, das bedarf dringend der Kooperation. Wie in *Unicum*, Nr. 11/1995, Thema: „Im Netz der Gefühle. Schwerpunkt Computer und Multimedia" ja schon zu lesen war: „Prof. Virtual steckt noch in den Kinderschuhen" (Abb. 3).

Anhang: 99 Titel zum Thema:

Ars electronica (Hg.): *Philosophien der neuen Technologie*. Berlin 1989.

Auerochs, Bernd: „Aura, Film, Reklame. Zu Walter Benjamins Aufsatz 'Das Kunstwerk im Zeitalter seiner technischen Reproduzierbarkeit'. In: *Medien und Maschinen*. Hg. Theo Elm, Hans H. Hiebel. Freiburg/Breisgau 1991, 107-127.

Baudrillard, Jean-François: *Der symbolische Tausch und der Tod*. München 1982.

Baudrillard, Jean: *Die Illusion des Endes*. Dtsch. R. Voullié. Berlin 1994.

Benjamin, Walter: *Das Kunstwerk im Zeitalter seiner technischen Reproduzierbarkeit* [1936]. Frankfurt am Main 1963, 7-63.

Ciompi, Luc: *Außenwelt — Innenwelt*. Göttingen 1988.

Coy, Wolfgang: „Der moderne Charakter des Computers". In: *Sprache im technischen Zeitalter* 28 (1990), H. 114, 173-182.

Coy, Wolfgang: „Die Aussenwelt der Innenwelt. Über die Schwierigkeiten mit der maschinellen Intelligenz". In: *Umbruch* 1/1986, 32-41.

Coy, Wolfgang: „Die Turing Galaxis — Computer als Medien". In: *Interface II. Weltbilder-Bildwelten. Computergestützte Visionen*. Hg. Klaus Peter Dencker. Hamburg 1995, 48-53.

Decker, Edith und Peter Weibel (Hg.): *Vom Verschwinden der Ferne. Telekommunikation und Kunst*. Köln 1990.

Decker, Edith: „Boten und Botschaften einer telematischen Kultur". In: *Vom Verschwinden der Ferne. Telekommunikation und Kunst*. Hg. Edith Decker, Peter Weibel. Köln 1990, 79-112.

Dencker, Klaus Peter (Hg.): *Interface I. Elektronische Medien und künstlerische Kreativität*. Hamburg 1992.

Dencker, Klaus Peter (Hg.): *Interface II. Weltbilder — Bildwelten. Computergestützte Visionen*. Hamburg 1995.

Dotzler, Bernhard J.: „Nachrichten aus der früheren Welt — und Zukunft. Zur Programmierung der Literatur mit und nach Babbage". In: *Computer als Medium*. Hg. Norbert Bolz, Friedrich Kittler, Christoph G. Tholen. München 1994, 39-68.

[19] Paul Virilio: „Das dritte Intervall. Ein kritischer Übergang". In: *Vom Verschwinden der Ferne. Telekommunikation und Kunst*. Hg. Edith Decker, Peter Weibel. Köln 1990, 335-346.

Dümchen, Sabine und Michael Nerlich (Hg.): *Text-Image. Bild-Text.* Berlin 1990.
Elm, Theo und Hans H. Hiebel (Hg.): *Medien und Maschinen. Literatur im technischen Zeitalter.* 1. Aufl. Freiburg/Breisgau 1991.
Enzensberger, Hans Magnus: „Baukasten zu einer Theorie der Medien". In *Kursbuch* 20 (1970), 159-186.
Eurich, Klaus: *Computer, neue Medien und Kultur. Informationstechnologien in den publizistischen und künstlerischen Berufen.* Hamburg 1988.
Faryno, Jerzy: „Die Sinne und die Textur der Dinge". In: *Materialität der Kommunikation.* Hg. Hans Ulrich Gumbrecht, K. Ludwig Pfeiffer. Frankfurt am Main 1988, 654-665.
Faßler, Manfred und Wulf Halbach (Hg.): *Inszenierungen von Information. Motive elktronischer Ordnung.* Gießen 1992.
Faulstich, Werner: *Medientheorien.* Göttingen 1991.
Flusser, Vilém: *Ins Universum der technischen Bilder.* Göttingen 1985.
Gendolla, Peter: „Begegnungen im Traum. Buñuels Transformation der Versuchungsgeschichte in den Film". In: *Luis Buñuel. Film — Literatur — Intermedialität.* Hg. Ursula Link-Heer, Volker Roloff. Darmstadt 1994, 137-144.
Gendolla, Peter: „Sprachverwirrung: Zusammenfassende Bemerkungen". In: *Interface II. Weltbilder — Bildwelten. Computergestützte Visionen.* Hg. Klaus Peter Dencker. Hamburg 1995, 150-153.
Glaser, Hermann und Thomas Werner: *Die Post in ihrer Zeit. Eine Kulturgeschichte menschlicher Kommunikation.* Heidelberg 1990.
Grassmuck, Volker: „Die Turing-Galaxis. Das Universalmedium auf dem Weg zur Weltsimulation". In: *Lettre international* 28/1995, 48-55.
Grassmuck, Volker: *Vom Animismus zur Animation. Anmerkungen zur Künstlichen Intelligenz.* Berlin 1988.
Großklaus, Götz und Eberhard Lämmert (Hg.): *Literatur in einer industriellen Kultur.* Stuttgart 1989.
Grünzweig, Walter: „Computer und Kreativität. Postmodernismus, Fraktale Geometrie und John Updike". In: *Medien und Maschinen.* Hg. Theo Elm, Hans H. Hiebel. Freiburg/Breisgau 1991, 168-177.
Gumbrecht, Hans Ulrich und K. Ludwig Pfeiffer (Hg.): *Materialität der Kommunikation.* Frankfurt am Main 1990.
Hölfer, Günther A. und Robert H. Vellusig: „Literatur im Zeitalter der Medien und Maschinen. Eine Auswahlbibliographie". In: *Medien und Maschinen.* Hg. Theo Elm, Hans H. Hiebel. Freiburg/Breisgau 1991, 360-380.
Hoffmann, Kay: *Trau — Schau — Wem. Digitalisierung und dokumentarische Form.* Konstanz 1997.
Idensen, Heiko und Matthias Krohn: „Bild-Schirm-Denken. Manual für hypermediale Diskurstechniken". In: *Computer als Medium.* Hg. Norbert Bolz, Friedrich Kittler, Christoph G. Tholen. München 1994, 245-267.
Ingold, Felix Philipp: „Das Buch". In: *Aisthesis. Wahrnehmung heute oder Perspektiven einer anderen Ästhetik.* Hg. K. Barck u.a. Leipzig 1991, 289-294.
Kittler, Friedrich: *Aufschreibesysteme 1800/1900* [1985]. München [2]1987.
Kittler, Friedrich: *Draculas Vermächtnis. Technische Schriften.* Leipzig 1993.
Kittler, Friedrich: *Grammophon — Film — Typewriter.* München 1985.
Klepper, Martin u.a. (Hg.): *Hyperkultur.* Berlin 1996.
Kracauer, Siegfried: *Theorie des Films. Die Errettung der physischen Realität* [engl. 1961]. Frankfurt am Main 1964.
Kreuzer, Helmut (Hg.): *Die zwei Kulturen. Literarische und naturwissenschaftliche Intelligenz. C. P. Snows These in der Diskussion* [1967/1969]. München 1987.
Kreuzer, Helmut (Hg.): *Literaturwissenschaft — Medienwissenschaft.* Heidelberg 1977.
Laurel, Brenda: *Computers as Theatre.* New York 1991.
Leroi-Gourhan, André: *Hand und Wort. Die Evolution von Technik, Sprache und Kunst* [frz. 1964/65]. Dtsch. M. Bischoff. Frankfurt am Main 1980.
Link-Heer, Ursula und Volker Roloff: *Luis Buñuel. Film — Literatur — Intermedialität.* Darmstadt 1994.
McLuhan, Marshall: *Die magischen Kanäle. Understanding Media* [am. 1964]. Dtsch. M. Amann. Frankfurt am Main 1970.
Minsky, Marvin: „Alles ist mechanisierbar. Ein Gespräch mit Florian Rötzer". In: *Kunstforum* 110 (1990), 100-103.
Minsky, Marvin: *Mentopolis* [engl. 1985]. Dtsch. M. Heim. Stuttgart 1990.
Modick, Klaus: *Das Stellen der Schrift. Essays.* Siegen 1988.
Modick, Klaus: „Die Trübung des Kamera-Auges. Literatur zwischen Film und Bildschirmtext". In: Ders.: *Das Stellen der Schrift. Essays.* Siegen 1988, 81-90.

Modick, Klaus: „Textnetzwerke. Prolegomena zu einer Literatur des Bildschirmtextes". In: *Das Stellen der Schrift. Essays.* Siegen 1988, 91-104.

Müller, Walter: „Literatur im technisch-elektronischen Zeitalter". In: *Merkur* 35 (1981), Nr. 402, 1270-1277.

Ott, Ulrich (Hg.): *Literatur im Industriezeitalter.* Marbach 1987 (= *Marbacher Kataloge*, 42/2).

Paech, Joachim: „Erinnerungsbilder im Medienkopf". In: *Interface II. Weltbilder — Bildwelten. Computergestützte Visionen.* Hg. Klaus Peter Dencker. Hamburg 1995, 96-106.

Paech, Joachim: „'La belle Captive' (1983). Malerei, Roman, Film". In: *Literaturverfilmungen.* Hg. Franz-Josef Albersmeier. Frankfurt am Main 1989, 409-435.

Paech, Joachim: *Literatur und Film.* Stuttgart 1988.

Pfeiffer, K. Ludwig: „Schrift-Geschichten, Typologien, Theorien". In: *Schrift.* Hg. Hans Ulrich Gumbrecht, K. Ludwig Pfeiffer. München 1993, 9-18.

Pichler, Georg: „Das Kreative selbst ist ein Mechanismus. Ein Gespräch mit Oswald Wiener". In: *manuskripte* 31 (1991), Nr. 113, 67-70.

Postman, Neil: *Wir amüsieren uns zu Tode. Urteilsbildung im Zeitalter der Unterhaltungsindustrie* [am. 1985]. Dtsch. R. Kaiser. Frankfurt am Main 1985.

Reck, Hans Ulrich (Hg.): *Kanalarbeit. Medienstrategien im Kulturwandel.* Basel, Frankfurt am Main 1988.

Reck, Hans Ulrich und Mathias Fuchs (Hg.): *Sampling.* Wien 1995.

Roloff, Volker: „Literatur und Film: Zur Theorie und Praxis einer intermedialen Analyse". In: *Literatur und andere Kunstformen.* Hg. Peter V. Zima. Darmstadt 1994, 269-309.

Rötzer, Florian (Hg.): *Digitaler Schein. Ästhetik der elektronischen Medien.* Frankfurt am Main 1991.

Rötzer, Florian: „Die Digitalisierung der Erfahrung". In: *Kunstforum* 110 (1990), 92-96.

Schade, Sigrid und Christoph G. Tholen (Hg.): *Konfigurationen. Zwischen Kunst und Medien.* München 1998.

Schanze, Helmut: „Geschriebene Bilder. Zu Problem und Geschichte der literarischen Vorlage". In: *Medien und Kultur.* Hg. Knut Hickethier, Siegfried Zielinski. Berlin 1991, 281-290.

Schaudig, Michael: *Literatur im Medienwechsel. Gerhard Hauptmanns Tragikomödie* Die Ratten *und ihre Adaptionen für Kino, Hörfunk, Fernsehen. Prolegomena zu einer Medienkomparatistik.* München 1992 (= *Diskurs Film Bibliothek*, Bd. 4).

Scheunemann, Dietrich: „Dokumente — Fiktionen. Zitierte Geschichte in Literatur und Film". In: *Medien und Maschinen.* Hg. Theo Elm, Hans H. Hiebel. Freiburg/Breisgau 1991, 128-150.

Schivelbusch, Wolfgang: *Geschichte der Eisenbahnreise. Zur Industrialisierung von Raum und Zeit im 19. Jahrhundert.* Frankfurt am Main 1979.

Schmidt, Siegfried J.: „Skizze einer konstruktivistischen Mediengattungstheorie". In: *SPIEL* 6 (1987), 163-205.

Schneider, Irmela: „Fernsehen in der zeitgenössischen Literatur". In: *Germanistik und Deutschunterricht im Zeitalter der Technologie. Selbstbestimmung und Anpassung. Vorträge des Germanistentages Berlin 1987.* Bd. 4: *Neue Technologien und Medien in Germanistik und Deutschunterricht.* Hg. Norbert Oellers. Tübingen 1988, 158-168.

Schnell, Ralf: „Citylights. Zur medialen Interdiskursivität der großen Stadt". In: *Das Verstehen von Hören und Sehen. Aspekte der Medienästhetik.* Hg. Josef Fürnkäs u.a. Bielefeld 1993, 63-72.

Schreiber, Jens: „Stop Making Sense". In: *Computer als Medium.* Hg. Norbert Bolz, Friedrich Kittler, Christoph G. Tholen. München 1994, 91-110.

Schulte-Sasse, Jochen: „Von der schriftlichen zur elektronischen Kultur: Über neuere Wechselbeziehungen zwischen Mediengeschichte und Kulturgeschichte". In: *Materialität der Kommunikation.* Hg. Hans Ulrich Gumbrecht, K. Ludwig Pfeiffer. Frankfurt am Main 1988, 429-453.

Schütz, Erhard (Hg.): *HighTech — LowLit? Literatur und Technik: Autoren und Computer.* Essen 1991.

Schütz, Erhard (Hg.): *Willkommen und Abschied der Maschinen. Literatur und Technik.* Essen 1988.

Seidlhofer, Waltraud: „Physik, Geometrie und Literatur. Spuren von Berührung". In: *Freibord* 14 (1989), 127-186.

Spangenberg, Peter M.: „TV, Hören und Sehen". In: *Materialität der Kommunikation.* Hg. Hans Ulrich Gumbrecht, K. Ludwig Pfeiffer. Frankfurt am Main 1988, 775-798.

Spinnen, Burkhard: „... unser Schreibzeug arbeitet mit an unseren Gedanken. Anmerkungen zum Computerschreiben". In: *Sprache im technischen Zeitalter* 30 (1992), H. 121, 41-52.

Stanitzek, Georg: „'0/1', 'einmal/zweimal' — der Kanon in der Kommunikation". In: *Technopathologien.* Hg. Bernhard J. Dotzler. München 1992, 111-134.

Strobel, Ricarda und Werner Faulstich: „Fernsehen und Buch: Verbundformen und tie-ins. Ein Beitrag zum Stand der Forschung". In: *Das Buch in Praxis und Wissenschaft*. Hg. Peter Vodosek. Wiesbaden 1989, 295-336.

Ter-Nedden, Gisbert: „Gedruckte Sprüche. Medientechnische Reflexion über Sprichwort, Apophtegma und Aphorismus". In: *Medien und Maschinen*. Hg. Theo Elm, Hans H. Hiebel. Freiburg/Breisgau 1991, 93-106.

Ter-Nedden, Gisbert: „Die Unlust zu fabulieren und der Geist der Schrift. Medienhistorische Fußnoten zur Krise des Erzählens im 18. Jahrhundert". In: *Jahrbuch der Jean-Paul-Gesellschaft* 32/33 (1998), 191-220.

Tholen, G. Christoph und Michael O. Scholl (Hg.): *Zeit-Zeichen*. Weinheim 1990.

Thomsen, Christian W.: „Stadt und die Poesie der Technik und der neuen Medien". In: *Risz. Zeitschrift für Architektur* 1 (Bochum 1993), Heft 2, 10-15.

Vellusig, Robert H.: „Mimesis von Mündlichkeit. Zum Stilwandel des Briefes im Zeitalter der technischen Reproduzierbarkeit der Schrift". In: *Medien und Maschinen*. Hg. Theo Elm, Hans H. Hiebel. Freiburg/Breisgau 1991, 76-92.

Virilio, Paul: „Das dritte Intervall. Ein kritischer Übergang". In: *Vom Verschwinden der Ferne. Telekommunikation und Kunst*. Hg. Edith Decker, Peter Weibel. Köln 1990, 335-346.

Virilio, Paul: *Fahren, Fahren, Fahren...* [frz.: *Vitesse et politique*, 1977]. Dtsch. U. Raulf. Berlin 1978.

Waffender, Manfred (Hg.): *Cyberspace. Ausflüge in virtuelle Wirklichkeiten*. Reinbek bei Hamburg 1992.

Warnke, Martin und Christoph G. Tholen, Wolfgang Coy (Hg.): *HyperKult. Geschichte, Theorie und Kontext digitaler Medien*. Frankfurt am Main 1997.

Weibel, Peter: „Die Welt der virtuellen Bilder". In: *Interface II. Weltbilder — Bildwelten. Computergestützte Visionen*. Hg. Klaus Peter Dencker. Hamburg 1995, 34-47.

Weibel, Peter: „Vom Verschwinden der Ferne. Telekommunikation und Kunst". In: *Vom Verschwinden der Ferne. Telekommunikation und Kunst*. Hg. Edith Decker, Peter Weibel. Köln 1990, 19-77.

Weisstein, Ulrich (Hg.): *Literatur und Bildende Kunst. Ein Handbuch zur Theorie und Praxis eines komparatistischen Grenzgebietes*. Berlin 1993.

Wetzel, Michael: *Die Enden des Buches oder die Wiederkehr der Schrift. Von den literarischen zu den technischen Medien*. Weinheim 1991.

Wiener, Oswald: „Das Konzept der universellen Maschine. Ein Gespräch mit Florian Rötzer". In: *Kunstforum* 110 (1990), 223-229.

Winkler, Hartmut: *Docuvers. Zur Medientheorie der Computer*. Habil.-Schrift. Frankfurt am Main 1996.

Wieselhuber, Franz: „Das literarische Werk im Medienwechsel. Ein Beitrag zur Funktionalisierung der Medien für die Ästhetik literarischer Werke". In: *Literatur in Film und Fernsehen: Von Shakespeare bis Beckett*. Hg. Herbert Grabes. Königstein/Ts. 1980, 131-148.

Zec, Peter: „Das Medienwerk. Ästhetische Produktion im Zeitalter der elektronischen Kommunikation". In: *Digitaler Schein. Ästhetik der elektronischen Medien*. Hg. Florian Rötzer. Frankfurt am Main 1991, 100-116.

Zielinski, Siegfried: „Von Nachrichtenkörpern und Körpernachrichten. Ein eiliger Beutezug durch zwei Jahrtausende Mediengeschichte". In: *Vom Verschwinden der Ferne. Telekommunikation und Kunst*. Hg. Edith Decker, Peter Weibel. Köln 1990, 229-252.

Zima, Peter V. (Hg.): *Literatur intermedial. Musik — Malerei — Photographie — Film*. Darmstadt 1995.

Abb. 1 — „Grande Amico“

Abb. 2 — „Das Buch zur CD-ROM" (*Cogito* 5/1995)

„Prof. Virtual" steckt noch in den Kinderschuhen

Aber: Echtzeit-Vorlesungen übers Internet kommen in Mode

Die Vorlesung des Freiburger Informatik-Professors Thomas Ottmann war gut besucht. Es ging um Prinzipien des Algorithmen-Entwurfs. Wieviele Studierende aber genau "anwesend" waren, kann er nicht sagen. Denn er hat nur wenige seiner Studenten gesehen. Professor Ottmann bot seine Algorithmen als "Virtuelle Vorlesung" zu früher Morgenstunde übers Internet an.

Die Sprechstunde beim Professor wird zusehends virtueller

Abb. 3 — „Prof. Virtual steckt noch in den Kinderschuhen" (*Unicum* 11/1995, 34)

Geist — Kultur — Markt
Zur wissenschaftsgeschichtlichen Symptomatologie der Allgemeinen Literaturwissenschaft

K. Ludwig Pfeiffer

I.

Vor nicht übermäßig langer Zeit galt Wissenschaftsgeschichte noch als „Innovationsvorgabe".[1] Vielleicht läßt sich vom Impuls eines solchen Programms etwas selbst in eine Zeit hinüberretten, die, im Alltag, in der Wissenschaft und in den davon vornehmlich profitierenden Medien selbst, gebannt auf das zu starren scheint, was sie selbstbeschreibend das Medienzeitalter (die Mediengesellschaft...) nennt. Dabei mag zur Hoffnung Anlaß geben, daß die wuchernden und die Literaturwissenschaft anscheinend unaufhaltsam überrollenden Medientheorien inzwischen das Bedürfnis nach einer „Rasterfahndung" (Siegfried J. Schmidt, mündliche Mitteilung) hervorgetrieben haben, welche die innerhalb von etwa zwei Jahrzehnten ins Kraut geschossenen medientheoretischen Ansätze erst einmal, vor aller weiteren inflationären 'Ausdifferenzierung', systematisch erfassen müßte. Noch bevor die Entwicklung von der Literatur- zur Medienwissenschaft, von dieser über die Kulturwissenschaft zur umfassenden „Medienkulturwissenschaft" (Jörg Schönert) sich einigermaßen ausgerundet hat, scheint sich ein latenter Überdruß in den diesbezüglichen Versuchen und ihrem sich selbst verzehrenden Innovationsgehabe eingenistet zu haben. Anderen Ländern sind vergleichbare Erscheinungen nicht fremd: Angesichts einer Überflutung der Geisteswissenschaften mit medien- oder gesellschaftskritischen „agendas" aller Art haben allergische Reaktionen in den USA etwa nicht lange auf sich warten lassen.[2]

Aus alledem erhellt zumindest, daß auch die Wissenschaftsgeschichten sich eigentlich nur vergleichend erzählen lassen. Vergleiche ihrerseits freilich drohen an den Stereotypen zu scheitern, von denen sie unweigerlich zehren. So könnte man amerikanischen Medientheorien von der Art, wie sie Nicholas Negroponte vorge-

---

[1] Vgl. *Der Diskurs der Literatur- und Sprachhistorie. Wissenschaftsgeschichte als Innovationsvorgabe.* Hg. Bernard Cerquiglini, Hans Ulrich Gumbrecht. Frankfurt am Main 1983.

[2] Vgl. z.B. John M. Ellis: *Literature Lost: Social Agendas and the Corruption of the Humanities.* New Haven 1997; *What's Happened to the Humanities.* Hg. Alvin Kernan. Princeton 1997 (Kernans Buch, *The Death of Literature.* New Haven 1990, hatte, wie es scheint, das Medienzeitalter und seine literarisch angeblich einschneidenden Folgen noch etwas freudiger begrüßt). Inzwischen wird der Spieß gelegentlich auch schon vollends umgedreht: Manche Literatur- und Medienwissenschaftler, die ganz praktisch als Computerwissenschaftler gearbeitet haben, sind vom kulturell-imaginativen 'Kapital' und Potential der Literatur mehr überzeugt als viele aus jener Gruppe, die von der Literaturwissenschaft in die Medienwissenschaft übergelaufen sind. Vgl. Leroy F. Searle: „Technology and the Perils of Poetry; Or, Why Criticism Never Catches Up": In: *Institutions and Originality.* Seattle WA 1998 (= *The Walter Chapin Simpson Center for the Humanities. Occasional Papers*, 1), 47-64.

legt hat (*Being Digital*. London 1995) möglicherweise ebenso zutreffend wie irreführend eine Nüchternheit und Unaufgeregtheit bescheinigen, die man vielen deutschen Theorien (vielleicht vom Typ 'Norbert Bolz') gönnen möchte. Aber man könnte dann im Gegenzug an die 'Exzesse' amerikanischer *political correctness* erinnert werden, denen man hierzulande und vielleicht in Europa überhaupt erfreulicherweise nichts Gleichwertiges an die Seite zu stellen hat. Und wenn sich (nicht nur) 'das Ausland' jahrelang an den verschiedenen sozialen, technologischen und wissenschaftlichen Manifestationen der „German Disease" weidete, so scheinen die vermeintlich konsequenter durch(post)modernisierten plötzlich ihrerseits in Krisen aller Art (vorweg ökonomischer Art, aber mit Auswirkungen auf dahinterstehende Sozialphilosophien) hineingerutscht zu sein. Auch das kann sich freilich schnell wieder ändern. Wie schnell sich die Lagen ändern, wie alt die darauf allzu flink eingehenden vergleichenden Diskurse aussehen können, zeigen etwa die vor 20 Jahren veröffentlichten *Englischen Ansichten* Karl Heinz Bohrers. Bohrer vergleicht das „bißchen Lust am Untergang" der Briten und allgemeineuropäische Dekadenzerscheinungen mit den, wie es zu Beginn der 80er Jahre noch scheinen mochte, ewig gesunden Deutschen.[3] Zwischenzeitlich hatte sich die Lage freilich nahezu umgekehrt. Und während ich dieses schreibe, gegen Ende des Jahres 1998 — die Deutschen haben gerade zum ersten Mal einen amtierenden Kanzler abgewählt — scheint der Untergangsdiskurs wiederum die Briten in Form der allenthalben durch die Lande geisternden Rezession einzuholen.

So kommt man offenbar bei der Konturierung signifikanter Geschichten nicht weiter. Allzu leicht verfängt man sich bei Vergleichen in allgemeineren Varianten dessen, wovor renommierte deutsche Tageszeitungen etwa spezifisch immer wieder die Deutschen warnen — in ein Schwanken zwischen Selbstüberschätzung und Selbsthaß. Ein gewisser Hoffnungsrest mag den wie auch immer rudimentären Vergleichen dennoch verbleiben. Stabiler nämlich könnten seit geraumer Zeit Selbst- und Fremdwahrnehmung der deutschen Universitäten und einer Reihe ihrer sowohl natur- wie geisteswissenschaftlichen Fächer beschaffen sein. Einem anerkanntermaßen hohen Niveau korrespondiert hier seit geraumer Zeit, von Ausnahmen (wie dem weit, vielleicht wiederum deutsch-problematisch weit über die Soziologie hinausragenden Status der Systemtheorie etwa Niklas Luhmanns) abgesehen, eine vergleichsweise deutliche Abwesenheit epochemachender oder zumindest ereignishafter Spitzenleistungen. Man mag das an dem Herumrechten ab-

[3] Karl Heinz Bohrer: *Ein bißchen Lust am Untergang. Englische Ansichten* [[1]1979]. Frankfurt am Main 1982, 113-120 („Die Europäische Dekadenz und Wir" [d.i. die Deutschen]). Vgl. die reichhaltige Literatur, die David Coates diskutiert (*The Question of UK Decline. The Economy, State and Society*. Hemel, Hampstead 1994), vor allem die Diskussion kulturell-ökonomisch-sozialer-technologischer Zusammenhänge (139-151). Ebenso interessant wie problematisch in solchen Zusammenhängen auch Charles Hampden-Turner und Fons Trompenaars: *The Seven Cultures of Capitalism. Value Systems for Creating Wealth in the United States, Britain, Japan, Germany, France, Sweden, and the Netherlands* [New York 1993]. London 1994. Irgendwie scheint in der Außenwahrnehmung die deutsche Krankheit, was immer sie sein mag, freilich doch fortzurumoren: In einer Liste „The Hot New Tech Cities" (*Newsweek*, 9. Nov. 1998, 29-39) werden unter den ernstzunehmenden Konkurrenten bzw. Nachfolgern von Silicon Valley Austin (Texas), Boston, Bangalore, Cambridge (England), Seattle, Singapore, Helsinki, Sophia-Antipolis und Tel Aviv, aber keine deutsche Stadt geführt (was zumindest die Münchner ärgern dürfte).

lesen, das immer dann einsetzt, wenn für Deutsche kein Nobelpreis — oder lediglich einer an einen zwar aus Deutschland stammenden, aber meist seit Jahrzehnten an amerikanischen Institutionen arbeitenden Wissenschaftler — abfällt. Man mag den Eindruck an der — seit Heidegger — geographisch gewaltig verschobenen philosophischen Diskussion festmachen, die, wie auch ihre im engeren Sinne geisteswissenschaftlichen Folgediskurse, weitgehend ohne tonangebende deutsche Beteiligung verläuft. Und es ist keine Frage, daß man die Statusverschiebung der deutschen Universität, wie sie sich etwa in Büchern von Abraham Flexner bis Daniel Fallon abzeichnet, durch eine ganze Masse an ähnlichen und anderen Evidenzen zementieren könnte. Für Flexner trug die deutsche Universität 1930 noch Vorbildcharakter; für Fallon war sie die beste der Welt — im und für das 19. Jahrhundert.[4] Ein vielleicht bis zur NS-Zeit hochproduktiv funktionierendes Wissenschaftssystem hat in den Naturwissenschaften zumindest institutionelle Trägheitseffekte ausgebildet, deren Wirkung auf kognitive Kreativität man schwer abschätzen kann, wohl aber auch nicht unterschätzen sollte. Die Geisteswissenschaften laborieren demgegenüber, nachdem nun einmal oft stillschweigend, gleichwohl klar definierte traditionelle Funktionszuweisungen entfallen sind, eher an der Kurzatmigkeit von Orientierungen. Damit ist, in grob übertreibender Weise, das tendenzielle Schwanken zwischen allzu zäher Beharrung und verspäteter (gelegentlich dann sogar staatlich verordneter) Hypermodernisierung (diesbezügliches Stichwort vor einiger Zeit: Technikfolgenabschätzung durch die Geisteswissenschaften) gemeint, welches vor allem die von Dilthey plausiblerweise ins geisteswissenschaftliche Zentrum gerückte, damit aber auch mit permanenten Folgelasten befrachteten Literaturwissenschaften heimsucht. Dilthey hatte vornehmlich literarische Spitzenleistungen (bzw. das, was aus geschichtlichen Gründen dafür gehalten wurde) ins Visier genommen, um durch deren orientierungsschürfende Interpretation der systemischen Zersplitterung und damit der kulturellen Führungslosigkeit seiner Zeit abzuhelfen. Das war plausibel in einer Zeit, die erstens bereits auf lange Traditionen schriftkonzentrierter Hermeneutik in Theologie, Jurisprudenz und seit dem 18. Jahrhundert auch in der Geschichtstheorie zurückblicken konnte; der es zweitens — nach Auskunft der Klugen und Sensiblen des 19. Jahrhunderts wie Jacob Burckhardt und anderen — selbst an vergleichbaren 'klassischen' künstlerischen Leistungen gebrach. Kein Zweifel: Die „Kunst des Verstehens" konzentrierte sich verständlicherweise und bei Dilthey beileibe nicht nur aus nationalen Gründen auf die „Auslegung oder *Interpretation der in der Schrift* [und das konnte natürlich nicht mehr — nur — die Bibel oder vergleichsweise ähnlich autoritative Bücher sein] *enthaltenen Reste menschlichen Daseins*".[5] Prinzipiell kann kulturelle Selbstvergewisserung vergleichsweise gut über die als 'Archiv' relativ stabilen und auf Formen sprachlicher

---

[4] Vgl. Daniel Fallon: *The German University. A Heroic Ideal in Conflict with the Modern World.* Boulder CO, 1980, 3. Dazu vergleichend die Studie des Begründers des Institute for Advanced Studies in Princeton: Abraham Flexner: *Universities. American, English, German.* New York, London, Toronto 1930.

[5] So die bekannte Formulierung Diltheys (in: *Gesammelte Schriften.* Bd. V: *Grundlegung der Wissenschaften vom Menschen, der Gesellschaft und der Geschichte.* Göttingen, Stuttgart 1974, 319). In Gadamers *Wahrheit und Methode* liest man das noch ganz ähnlich.

Verständigung angelegten Bücher laufen. Man konnte also (neben den Sprachwissenschaften) die Literaturwissenschaften bzw. literarisch geprägte Hermeneutiken favorisieren und entsprechend gut ausgerüstet institutionalisieren. So wuchsen literarische Bildung und Kultur mehr oder weniger zusammen. Kurzfristig war das attraktiv und produktiv; langfristig geriet es zu einer Hypothek, die auch mit den diversen Wissenschaftswährungen des 20. Jahrhunderts nicht abgetragen werden konnte. Der Glanz des Geistes und seiner Wissenschaften verwandelte sich in ihr Elend.[6] Anders gesagt: Man konnte und mußte im 19. Jahrhundert, die Großtaten der Naturwissenschaften und den wirtschaftlich-nationalen Aufschwung humanistisch flankierend, eine Art kultursicherndes geisteswissenschaftlich-literarisches Interpretieren pflegen.

Aber das homogene Bild solcher Kultur trog. Ein Sackgassen-Gefühl stellte sich spätestens 25 Jahre nach dem Ende des Zweiten Weltkriegs ein, als man merkte oder zu merken glaubte, daß auch die archivierten und kanonisierten kulturellen Spitzenleistungen das nicht mehr so gut vertrugen, was ich in dem den Wirtschaftswissenschaften entlehnten englischen Jargon *administration* (oder, wenn man will: *preservation*) *by continuous interpretation* nennen möchte. Weitere 25 Jahre hat man versucht, das Unbehagen durch theoretische Innovationen und begrenzte Gegenstandserweiterungen (von der sog. Trivialliteratur zu den sog. Medien) zu vertreiben. Auch diesen Bemühungen wird man — ganz unironisch — hohen Respekt zollen. Gleichwohl ist es ihnen bislang nicht gelungen, die seit dem 19. Jahrhundert zementierten *Fachstrukturen und deren kognitive Sogwirkung* auszumanövrieren oder gar aufzusprengen. (Eine solche These impliziert keineswegs die Irrelevanz des in diesen Fächern Erreichten. Im Gegenteil.) Erst im Zeitalter der *Globalisierung*, das sich kulturell bislang in den eher unglücklich verkürzten Politisierungen der *Multikulturalität* und der meist ebenfalls recht verkürzt konzipierten *Medialisierung*[7] Geltung verschafft hat, werden Enge und Altlasten (Kano-

---

6 Vgl. Georg Bollenbeck: *Bildung und Kulur. Glanz und Elend eines deutschen Deutungsmusters*. Frankfurt am Main 1995. Wenn ich an dem materialreichen Buch etwas auszusetzen habe, dann, daß es 1.) Glanz und Elend nicht pointiert genug auf die Geisteswissenschaften ausdehnt, und 2.), daß es trotz der eher im Blick auf die Vorgeschichte international gehaltenen Einleitung, unvermeidlich wohl, wieder stärker auf die Binnenperspektive zusteuert, in der diese Geschichte ihr 'deutsches' Pathos behält. Das gilt auch für viele wiederum materialreiche und in sich aufschlußreiche Essaysammlungen zu den Geisteswissenschaften. Vgl. programmatisch *Die sog. Geisteswissenschaften. Innenperspektiven*. Hg. Wolfgang Prinz, Peter Weingart. Frankfurt am Main 1990. In der internationalen Perspektive (wie sie früher einmal Max Weber repräsentierte und wie sie neuerdings von interkulturellen Ansätzen auch zu Typen des Kapitalismus und der dazugehörigen Kulturen aufgenommen wird) verlieren die deutschen Geschichten schnell jene — gewiß irgendwie immer noch faszinierende, aber auch zum Achselzucken verleitende — Aura, die man in immer neue Funktionszuweisungen ('Technikfolgenabschätzung' und dergl.) transformieren zu können glaubt.

7 Verkürzt deswegen, weil die Welt natürlich immer schon, und zwar oft sehr raffiniert, medialisiert war. Ein explizites Bewußtsein davon hat sich natürlich je nach kulturellen Bedingungen sehr unterschiedlich ausgebildet und war für das literarisch orientierte 19. Jahrhundert wenig zu gebrauchen. Daraus freilich großartige Schlüsse auf die sog. Medienrevolutionen des 20. Jahrhunderts zu ziehen, ist eine leicht aktualistisch geratende Art, die eigene Zeit in Gedanken zu verfassen. Zur Expansion des Literarischen und seiner Tendenz, im 19. Jahrhundert das Terrain des Imaginativen und Kreativen, damit des kulturell Wertvollen zu besetzen vgl. für den englischsprachigen Bereich Raymond Williams: *Keywords. A Vocabulary of Culture and Society*. Rev. ed. New York 1983, s.v. „art" und „literature". Das schließt eine erhebliche

nes, Konsistenzen, Kontinuitäten usw.) der Fachstrukturen bei aller theoretischen 'sophistication' auf eine neue und ungemütliche Weise spürbar. Denn die Schlagworte der Multikulturalität, der interkulturellen Studien und der Medienforschung sind lediglich — so eine erste nunmehr etwas härtere These — modische Chiffren für das Problem, wie theoretische und deskriptive ('wissenschaftliche'), aber auch praktisch-partizipatorische Beziehungen zur 'Kultur' kontinuierlich und doch variierend ausgemendelt und geregelt werden oder sich einspielen können.

In dieser Situation aber sind immerhin die Chancen der sog. Allgemeinen Literaturwissenschaft größer als die der national justierten, quantitativ noch stark dominierenden Philologien und — da die Allgemeine bzw. Vergleichende Literaturwissenschaft immer schon mehr war als nur Literaturwissenschaft — vielleicht sogar der noch florierenden Medienwissenschaften. Schon Dilthey hatte der national nicht verengten (und insofern allgemeinen) Auslegung der Texte die Aufgabe zugeschoben, die Spezialisierung und Fragmentarisierung des Lebens im „Differenzierungsprozeß der Gesellschaft" zumindest in der Selbstvergewisserung einer allgemein, weil schriftlich zugänglichen Kultur „mitgestaltend" (!) zu überspielen (vgl. etwa *Gesammelte Werke*, Bd. I, 3 und 39). Schon aus Diltheys Perspektive ließe sich daher behaupten, daß die Nationalphilologien wissenschaftlich wie kulturell in eine Position falscher Zentralität geraten sind und daß, Diltheys Impuls extrapolierend, sich die Medienwissenschaften in ihrerseits problematischer Weise daran gemacht haben, die von den nationalen Literaturwissenschaften langsam geräumte Position falscher Zentralität ihrerseits allzu forsch zu besetzen.[8] Für Ulrich Schulz-Buschhaus ist die falsche Zentralität der Nationalphilologien spätestens mit Auerbachs *Mimesis*, Curtius' *Europäische Literatur und lateinisches Mittelalter* oder — in Italien — Arbeiten von Mario Praz unübersehbar geworden.[9] Das heißt nun, erneut möglichen Mißverständnissen vorbeugend, nicht, daß die Nationalphilologien kurzerhand abgeschafft werden sollten. Schulz-Buschhaus bescheinigt ihnen zu recht „eine überaus zähe Vitalität" (ebd., 317; vgl. 318). Wohl aber heißt es, daß das 'Nationale' nur eine kontingente bis plausible und nur gelegentlich unabweisbare Referenz im Rahmen weitaus reicherer kultureller und mediengeschichtlicher Konfigurationen sein kann, derer sich eine — ja sowieso aus den Nationalphilologien immer gespeiste — Allgemeine Literaturwissenschaft vielleicht besser

Dynamik anderer (z.B. auch inter-)medialer Entwicklung selbstverständlich nicht aus. Im Gegenteil — nur ist deren Autorität kultureller Selbstbeschreibung weniger ausgebildet. Gleichwohl ließe sich etwa Oscar Wilde als hochaktueller Fall produktiver Simulation behandeln.

8 Das ausschließlich literatur- und sprachorientierte sog. Weinrich-Iser-Modell der Gymnasial-Lehrerausbildung in den 70er Jahren kann als Vorform des hier traktierten, zumindest implizit kultur- und mediengeschichtlich codierten Problems gelten. Mit dem Weinrich-Iser-Modell teilt mein Aufsatz freilich zumindest die Konsequenz, daß Schulfächer und Fachorientierungen in ihren traditionellen und großenteils noch gegenwärtigen Formen kaum sinnvoll miteinander gekoppelt sind oder werden können.

9 Ulrich Schulz-Buschhaus: „Die problemreiche Internationalität der Literaturwissenschaft. Kritische Anmerkungen zur Situation einer verunsicherten Disziplin". In: *Sprachkunst* 27 (1996), 315-334, hier: 317. Der Aufsatz konzentriert sich auf eine Diskussion des Bandes *Wie international ist die Literaturwissenschaft? Methoden- und Theoriediskussion in den Literaturwissenschaften: Kulturelle Besonderheiten und interkultureller Austausch am Beispiel des Interpretationsproblems*. Hg. Lutz Danneberg, Friedrich Vollhardt. Stuttgart, Weimar 1995.

als die gegenwartsfixierten Medienwissenschaften annehmen könnte. Dazu später mehr.

Nochmals: Ins Zentrum des langwierigen und weder im Blick auf die ins Spiel gebrachten Disziplinen noch theoretisch konsistenten, wohl aber nachdrücklich symptomatischen Versuchs, mit den allgemein-literarischen Geisteswissenschaften so etwas wie kulturelle Kohärenz im Rahmen radikaler Modernisierungsprozesse von Gesellschaften zu stiften, rückte bei Dilthey eine Art Allgemeiner Literaturwissenschaft (deren Virulenz sich konsequent auch in Diltheys Umgang mit Philosophie und Malerei usw. zeigt). Literarische Hermeneutik gerät zur paradigmatischen Chiffre der Geisteswissenschaften deswegen, weil das 'Leben' weder in der Alltagserfahrung, noch natürlich in den Naturwissenschaften, noch aber auch — im Gegensatz zu den Nachfolgern und Epigonen — vornehmlich in national zugeschnittenen Kulturbereichen wie den aus durchsichtigen Gründen alsbald konstituierten und schon seit der späten romantisierenden Aufklärung (Herder usw.) im Entstehen begriffenen Nationalliteraturen zugänglich ist. Gleichwohl ist die Etablierung der geisteswissenschaftlichen, spezieller der literarischen Hermeneutik (als dem allgemeinsten theoretischen Rahmen einer Allgemeinen Literaturwissenschaft) in nationale Konstellationen verspannt. Auch wenn die Bezeichnungen für das, was in Deutschland als geisteswissenschaftliche Fächer gilt, in anderen Ländern ähnlich sein mögen (humanities, sciences humaines, ciencias filosóficas, letras, scienze storiche e filologiche; institutionelle Bezeichungen wie facultad de letras, facoltà di lettere), so fallen die Diskursbedingungen dieser Fächer, d.h. vor allem ihre Beziehungen zu den jeweiligen Kulturpraktiken, recht unterschiedlich aus. Dies gilt natürlich insbesondere für die Situation in asiatischen Ländern, deren Beachtung sich für das technologisch und ökonomisch womöglich etwas abgehängte Europa durchaus empfehlen könnte. Auch wenn asiatische Länder inzwischen Institute haben, deren Namen amerikanischen, englischen oder deutschen Verhältnissen nachempfunden sind, so sind die methodologischen Orientierungen und der kulturelle Stellenwert geisteswissenschaftlicher Unternehmungen wohl immer noch anders als hierzulande. Rückblickend mag man es bedauern, daß etwa Werke wie Spenglers *Untergang des Abendlands* mit dem Verweis auf ihre apokalyptische Semantik weitgehend entmächtigt und in ihren interkulturellen Potentialen kaum gewürdigt worden sind.[10]

Ich stürze mich gleichwohl nochmals in die vornehmlich, wenn auch nicht ausschließlich deutsche Version des Problems; ich hoffe, daß es sich dabei lediglich um einen operativen oder heuristischen, mit angloamerikanischen Kontrast- und

[10] Mögliche Einblicke in solche recht schwer im Sinne westlicher Theorie zu thematisierenden Sachverhalte gibt es viele. Vgl. z.B. für China und Japan Steven Van Zoeren: *Reading, Exegesis, and Hermeneutics in Traditional China*. Stanford 1991, sowie Karatani Kojin: *Origins of Modern Japanese Literature*. Durham, London 1993 (mit einem freilich nicht allzu hilfreichen 'Vorwort' von Fredric Jameson). Vielfach informativ zumindest ist Earl Miner: *Comparative Poetics. An Intercultural Essay on Theories of Literature*. Princeton 1990. Auf die „tiefe Perplexität", die sich im Umgang mit chinesischer und japanischer 'Literatur' leicht dann einstellt, wenn man sie nicht mit glatter europäischer Rhetorik ausbügelt, verweist auch Schulz-Buschhaus: „Die problemreiche Internationalität der Literaturwissenschaft" (= Anm. 9), 320.

Parallelgeschichten aufgelockerten Germanozentrismus bei der Betrachtung der Geisteswissenschaften und der Allgemeinen Literaturwissenschaft handelt.

II.

Wie weit das, was ich als deutsche Situation beschrieben habe, inzwischen bereits weitere Gebiete infiltriert hat, läßt sich mit einem Zitat von Stanley Fish andeuten: „If there is anything like a 'crisis in English studies', it is a crisis in confidence, and it is one that we have in part created by taking ourselves too seriously as a priesthood of a *culture already made*, and not seriously enough as professionals whose business is *to make and remake that culture* (Herv.; K. L. P.), even as we celebrate it".[11] Fish hat (bzw. demnächst wohl: hatte) die einzige mir bekannte Professur für 'Literature and Law' an der Duke University inne. Im Gegensatz zu den meisten deutschen Geisteswissenschaftlern glaubt er zu wissen, daß die geisteswissenschaftlichen Aktivitäten nicht in der ständigen Vermehrung sinnorientierter oder dekonstruktivistischer Interpretationen von Kulturgütern wie Literatur bestehen sollten. Oder vielmehr: Man kann interpretieren wie und so viel man will, wenn man weiß, daß es dabei nicht um die Gültigkeit und Wahrheit der Interpretation, sondern um die Durchsetzung von Machtinteressen geht. Insofern gleicht der Umgang mit Kultur — 'literature *and* law' — der Show, wie sie mit klar definierten Interessen im amerkanischen Gerichtssaal abgezogen wird.

Systematisch nimmt Fish damit, ohne dieses seinerseits zu wissen, das Problem der Geisteswissenschaften auf, wo es Erich Rothacker vor fast 70, Dilthey vor über 100 Jahren hatten liegen lassen (müssen). Rothacker formulierte in seiner *Logik und Systematik der Geisteswissenschaften* (1927, wiederaufgelegt 1965) nur scheinbar paradox, daß die Geisteswissenschaften angesichts ihrer heterogenen Ursprünge aus Mythus, Lebenserfahrung, Spruchweisheit, Philosophie, Rhetorik, Politik, Jurisprudenz, Theologie, Kameralistik und Ökonomik, aus pädagogischen und berufsbildenden Aufgaben, zwar eine systematische Struktur hätten, selbst aber in keinem System stünden, sondern in sich so widerspruchsvoll wie das Leben und die Lebenskämpfe seien, dem sie dienten. Für Rothacker hängen also die mögliche Struktur und die Methodologien der Geisteswissenschaften von der Systematisierbarkeit der Weltanschauungs- und Lebenskämpfe ab, in deren Rahmen sie zum ideologischen Flankenschutz herangezogen werden.[12]

Solche *Funktionszumutungen* entstehen — und vergehen — geschichtlich. Sie beseitigen nicht, was schon Dilthey ahnte und befürchtete: die basale „Einsamkeit"

---

[11] Stanley Fish: „Profession Despise Thyself: Fear and Self-Loathing in Literary Studies". In: Ders.: *Doing What Comes Naturally. Change, Rhetoric, and the Practice of Theory in Literary and Legal Studies.* Oxford 1989, 214. Dieser — m.E. zentrale, weil in den USA vor allem auch machtpolitisch virulente — Gesichtspunkt wird in dem ansonsten sehr lesenswerten Essayband von Christoph Bode (*Den Text? Die Haut retten! Bemerkungen zur „Flut der Interpretationen" und zur institutionalisierten Literaturwissenschaft.* Graz 1992, bes. 25 ff.) übersehen.

[12] Erich Rothacker: *Logik und Systematik der Geisteswissenschaften* [1927]. München 1965, 3 f. und 137. Zit. als „Rothacker" im folgenden in () im Text.

der in modernen für moderne Gesellschaften etablierten Geisteswissenschaften, unbeschadet der Beziehungslasten zur jeweiligen Gegenwart, die ihnen aufgebürdet werden (Stiftung von Lebenskohärenz, ideologischer Flankenschutz, Technikfolgenabschätzung und dergl.).[13] Das läßt sich schon an der Schnelligkeit ablesen, mit welcher dem Begriff des Geistes selbst die Nachvollziehbarkeit abhanden kam. Noch 1853 verwendet J. E. Erdmann (*Entwicklung der deutschen Spekulation seit Kant*) den Terminus „Geisteswissenschaft" im Sinne der quasi-religiösen „Pneumatologie". Er folgt damit Hegel, dessen System sich nach Erdmann in „Grund-, Natur- und Geisteswissenschaft" gründe (Rothacker, 6). Das Wort im Plural entsteht möglicherweise mit der Übersetzung von J. S. Mills *moral sciences* mit „Geisteswissenschaften" (1843). In seinem Aufsatz „Über das Studium der Geschichte der Wissenschaften vom Menschen, der Gesellschaft und dem Staate" (1875) übernimmt Dilthey diese *Übersetzung*, akzeptiert sie aber noch nicht als *Terminus* für die genannte Wissenschaftsgruppe, die er wie auch Robert von Mohl als „moralisch-politische Wissenschaften" bezeichnet (Rothacker, 6 und 9). Erst Diltheys *Einleitung in die Geisteswissenschaften* (1883) tut so, als vermöchte sie das „Ganze der Wissenschaften, welche die geschichtlich-gesellschaftliche Wirklichkeit zu ihrem Gegenstande haben", im Begriff der „Geisteswissenschaften" zu bündeln. Genau das ist Dilthey aber nicht gelungen. Der Übergang von der Geisteswissenschaft einerseits, von den moralisch-politischen Wissenschaften zu Geisteswissenschaften andererseits verdeckt vielmehr die Schwachstellen, die den Geisteswissenschaften seitdem zu schaffen machen.

III.

Diese Schwachstellen zeichnen sich bereits im *Wandel der Universitätskonzeptionen vom 18. zum 19. Jahrhundert* ab. Der Geist, von dem Hegel und Erdmann noch redeten und von dem Gehlen sagte, er möge für diese noch evident gewesen sein, niemand könne aber heute wagen zu sagen, er oder sie verstehe das noch — dieser Geist wird den neugegründeten und mit geistig-moralischen Führungsaufgaben betrauten philosophischen Fakultäten zur Pflege und Verwaltung übertragen. Diese Fakultäten aber, um gleich nochmals Gehlens Habilitationsschrift *Wirklicher und unwirklicher Geist* (1931) zu zitieren, bieten seit ihrer Gründung das „seltsame Schauspiel eines allbereiten, gegenstandsgleichgültigen, völlig folgelosen und vagen Verstehenkönnens, das die Flut des historisch-psychologischen Literaturmaterials niemandem zur Lust und niemandem zu Leide ausbreitet".[14] Die Verdünnung des ‘Geistes’ zu vermeintlich lebensstarken (Rothacker), zusehends aber im Prozeß ihrer ‘Verwissenschaftlichung’ motivationsschwach werdenden ‘Ideen’ (Gehlen)

---

[13] In dieser Hinsicht hält die Aktualität von Helmut Schelskys *Einsamkeit und Freiheit. Idee und Gestalt der deutschen Universität und ihrer Reformen*. Reinbek bei Hamburg 1963, bes. 211 ff., unvermindert an.

[14] Arnold Gehlen: *Wirklicher und unwirklicher Geist*. Hg. Lothar Samson. Frankfurt am Main 1978 (= *Philosophische Schriften*, Bd. 1), 343.

hebt an — bis den Geisteswissenschaften im fortgeschrittenen 20. Jahrhundert schließlich von Adorno (1963) bis Klaus Heinrich (1989) ihre „Geistlosigkeit" vorgehalten wird. Diese besteht nach Adorno und Heinrich nicht im Mangel an Wissenschaftlichkeit, die auf viele Weisen beigebracht werden könne. Die Verwissenschaftlichung vertreibt vielmehr das Vitalsubjekt (den sog. lebendigen Menschen; Heinrich), die kulturaktive Geselligkeit (Mattenklott), ohne welche eine Form von kulturellem Luxus — als ein keineswegs überflüssiges, sondern eher notwendiges Element der Kultur wie die Geisteswissenschaften — nicht auskommen kann. Schon 1934 hatte Julius Kraft in seinem Buch *Die Unmöglichkeit der Geisteswissenschaft* (und aus der Unmöglichkeit des Singulars leitet sich für ihn erst recht die Unmöglichkeit des Plurals und seine „tiefgehende Inhomogenität" ab) gerade die Wissenschaftsroutiniers für die Unmöglichkeit der Geisteswissenschaften haftbar gemacht. Die Routiniers beteuerten ihre Wissenschaftlichkeit um so mehr, je mehr es ihnen an „der Kraft künstlerischer Gestaltung und theoretischer Analyse gebricht".[15] In den großen österreichischen Romanen des 20. Jahrhunderts gerät diese Kritik zu einem Leitmotiv: Der Historiker Stangeler beklagt sich etwa in Doderers *Dämonen* (1956) darüber, „wie geringen Umgang die geisteswissenschaftlichen Sektoren einer modernen Universität mit den einen ganzen Menschen belastenden Kräften des Geistes haben. Dieser reicht da in fachmännischer Weise nur bis zum Kragenknopf, und der Altphilologe ist genau so ein Ingenieur wie der Neu-Historiker. Auf den Landeshistoriker warteten die Posten in der Provinz, und meistens wartete auch eine dortige Braut".[16]

Ich gehe im folgenden zunächst kurz auf einige der Texte ein, die Ernst Müller in einer aufschlußreichen Sammlung vorgelegt hat.[17] Im späten, teils verbürgerlichten 18. Jahrhundert nimmt die Aufklärung verständlicherweise utilitaristische Züge an; Universitäten werden im Zusammenhang mit dem „Cameralnutzen" für den Staat konzipiert. 1769 etwa klingt die Stimme „einiger Patrioten" so: „[...] der Mediziner muß mit seiner Geschicklichkeit verhindern, daß der Luxus, der zu einem blühenden Staat notwendig ist, der Gesundheit der Einwohner zu viel schade. [...] der Geschichtsschreiber, der Dichter, der Redner, der Logiker, der Moralist, arbeiten alle dem Theologen und dem Juristen zur Kultur des Landes, und zur Verbreitung einer der Regierung angemessenen Denkungsart in die Hand" (zit. nach Müllers 'Nachwort', 294). In Kants *Streit der Fakultäten* (1798) wird aber im Gegenzug gerade die philosophische Fakultät zur wichtigsten erhoben, weil sie anders als die medizinische, juristische und theologische keinen bestimmten Zwecken dient, die Freiheit der Vernunft im Gegensatz zu den Verstandeszwecken der anderen am besten ermöglicht. Für den Umgang mit dieser Freiheit gab und gibt es aber

---

[15] Zu detaillierten Nachweisen vgl. meinen Aufsatz „Problemgeschichte(n)". In: *Geisteswissen — vom wissenschaftspolitischen Problem zur problemorientierten Wissenschaft*. Hg. Ernst Müller, K. Ludwig Pfeiffer, Benno Wagner. Frankfurt am Main 1991, 129-146.

[16] Heimito von Doderer: *Die Dämonen. Nach der Chronik des Sektionsrates Geyrenhoff. Roman* [1956]. München 1985, 203 f.

[17] *Gelegentliche Gedanken über Universitäten: von J. J. Engel, J. B. Erhard, F. A. Wolf, J. G. Fichte, F. D. E. Schleiermacher, K. F. Savigny, W. v. Humboldt, G. F. W. Hegel.* Hg. Ernst Müller. Leipzig 1990. Zit. als „Müller" im folgenden in () im Text.

im akademischen Institutionenraum keinen kategorischen Imperativ. In den Leerstellen dieser Freiheit breiten sich langsam die Lehrstellen der Philologien aus. Hegel beklagt sich schon 1816, daß die meisten bei der Philologie als erster propädeutischer Wissenschaft stecken bleiben und sie zum Selbstzweck machen. Immerhin: Ihren Platz als erste propädeutische Wissenschaften macht auch Hegel den Philologien nicht streitig (vgl. Müller, 288). Die zweite ist die Philosophie, und erst danach kommen die 'positiven' Wissenschaften. (Man könnte das deutsche Problem, das damit seit dem Umschwung der utilitaristischen Spätaufklärung zu Kant im Entstehen begriffen ist und auf den Selbstwert der 'bildenden' Geisteswissenschaften hinausläuft, auch mit einem Hinweis auf die französischen 'grandes écoles', d.h. 'Fachhochschulen' konturieren.)

Wie kam es zum Umschwung von Utilitarismus zum Selbstwert philologischer Bildung? Die Gründung der dann nach Humboldt benannten Berliner Universität besitzt hier wohl einen symptomatischen Stellen- und Schwellenwert. Die Gründung wurde dringlich, weil Preußen nach der Niederlage 1806/7 außer Königsberg und Frankfurt/Oder alle Universitäten (Duisburg, Paderborn, Erlangen, Erfurt, Münster und vor allem Halle) verloren hatte. Humboldt propagiert, allerdings in noch keineswegs eindeutiger Weise, eine Universität mit dominierender philosophischer Fakultät. Er sieht keinen anderen Weg, um Preußen nach Jena und Auerstedt aus seiner Misere zu ziehen.[18] Zunächst freilich wirkt ein utilitaristischer Sensualismus nach. Engel legt z.B. noch 1802 Wert auf „Objekte des Unterrichts", die nicht durch Bücher gelehrt werden können. So sollten auch die schönen Künste nicht in Büchern verdünnt, sondern sinnlich zu Gemüte geführt werden (Malerei, Musik, Architektur). Hier habe Berlin viel zu bieten, auch bei Naturalien, in der Anatomie, Entbindungskunst (wg. höherer Geburtenzahl; vgl. Müller, 6 f., zum Theater, 8). „Gelehrsamkeit" sei keineswegs „alles", wichtiger sei die „Menge und Mannigfaltigkeit der Bilder" (zit. Müller, 8). Überdies bleibt ein weitaus umfassenderer und daher auch verdächtiger Lebensbegriff virulent: „Von der Verführung zur Wollust nur das: mehrere Häuser gewisser Art und unter Aufsicht sind besser als wenige oder gar nur ein Haus und ohne Aufsicht. — Genug!" (zit. Müller, 10). Auch für den wichtigen Besuch reicher ausländischer Studierender sei die Berliner Gesellschaft gut geeignet (vgl. Müller, 11 — etwas, was die deutschen Geisteswissenschaften im ausgehenden 20. Jahrhundert erst wieder begreifen müssen). Bei seinen Berufungsvorschlägen geht Engel eher vom Ruf der Professoren als von deren Fächern aus (vgl. Müller, 14); unvermeidlich sind offenbar nur die Juristen. Bei Erhard (ein ursprünglich revolutionär gesinnter Arzt aus Nürnberg) schiebt sich 1802 nun ebenfalls die Philologie, aber gleichsam aus radikalen Gründen, in den Vordergrund: Theologie und Jurisprudenz besitzen nach Erhard keinen eigenen Diskurs. Die praktische Seelsorge könne man zwar aus sozialpsychologischen

[18] Vgl. dazu auch den aufschlußreichen Aufsatz von Eberhard Lämmert: „Zur Praxis der Humanwissenschaften in einer prosperierenden Industriegesellschaft". In: *Geisteswissen* (= Anm. 15), 21-38, hier: 24 f. Ähnlich aufschlußreich Lämmerts Hinweise auf die Umtaufe der meisten Technischen Hochschulen in Universitäten nach dem Zweiten Weltkrieg. Ob sich Lämmerts Analysen im Kontext einer nicht mehr so prosperierenden Industriegesellschaft teilweise ändern würden, wage ich nicht zu beurteilen.

Gründen nicht abschaffen; aber der Universitäts-Theologe müsse eigentlich Philologe und Historiker sein. Er braucht „Kenntnisse", während der praktische Prediger kein Wort hebräisch verstehen können muß. Auch die Jurisprudenz ist, als Ableitung aus Begriffen und ohne eigene, nicht vom Staat gesetzte „Urkunde", der Philosophie und implizit der Philologie zuzuschlagen (vgl. Müller, 22-29). Die Philologie ist bei Erhard aber noch nicht „Stubengelehrsamkeit": Theorie und Praxis müssen harmonieren. Der untheoretische Praktiker macht bald Unsinn, der unpraktische Theoretiker fängt bald an „zu radotieren" (zit. Müller, 36).

Bei dem oft als Begründer der Altphilologie angesehenen F. A. Wolf verschieben sich 1807 die Akzente. Praktische Angelegenheiten (Ackerbau) sind weiterhin wichtig. Nach dem verlorenen Kriege aber ist die Bildung des *moralischen Menschen* (vgl. Müller, 46) wichtiger — ein Argument, das bei analogen Anlässen im 20. Jahrhundert variiert wird. Wolfs Berufungsvorschläge sind im Blick auf die Fächer noch gemischt; eine starke theoretisch-philologische Komponente, damit der tendenzielle Ersatz von Verhaltenskultur durch Wissen (z.B. *Theorie* der Musik, nicht deren Praxis; die gesamte Universität darf nur lateinisch schreiben und disputieren) ist nicht mehr zu übersehen (vgl. Müller, 48 f. und 52). In höchst bezeichnender Weise bettet Fichte daher seine Vorschläge 1807 in eine Theorie des Verhältnisses von Mündlichkeit und Schriftlichkeit ein (vgl. Müller, 59 ff.). Bücher sollen nicht (mehr) *vor*gelesen werden. Fichte glaubt zwar an eine vernünftige Eigendynamik 'performativer' Mündlichkeit; deren Inhalte aber müssen gleichwohl verbessert werden (vgl. Müller, 61). Daher mutieren die in Einsamkeit und stiller Freiheit gelesenen Bücher zur Basis (in seinem Fach muß der Student das *gesamte* Buchwesen kennen; vgl. Müller, 87), aus der die einer wahrhaften Akademie würdige „dialogische Form" (zit. Müller, 65) fließen soll. Nur so läßt sich der wissenschaftliche bzw. philosophische Künstler hervorbringen (vgl. Müller, 74 und 82). Dabei spielt das „Interpretieren der Schriftsteller" (zit. Müller, 68) eine wichtige Rolle, wie denn überhaupt die Philologie „nächst der Philosophie [...] als das allgemeine Kunstmittel aller Verständigung, mit Recht den meisten Anspruch auf Universalität" macht (zit. Müller, 90). Überdies geht dies alles in „Absonderung [...] von aller andern Lebensweise und vollkommner Isolierung" (zit. Müller, 71) von der Außenwelt vor sich. Unversehens, aber nicht unerwartet mischt sich ein 'nationaler' Zug in die Expansion philologisch-philosophischer Rationalität. Fichte verlangt das Deutsche als Wissenschaftssprache, weil man in einer fremden Sprache nicht schöpferisch sein könne (vgl. Müller, 122; nur der Philologe, „weil er sein Geschäft in diesem fest abgeschlossenen Kreise treibt", kann bei der Interpretation der Klassiker auch lateinisch oder griechisch verfahren.) Mit der deutschen Orientierung (die Konzeption des Deutschen als der philosophischen Sprache schlechthin, braucht uns hier nicht zu interessieren) bei Fichte wird die Verquikkung von Philologien und Nationen befördert, die, in der Sprachwissenschaft vielleicht einigermaßen plausibel, in den Literaturwissenschaften über ca. 70 Jahre hinweg eher problematische und teilweise verheerende Wirkungen entfaltet hat.

Schleiermacher (1807) ist flexibler, propagiert aber gleichwohl den philosophisch-philologischen Geist als Basis aller universitären Tätigkeit (vgl. Müller, 180 und 182). Sie eröffnet die „Aussicht", aber: „Von der höheren Philologie, sofern in der Sprache niedergelegt sind alle Schätze des Wissens und auch die Formen desselben sich in ihr ausprägen, von der Sittenlehre, sofern sie die Natur alles menschlichen Seins und Wirkens darlegt, müssen die Hauptideen jedem einwohnen, wenn er auch seine Ausbildung mehr auf der Seite der Naturwissenschaft sucht" (zit. Müller, 191). *Humboldt* selbst (1809) bleibt im Vergleich dazu überraschend vage. Auch er propagiert freilich eine Wissenschaft, „die aus dem Innern stammt und ins Innere gepflanzt werden kann" (zit. Müller, 276). Ein solches Streben spreche sich in „Philosophie und Kunst" am meisten aus, auch wenn Mathematik „unabdingbar" sei (zit. Müller, 276 f. und 279). Immerhin ist bei Humboldt, im Gegensatz zu dem, was im späteren 19. Jahrhundert aus ihm gemacht wird, die philologisch-hermeneutische Drift komplizierter und verschlüsselter; auch bleibt er insofern ambivalent, als er die nach ihm einsetzende enge Verbandelung von Staat und (staatlicher) Universität ablehnt und Domänen für die Universität fordert, aus der sie ihre Einnahmen bestreiten soll. Trotz der Universitätskonzeption, für die er berühmt und z.T. berüchtigt geworden ist, favorisiert Humboldt eher die Idee von staats- und ausbildungsunabhängigen Akademien.

Humboldts Großzügigkeit der institutionellen Konzeption kann sich das fortschreitende nationalstaatlich geprägte 19. Jahrhundert immer weniger leisten. Dilthey ersetzt die Theorie der Universität als Institution durch die Theorie der an ihr praktizierten Fächer. Diltheys Einleitung in die und Grundlegung der Geisteswissenschaften — und diese sollten ja, wie gesagt, vornehmlich als Interpretationen der verschriftlichten Reste des Daseins (also als Literaturwissenschaft) auftreten — hat den Übergang von den „höchst disparaten Ursprüngen und völlig irregulären Entwicklungen" praktischer, pädagogischer, berufsbildender und politischer 'Vorformen' in die wissenschaftstheoretische Sicherung kulturell anspruchsvoller und akademisch institutionalisierter Interpretationen nicht durchzusetzen vermocht. Ob es sich bei seinen Bemühungen wissenssoziologisch vornehmlich um flankierende kulturelle Maßnahmen angesichts eines ungemütlich werdenden Kapitalismus[19] handelte oder nicht, mag dahingestellt bleiben. Der Verdacht liegt jedenfalls nahe, daß die wissenschaftstheoretischen Reinigungsübungen „kulturelle Krisen" überdecken, deren Stachel sie gleichwohl „bleibend in ihrer Struktur bewahren" (Rothacker, 4). Dilthey selbst hat etwa die *praktische* Notwendigkeit betont, Spezialisierungen und technische Verengungen aller Art in einer umfassenden Wirklichkeit der menschlichen Gesellschaft 'aufzuheben'. Er hat diese Notwendigkeit mit der Aufgabe verbunden, einerseits die Gesamtheit der Gesellschaft (und nicht nur einzelne Teile oder Systeme der gesellschaftlichen „Maschine") mitzugestalten, andererseits die „Aussonderung" der geisteswissenschaftlichen Disziplinen aus der „historisch-gesellschaftlichen Realität" im „Differenzierungsprozeß der Gesellschaft" zu verhindern. Er hat drittens aber auch die Kollision zwischen dem Bedürfnis nach Zusammenhang und dem tendenziellen Zerfall der Gesellschaft in Systeme

[19] Vgl. dazu z.B. Dieter Claessens, Karin Claessens: *Kapitalismus als Kultur: Entstehung und Grundlagen der bürgerlichen Gesellschaft*. Frankfurt am Main 1979, 140-154 („Flankierende Kräfte").

gesehen. Wissenschaftstheorie — angesichts des Prestiges anderer, härterer Wissenschaften kein Wunder — gerät zum Joker, mit der die wissenschaftsgeschichtliche (oder auch systemgeschichtliche) Aussonderung — d.h. die Institutionalisierung der Geistes*wissenschaften* im Zeitalter eines ungreifbar gewordenen Geistes — nobilitiert und ihre kulturelle Krisensymptomatik neutralisiert wird.

Aus dieser Sicht leite ich zwei Thesen ab:

1.) Die deutsche Diskussion hat den Riß in Diltheys Konzeptionen zwischen diffus werdenden praktischen Zwecken und einer, überspitzt ausgedrückt, Flucht in die Wissenschaftstheorie eher in die *Pseudo-Verselbständigung entweder der Interpretationspraxis* oder der *fortgesetzten wissenschaftstheoretischen und methodologischen Begründungsversuche* vereinseitigt.

2.) Der Oberflächen-Internationalismus der Wissenschaften hat zwar Ähnliches auch im anglo-amerikanischen (bis hin zum australischen) Wissenschaftsbetrieb hervorgebracht. Aber vor allem in den USA werden auf dem Felde und unter dem Deckmantel der Interpretation gleichwohl handfeste bis — wie im Komplex der *political correctness* — nackte Interessenkonflikte ausgetragen. Im Lichte eher deutscher Wisenschaftsstandards mögen diese Konflikte Züge herber Unwissenschaftlichkeit annehmen; in amerikanischer Perspektive verblassen die deutschen, selbst die von Habermas unentwegt entwickelten Standards hingegen zur noblen Fassade harmlos gewordener akademischer Geplänkel. Konnte etwa E. D. Hirschs *Validity in Interpretation* (New Haven, London 1967) zum Zeitpunkt ihrer Veröffentlichung noch als neutrale, von Husserl inspirierte wissenschaftstheoretische Studie gelten (obwohl auch hier schon die Ermittlung der vom Autor angeblich intendierten Bedeutung eines Textes aus ethischen Gründen zu erfolgen hatte), so nahmen sich diese und die folgenden Schriften des Verfassers immer stärker als eine gegen Ende des 20. Jahrhunderts unter Dauerbeschuß geratende Verteidigung überlieferter Bildungskanones einer oberen weißen Mittelschicht aus. Was bei Irving Babbitt zu Beginn des Jahrhunderts noch als „defense of gentility" kulturgeschichtlich plausibel war, entpuppt sich nun als eine exklusive — und das heißt im Zeitalter eines empirisch hochvirulenten und kontroversen Multikulturalismus in den USA als eine vieles schlichtweg ausblendende — Universitätskultur.[20]

Natürlich kann man mit solchen Bemerkungen nicht deutsche Standards gegen amerikanische Interessen und umgekehrt ausspielen. Wo Interessen dominieren, sind sie bald diskreditiert: *(political) correctness* bedeutet immer auch *corruptness*. Deutlicher aber als in der deutschen Situation spiegeln sich in den amerikanischen *humanities* die Folgelasten einer spezifischen Mischung von Liberalismus und Interesse. Die scheinbar großzügige intellektuelle Orientierung (ver)barg oft einen harten, weil entweder defensiven oder aggressiven Kern politisch-kulturellen Konservatismus. So paart sich schon bei J. S. Mill im englischen 19. Jahrhundert wis-

[20] Die Geschichten, die in diese Gegenwart führen, hat am besten wohl immer noch Robert Weimann: *'New Criticism' und die Entwicklung bürgerlicher Literaturwissenschaft.* Halle 1962 (zu Babbitt etwa 45), erzählt. Zit. als „Weimann" im folgenden in () im Text. Bei Hirsch werden die hinter methodologischer Korrektheit liegenden Interessen in *The Aims of Interpretation* (1976) bereits sehr viel deutlicher, von späteren Schriften ganz zu schweigen.

senschaftstheoretische (und teilweise gesellschaftspolitische) Modernität mit zunehmend kulturkonservativen Trends (von denen Habermas im *Stukturwandel der Öffentlichkeit* schon einige beschrieben hat). Den Angelpunkt einer so konstruierten Geschichte bildet folglich für die angelsächsischen Länder der zunächst latente, dann aber offenkundige Kollaps des Liberalismus. Dieser Kollaps tritt im Gegensatz zu Liberalismen Kontinentaleuropas nicht schon 1848, sondern in deutlich wahrnehmbarer Form erst mit und nach dem Ersten Weltkrieg ein und kann, da er jüngeren Datums ist, auch nicht so leicht vergessen oder verdrängt werden wie hierzulande (vgl. Weimann, 43). In Deutschland kann sich im Windschatten politischer Vorentscheidungen ein vornehmlich literarisch abgehobener kultureller Kanon schon im 19. Jahrhundert formieren — von der Germanistik wird er mit Unterbrechungen durch gewisse katastrophale Episoden bis weit ins 20. Jahrhundert gepflegt bzw. verwaltet. In den angelsächsischen Ländern falliert der Liberalismus auf weniger auffällige Weise (und in vielerlei Sinn sind diese Länder immer noch liberaler als selbst die BRD). Komplementär dazu sind Kanonbildung und die Rolle der Literatur, vor allem der hohen, weitaus weniger gesichert.[21] Generell muß man im Auge behalten, daß eine wesentliche Aufgabe der English Departments in den USA im Training spachlich-rhetorischer Fertigkeiten steht („composition"), deren gesellschaftliche Instrumentalisierung als Karriereschlüssel für bessere Jobs man unterstellen kann, wenn auch nicht immer muß. Jedenfalls rücken diese Schichten institutionalisierter Literaturwissenschaft — für die es in der deutschen Germanistik oder natürlich auch Anglistik kein Gegenstück gibt — in merkwürdigen Kontrast zu den am anderen Ende der Skala gepflegten elitär-esoterischen Forschungsprojekten. Freilich wird man auch diese zu einem großen Teil auf ein gesellschaftliches Prestigekonto („visibility" und dergl.), nicht aber als kulturstiftende oder -sichernde Aktivitäten verbuchen müssen.[22] Schon im 19. Jahrhundert hat Matthew Arnold in England einige Mühe, den griechisch-hebräischen literarischen Traditionen die Sicherungsgarantien für eine von der dreifachen Barbarei heruntergekommener Aristokraten, bornierter Bürger und brutalisierter Plebejer bedrohte Kultur zu entlocken. Im frühen 20. Jahrhundert versucht es I. A. Richards — zugleich das personelle Bindeglied zwischen britischer *appreciation* und amerikanischem *new criticism* — auf neurowissenschaftliche Art (*Principles of Literary Criticism*, 1924; *Practical Criticism*, 1929 usw.). Demnach bewirkt die richtig wahrgenommene

---

[21] Symptomatisch dafür mag die vor langer Zeit geäußerte und relativ überzeugend vorgetragene Ansicht von Rudolf Walther Leonhardt (*77mal England. Panorama einer Insel.* München 1957, 94-102) stehen, das englische Theater sei im allgemeinen weit weniger 'literarisch' als das mit etwa Schillerschen Geboten befrachtete deutsche. Inwieweit eine germanistisch-literaturwissenschaftlich stabilisierte Sicht des deutschen Theaters seit dem späten 18. Jahrhundert auch das deutsche Medienspektrum im weiteren Sinne verzerrt, macht das historische Geschütz deutlich, welches Ute Daniel in ihrer Habilitationsschrift aufgefahren hat: *Hoftheater. Zur Geschichte des Theaters und der Höfe im 18. und 19. Jahrhundert.* Stuttgart 1995.

[22] Vgl. dazu die den Sachverhalt sicherlich verkürzende, aber weithin auch treffend charakterisierende Studie von Richard Ohmann: *English in America. A Radical View of the Profession.* With a chapter by Wallace Douglas. New York 1976, sowie die Diskussion beispielsweise bei Gerald Graff: *Literature Against Itself. Literary Ideas in Modern Society.* Chicago, London 1979, Kap. 4 („English in America"), bes. 104-109. Zit. als „Graff" im folgenden in () im Text.

gute Dichtung (und Richards weiß genau, wie man „badness in poetry" diagnostiziert) so etwas wie die therapeutische Reorganisation unserer Impulsstruktur. Ganz anders und allenfalls noch kurioser fällt die „große Tradition" aus, die F. R. Leavis für den Roman zimmert (*The Great Tradition*, 1948). Für Leavis hat es Dickens etwa nicht weiter als bis zum „great entertainer" gebracht (ein bei Leavis moralisches Urteil, dessen mediengeschichtliche Pointe freilich wohl noch zu entdecken ist).[23]

Die diskrepanten Entwicklungen und Kontexte der in literaturwissenschaftlichen Bemühungen zentrierten Geisteswissenschaften geben zur Vermutung Anlaß, daß Rothackers These, wonach die methodologisch-theoretischen Kontroversen Kulturkrisen überdecken, aber nicht beseitigen, weiterhin, wenn auch in unterschiedlichen Formen Bestand hat. Ernst Cassirers eher pessimistischer Argumentationsgang in dem Band *Zur Logik der Kulturwissenschaften* (1942), wiewohl (soweit ich feststellen konnte) in den USA geschrieben und von Biographie und Zeitgeschichte wohl zumindest mitbeeinflußt, offenbart deutlich kontinental-europäische und spezieller noch deutsche Hintergründe. In dem der amerikanischen, mir zur Verfügung stehenden Ausgabe beigegebenen Aufsatz über naturalistische und humanistische Kulturphilosophien zitiert Cassirer Renan, den die Frage umtrieb, wofür man denn eigentlich lebe, wenn man für die Wissenschaft lebe: „The religious man lives for a shadow; but we live for the shadow of a shadow: what will those who come after us live for?"[24] Die mangelnde innere Einheit kulturwissenschaftlicher Gegenstandsbereiche schlägt der munter fortschreitenden Forschung eine tiefe innere Wunde (Cassirer, 87); kulturwissenschaftliche Forschung verkörpert die von Simmel emphatisch diagnostizierte „Tragödie der Kultur" (vgl. Cassirer, Kap. 5), weil die unaufhörliche Vermehrung ihrer Ergebnisse den einzelnen, ob selbst Forscher oder nicht, vom lebendigen Kontakt mit den Kulturprodukten abschneidet (vgl. Cassirer, 185). *Diese* Form des Pessimismus wird aber jenseits des Ärmelkanals oder des Atlantiks kaum geteilt. Wenn Gerald Graff etwa über „Culture, Criticism and Unreality" redet (Graff, Kap. 1), dann geht es ihm allenfalls um den 'Widerspruch', der darin besteht, daß erhabene Funktionszuschreibungen an die Adresse der Literatur als der vermeintlich besten Möglichkeit, ein komplexes und plastisches Bild der Welt zu gewinnen, an den gegenläufigen und gerade auch von Literaten in die Welt gesetzten Thesen über die Unbegreifbarkeit der Welt scheitern (vgl. Graff, 7); darum, daß die Haßliebe der Literaten im Blick auf Naturwissenschaften, Geschäft und Alltag womöglich die Trivialisierung dessen befördert, was in und durch Literatur an 'Humanem' möglich sein soll (vgl. Graff, 28). In seinem (hoffentlich) jüngsten Buch hat Stanley Fish den gordischen Knoten, in den sich Literatur, Kul-

---

[23] Einen (noch radikaleren) Vorläufer für Leavis im 19. Jahrhundert kann man mit John Ruskin namhaft machen. Konfrontiert mit dem, was er für das völlige Auseinanderdriften von Ästhetischem und Moralischem hält, weiß Ruskin kaum noch Texte aufzubieten, deren Lektüre aus irgendeinem ernstzunehmenden (vor allem natürlich wiederum moralischen) Grund lohnt. Vgl. *The Literary Criticism of John Ruskin*. Ed. Harold Bloom. Garden City NY 1965, bes. 337 f., 360 und 385.

[24] Ernst Cassirer: *The Logic of the Humanities*. Übers. Clarence Smith Howe. New Haven, London 1960, „Naturalistic and Humanistic Philosophies of Culture", 3-38, hier: 31. Zit. als „Cassirer" im folgenden in () im Text.

tur und Gesellschaft (in letzter Zuspitzung zwischen *political correctness* und *corruptness*) verfilzt hatten, mit dem Schwert der *professional correctness* einfach durchschlagen: Die Verbindung zwischen den drei Bereichen — trotz *new historicism, gender studies* oder *cultural studies* — existiert nicht; will man etwas produzieren, was jenseits der Universität wirkt, so muß man die Universität — „love it or leave it" — verlassen.[25] Mit anderen Worten: Die Universitäten und ihre Disziplinen bilden einen Markt wie alle anderen; *professional correctness* besteht darin, sich den entsprechenden Regeln anzupassen. Schade freilich, so wird man (zumindest) hinzufügen müssen, daß die akademischen Regeln noch etwas unklarer sind als die der anderen Wirtschaftsbereiche.

In England wiederum hat sich, bei allem Pessimismus vor allem der 'Victorian Sages' (Carlyle, Ruskin, Arnold, Morris usw.), zäh die Vorstellung gehalten, wonach die kreative künstlerische Produktivität, die zur „clerisy" zusammengefaßten Gruppe der Intellektuellen, Kritiker und Gelehrten und die 'Gesellschaft' durch eine entsprechende Erziehung sprachlich-ethischer Art zusammengehalten werden kann.[26] Selbstverständlich bedarf ein solch labiler Zusammenhang der hilfsweisen Stabilisierung durch von Fall zu Fall erfundene 'Traditionen'. Das muß nicht unbedingt schädlich (gewesen) sein. Schwieriger wird es freilich, wenn solche Erfindungen in Postulaten monomedialer, z.B. eben literarischer Kontinuitäten als dem auszeichnenden Merkmal von Kultur gipfeln. Hier kann es passieren, daß der labile Zusammenhang unter dem Ansturm von emanzipationsbemühten heterogenen 'Subkulturen' relativ schnell kollabiert. Man mag den Eindruck gewinnen, daß dieses Schicksal seit einiger Zeit den ihrerseits keineswegs einheitlichen Vorstellungen von der englischen Literatur(geschichte) in der Zeit vor allem zwischen Matthew Arnold und F. R. Leavis beschieden ist.[27] Allergische Reaktionen gegen die in den Interpretations- und Dekonstruktionskünsten der Literaturwissenschaft unverzagt fortgeschriebene Literarisierung eines vielleicht doch heterogener angelegten, interpretations- wie dekonstruktionsresistenten kulturellen Spektrums hatten mit common-sense-artigen Zornesausbrüchen indes schon lange vorher eingesetzt. Der Streit — der seinerseits eine längere zumindest episodenartige Geschichte aufweist — spitzte sich auf die sich verständlicherweise um Shakespeare zusammenballende Frage zu, inwieweit z.B. das 'Theater' mit 'Literatur' zu verrechnen und dementsprechend wie immer interpretierend zu traktieren sei.[28]

---

[25] Stanley Fish: *Professional Correctness. Literary Studies and Political Change.* Oxford 1995.

[26] Vgl. dazu die nahezu klassischen Werke von Raymond Williams: *Culture and Society 1780-1950.* London 1958 (mit neuem Nachwort: Harmondsworth 1963); ders: *The Long Revolution.* London 1961 (mit neuem Vorwort: Harmondsworth 1965). Heute fragen sich andere natürlich, ob damit nicht der 'Niedergang' Großbritanniens zusammenhängt; vgl. Coates: *The Question of UK Decline* (= Anm. 3).

[27] Vgl. dazu die Kritik an einem klassen- und medienspezifischen Anglozentrismus bei Robert Crawford: *Devolving English Literature.* Oxford 1992, bes. 11 ff., 24 f. und 272 ff. Zur Erfindung von 'Taditionen' in weiteren (kultur-)geschichtlichen Bereichen vgl. *The Invention of Tradition.* Ed. Eric Hobsbawm, Terence Ranger. Cambridge 1983, oder *Myths of the English.* Ed. Roy Porter. Cambridge 1992.

[28] Zu einer neueren Episode dieser Art vgl. Richard Lewin: *New Readings vs. Old Plays. Recent Trends in the Reinterpretation of English Renaissance Drama.* Chicago, London 1979. Zu weiterer Literatur vgl. meinen Aufsatz „Der Denkstil Hamlets. Theorie und Praxis der Geschichtlichkeit eines Dramas". In: *Jahrbuch der Deutschen Shakespeare-Gesellschaft West* (1982), 99-118, Anm. 1 — ein Aufsatz, in dem

Fish jedenfalls erblickt in *allem* — traditionalistischem Interpretationsverhalten, Dekonstruktion, Repolitisierung, Theorie — unterschiedliche Stufen der Professionalisierung, d.h. eines Zusammenhangs von Institutionen, Rhetorik und Macht. Eine solche Sicht ist, wie bemerkt, für die USA vergleichsweise plausibel, insofern die akademisch gerade in den English Departments erworbene rhetorische Kompetenz gesellschaftliche Aufstiegschancen eröffnete, auch wenn die literarischen Gegenstände, an denen diese Kompetenz trainiert wurde, mit dem gesellschaftlichen Status — ganz im Gegensatz zur deutschen Bildung — kaum etwas zu tun hatten. Noch heute dürfte der postulierte Zusammenhang zwischen human- und speziell literaturwissenschaftlichen Studien und Beruf — abgesehen vom klassischen Fall 'Fish', d.h. der Vorbereitung auf den akademischen Binnenmarkt in den *graduate schools* — in den USA und wohl auch Japan weitaus schwächer sein als im kontinuitäts- und konsistenzbeflissenen Deutschland, wo der Allgemeine Literaturwissenschaftler — trotz aller Initiativen, welche Beziehungen auch beruflicher Art zwischen Geist und Wirtschaft stiften wollen — tendenziell doch eher auf vergleichsweise studiennahe Berufe in Verlagen, im Kulturbetrieb o.ä. hin orientiert wird. 'Dekonstruktivisten' wie Derrida hatten wohl gelegentlich auf einen Thematisierungsbedarf der Beziehungen zwischen Theorie, akademischer Institution und außeruniversitärem Markt erkannt, selbst aber über lange Zeit kaum etwas dazu getan.[29] Die Re-Politisierung und Re-Ethisierung des Poststrukturalismus, denen sich vor allem auch Derrida dann später unterzog (die Bewegung hält vorläufig noch an), fügt sich ihrerseits partiell sowohl in die eher schlichten Attitüden der *political correctness* wie aber auch die subtileren Traditionen französischer Intellektueller und Gelehrter ein, die es im Gegensatz zu den meisten ihrer deutschen Pendants gewohnt sind, ihre wissenschaftliche Haut auf dem Forum einer politisierenden kulturellen Öffentlichkeit zu Markte zu tragen.

IV.

Läßt man solcherart wissenschafts- und institutionengeschichtliche Symptome Revue passieren, so mag es schwerfallen, den allgemein-literaturwissenschaftlichen Kopf noch in mehr versprechende Richtungen zu drehen. Man mag den literaturwissenschaftlichen oder generell akademischen Binnenmarkt à la Fish abschotten. Im Zeitalter der Globalisierungen, welche die Literaturwissenschaften zumindest in den inflationär-usurpatorischen Gesten der 'Medien' tangiert, vor allem die Allgemeine Literaturwissenschaft aber schon früher und gleichsam interkulturell durch vergleichsweise schwer handhabbare, in Sinne von U. Schulz-Buschhaus perplexitätserzeugende andere 'Literaturen' hätte tangieren sollen, muten solche Abschot-

ich, Dionysos sei's geklagt, eher die literarisierende Tradition fortgesetzt habe. Ulrich Suerbaum (*Shakespeares Dramen*. Düsseldorf, Bern, München 1980, 9) vermerkt wohl zutreffend, daß „die Diskrepanz zwischen dem gespielten und dem gelesenen Shakespeare [...] noch nie so groß gewesen" sei.

29 Vgl. dazu den durchaus Derrida-freundlichen Samuel Weber mit dem Aufsatz „The Limits of Professionalism". In: Ders.: *Institution and Interpretation*. Minneapolis 1987, 18-32, bes. 19.

tungen aber doch eher wie das bekannte, von Nietzsche der *l'art pour l'art*-Bewegung bescheinigte virtuose Gequake von Fröschen an, die in ihrem Sumpfe desperieren. Man wird heute die morschen Bestandteile bzw. die Konstruktionsfehler der Nationalphilologien nicht mehr mit dem Hinweis auf das Allgemeine der Literatur, etwa einer Goetheschen oder anders konzipierten Weltliteratur reparieren können. Wohl aber könnte sich — wie man in einem abschließenden Anfall von Residualprogrammatik vielleicht doch noch projektieren kann — die Allgemeine Literaturwissenschaft zur Speerspitze einer Erneuerung älterer Ästhetiken aufschwingen, in denen Thematisierungsmöglichkeiten eines *kulturell-medialen Spektrums*, und nicht nur die historisch plausible, aber irreführende Paradigmatisierung der Literatur, schon gar der Nationalliteratur (oder die ebenso irreführende Paradigmatisierung der 'Neuen Medien' heute) durchdacht worden sind.

Traditionen solcher Ästhetik erblicke ich sowohl im geschlossenen (und insofern natürlich vielfach unbefriedigenden) System von Hegel wie im offenen von Adorno (oder Nietzsche), vor allem aber im anders gelagerten, aber mit den genannten keineswegs inkompatiblen 'pragmatischen' Ansatz von John Dewey und einigen Nachfolgern. Ich kann das hier nicht näher ausführen. Unmittelbar einschneidende Folgerungen sollen aber doch genannt werden:

1.) Die vor allem systemtheoretisch forcierte Trennung von Beobachtern der und Teilnehmern an den Kunst- oder Mediensystemen (wenn es sich denn um Systeme handelt, was ich nur partiell glaube) läßt sich nicht durchhalten. Ich würde die intuitive Evidenz von Nietzsches Argument, wonach wir immer Beobachter und 'leidenschaftlich' Engagierte gleichzeitig sind und die beiden Rollen nur mal mehr in die eine, mal mehr in die andere Richtung verschieben, jederzeit gegen die scheinbar glättende Sortierung solcher Verschlingungen in der Systemtheorie ausspielen (man wird schnell fündig, wenn man fragt, wo die Leidenschaften der angeblich leidenschaftslosen Systemtheoretiker sitzen). Systemtheoretische Beschreibungen von Kunstsystemen verfeinern allenfalls konventionelle Optiken, die sich im Wissenschaftsbetrieb seit dem 19. Jahrhundert einigermaßen, wenn auch knirschend eingespielt haben. Weit plausibler als die vermeintlich reinliche Trennung von Beobachtungs- und Teilnehmerebenen scheint mir die Rechnung, die Heinz Schlaffer im Blick auf die sozial- und individualpsychologischen Kosten hochgetriebener philologischer 'Beobachtung' schon für das späte 18. Jahrhundert aufgemacht hat, auch wenn er davor warnt, hier Remedur schaffen zu wollen. Natürlich kann wissenschaftliche Tätigkeit analytische Distanz nicht ein- und mit dem Gegenstand zur festlichen Einheit emphatisch-ästhetischer Erfahrung verschmelzen. Dennoch halte ich einen systemtheoretischen Kulturbegriff für schlichtweg unzureichend, wenn dieser in der Festlegung gipfelt, „alles in allem" sei Kultur „eine Perspektive für die Beobachtung von Beobachtern".[30]

[30] Niklas Luhmann: „Kultur als historischer Begriff". In: Ders.: *Gesellschaftsstruktur und Semantik. Studien zur Wissenssoziologie der modernen Gesellschaft*. Bd. 4. Frankfurt am Main 1995, 31-54, hier: 54. Vgl. dagegen die weitaus sensibleren Beobachtungen von Heinz Schlaffer zu quasi eingebauten psycho- und kulturpathologischen Tendenzen einer ebenso monomanischen wie monomedialen Philologie in *Poe-*

2.) Die in einem noch Allgemeine Literaturwissenschaft genannten Fach agierenden Personen müssen die Unterscheidungen zwischen höheren und niedrigeren, reinen und praktischen Künsten oder Medien weitgehend über Bord werfen. Das hat vor allem Dewey vorexerziert; bei Hegel ist die Tendenz deutlich (etwa in der Kritik an Schiller und im Lob Rossinis), bei Adorno verdeckt, aber entdeckbar.[31] Zwar mag das, was man früher Geschmack genannt hat, jederzeit die Kontaktaufnahme mit vielen kulturell-medialen Bereichen blockieren. Aber im Prinzip sollten die Literaturwissenschaftler Genannten imstande sein, sich für einen *Typ* von Phänomen (nicht natürlich notwendigerweise für die jeweiligen Phänomene selbst) zu interessieren, wie sie Jan Philipp Reemtsma in seinem Buch über Muhammad Ali (*Mehr als ein Champion*, 1995, mit interessanten 'anthropologisch'-evolutionären Spekulationen) oder H.-P. Duerr im *Mythos vom Zivilisationsprozeß* (oder Pierre Veyne, wenn er über römische Circus-Veranstaltungen schreibt usw. usw.) in den Blick rücken.

Es könnte dann nämlich geschehen, daß sich die Geistes- und speziell die Literaturwissenschaften nicht mehr so sehr in jene Einsamkeit verbannt fühlen, die sie seit Dilthey heimgesucht hat. Es ließe sich dann vielleicht der Zustand mildern, den Cassirer in der Nachfolge von Simmel noch pathetisch als „Tragödie der Kultur" beschrieben hat. Diese Tragödie haben zu einem Großteil eben jene Geisteswissenschaften produziert, welche sie bei Dilthey gerade verhindern sollten. Für Cassirer (oder vielleicht eher Simmel) blockieren die Geisteswissenschaften die Möglichkeit, daß Kultur- und Kunstangebote zum 'lebendigen' Besitz der Menschen werden, weil sich die Angebote in den wissenschaftlichen Interpretationen in abgeschnittene Verselbständigungen verflüchtigen (vgl. Cassirer, 185). In solchen — zugegebenermaßen etwas sentimentalen — Diagnosen verdichten sich die meist abgespaltenen Selbsterfahrungen von Intellektuellen und Gelehrten seit dem 19. Jahrhundert, die, wie englische und französische Ausdrücke etwas nachhaltiger suggerieren (*man of letters, homme de lettres*), einem gestörten Verhältnis zur Spannweite heterogener, latent aber eben doch aufeinander beziehbarer Kulturpraktiken entspringen. Wer glaubt, dergleichen gehöre längst der Vergangenheit an, möge sich durch die eingangs erwähnte *Englische Kulturgeschichte* von Dietrich Schwanitz[32] eines Besseren oder eher Schlechteren belehren lassen. Im anspruchsvollen systemtheoretischen Gewande einherschreitend, strotzt diese Geschichte von überlieferten Vorurteilen gegen das, was gegen ein höchst selektives intellektuelles Niveau sich sperrt. Da hilft es wenig, wenn man in einer Neuauflage die Monomanie der seit dem ersten Systemphilosophen Herbert Spencer wohlbe-

---

sie und Wissen. Die Entstehung des ästhetischen Bewußtseins und der philologischen Erkenntnis. Frankfurt am Main 1990, Kap. III/4 („Philologie als Lebensform") und 160, 191, 213, 221 und 224.

31 Vgl. zu Adorno Heinz Steinert: *Adorno in Wien. Über die (Un-)Möglichkeit von Kunst, Kultur und Befreiung.* Wien 1989, und: Ders.: *Die Entdeckung der Kulturindustrie oder: Warum Professor Adorno Jazz-Musik nicht ausstehen konnte.* Wien 1992. Vgl. Deweys scharfes Urteil („out of place and stupid") über die o.g. Unterscheidungen (John Dewey: *Art as Experience.* New York 1934, Reprint 1980, 227). Zu Hegel vergleiche man vor allem im dritten Teil der *Ästhetik* die Auslassungen zu den romantischen Künsten, besonders Musik, Poesie bzw. dramatische Poesie.

32 Dietrich Schwanitz: *Englische Kulturgeschichte 1500 bis 1914.* Frankfurt am Main 1996.

kannten Vorurteile durch Bilder aufzulockern versucht.[33] Es ist nachgerade amüsant zu sehen, wie die Erweiterung literaturwissenschaftlicher Gegenstandsbereiche um Trivialliteratur seit den 60er Jahren, und die Aufmerksamkeit, die auch Fernsehen und Film seit den 70er Jahren gewidmet werden, dann doch wieder geschmäcklerisch abgebrochen werden. Den 'Geschmack' — als Vorbedingung der Kontaktaufnahme mit und Teilnahme an kulturellen Erfahrungsmöglichkeiten und ihrer Beobachtung — kann man nicht ausschalten. Aber man kann die inzwischen nicht einmal mehr arrogante, sondern, Dewey folgend, eher etwas stupide Geste bleiben lassen, als habe man mit der Theorie den Geschmack ersetzt.

Kultur läßt sich, mit anderen Worten, nicht durch bestimmte Gegenstandsbereiche definieren. Sie wird eher performativ im Stil des Umgangs, auch des theoretischen Umgangs, mit kultureller Heterogenität manifest. In dieser Hinsicht, sieht man vom historischen Pathos ab, scheint mir ein Kulturbegriff Nietzsches immer noch relevanter als die meisten unserer wissenschaftlichen Definitionsversuche. Nietzsche mißtraut jener „Art von abgeirrter Cultur, welche welt- und werdefreundlich ist und emsig beflissen, den Menschen recht streng im Bereiche seiner historischen Existenz einzuschliessen. Durch sie soll gerade die Aufgabe gelöst werden, die geistigen Kräfte einer Generation so weit zu entbinden, dass sie mit ihnen den bestehenden Institutionen, Staat, Verkehr, Kirche, Gesellschaft, am nützlichsten werden kann: aber nur soweit." Nietzsche hofft auf eine andere, wie gesagt, etwas romantisch-pathetisch formulierte: „Will nicht jede Cultur den einzelnen Menschen heraus aus dem Stossen, Schieben und Zermalmen des historischen Stromes nehmen und ihm zu verstehen geben, dass er nicht nur ein historisch begrenztes, sondern ein ganz und gar ausserhistorisch-unendliches Wesen sei [...]? Ich mag es nicht glauben, dass dies der Mensch sei, was da mit trübem Fleisse durch das Leben kriecht, lernt, rechnet, politisirt, Bücher liest, Kinder zeugt und sich zu sterben legt [...]. Nun ruft der Philosoph und Künstler dem, der also träumt, ein paar Worte zu [...]; werden sie den unruhigen Schläfer wecken?"[34] In welchen Medien sich Nietzsches emphatischer, nicht konformistischer Kulturbegriff geschichtlich jeweils dynamisch objektiviert, wäre von Disziplinen auszumendeln, in deren Zentrum sicherlich eine nicht nur literaturwissenschaftliche Allgemeine Literaturwissenschaft stehen könnte. Wollen die Geisteswissenschaften da mitspielen, so wird weder die Interpretation der Bestände (ob sinnorientiert oder dekonstruktivistisch) noch die seit geraumer Zeit modisch gewordene Wiederholung medientechnologischer Gemeinplätze (von Simulationstheoremen bis hin zu Verschwörungstheorien, die Weltherrschaft von Silicon Valley betreffend) viel helfen, sondern allenfalls die ebenso distanzierte wie engagierte Einschätzung des *appeals* einigermaßen prägnanter kultureller und medialer Konfigurationen.

[33] Eine etwas gekürzte, dafür aber mit Illustrationen gewürzte Version erschien 1996 beim Eichborn Verlag in Frankfurt am Main. Ähnliche Einwände ließen sich gegen Luhmanns *Die Kunst der Gesellschaft.* Frankfurt am Main 1995, vorbringen.

[34] Friedrich Nietzsche: *Sämtliche Werke. Kritische Studienausgabe.* Hg. Giorgio Colli, Mazzino Montinari. Bd. 7: *Nachgelassene Fragmente 1869-1874.* München, Berlin, New York 1988, 813.

IV. Modelle

Allgemeine und Vergleichende Literaturwissenschaft — das Essener Modell

Horst Albert Glaser

Bis heute sind die Geisteswissenschaften weithin nach den Bedürfnissen der Lehrerausbildung organisiert. Selbst Studenten, die nicht Lehrer werden wollen, müssen Studiengänge durchlaufen, die sich nur in Marginalien von denen unterscheiden, die für zukünftige Lehrer konstruiert wurden. In den Vorlesungsverzeichnissen vieler Universitäten — so auch der Essener — wird kein besonderes Programm für Magister-Studenten angeboten, sondern diese müssen sich ihre Veranstaltungen im Angebot für die Lehramtsstudenten heraussuchen. Mit anderen Worten: Wer heute Anglistik oder Germanistik studiert, aber nicht Lehrer werden will, hat ebensoviel Chancen wie diese, seine Qualifikation in Verdienst umzusetzen: nicht viele. Daß in den meisten Magisterstudiengängen nach denselben Gesichtspunkten ausgebildet wird wie in den Lehramtsstudiengängen, hat — neben der Gleichgültigkeit der zuständigen Fakultäten und Fachbereiche — aber noch einen banaleren Grund: Die Berufswelt außerhalb der Schule ist dem Lehrkörper so gut wie unbekannt. Selbst wenn die Professoren guten Willens wären (woran manchmal zu zweifeln ist), könnten sie aus eigener Erfahrung und Kompetenz nicht angeben, wie ein literaturwissenschaftliches Studium zu organisieren wäre, auf daß die Absolventen reale Chancen auf dem Arbeitsmarkt hätten. Und der Arbeitsmarkt für Literaturstudenten ist im weitesten Sinne die Medienbranche. Von dieser aber wissen die meisten Professoren und Dozenten nichts außer dem, was sie in Büchern anderer Professoren und Dozenten darüber gelesen haben.

So ist in den traditionellen Fremdsprachenphilologien weithin unbekannt, daß die Texte, mit denen in der Medienbranche gehandelt wird, oft nicht in deutscher, sondern in englischer, französischer oder italienischer Sprache geschrieben sind. Wer aber ein Blatt redigieren, irgendein Programm oder eine Informationsbroschüre machen will, muß wohl oder übel drei der wichtigsten Sprachen lesen und einigermaßen sprechen können. Aber es sind nicht nur die Sprachen, die es zu verstehen gilt; mit den Texten selbst kann nur richtig umgehen, wer die verschiedenen Kulturen kennt, denen die Texte entstammen. Amerkanische Romane und Drehbücher unterscheiden sich nicht nur in der Sprache, sondern auch in ihren kulturellen Konnotationen von französischen oder deutschen Produktionen. Sie angemessen beurteilen zu können, erfordert also nicht nur Sprachkompetenz, sondern auch ein Verständnis der unterschiedlichen Kulturen, die in der westlichen Hemisphäre dominieren.

Auf all dies bereiten traditionelle Lehramtsstudiengänge und die diesen nachgebildeten Magisterstudiengänge nicht vor. Man wird da entweder zum Germanisten oder Anglisten ausgebildet — häufig noch von Dozenten, die auch in den Fremdsprachenphilologien keine andere Sprache benutzen als die deutsche. Das heißt, selbst um die Sprachkompetenz ist es bei Anglisten und Romanisten schlecht bestellt, wenn sie Anglistik oder Romanistik an einer deutschen Universität studiert haben. Die osteuropäischen Universitäten haben da den deutschen einiges voraus: an polnischen und ungarischen Universitäten findet der gesamte Unterricht der Fremdsprachenphilologien in der jeweiligen Fremdsprache statt — und zwar vom ersten Semester an. So kommt es, daß polnische oder ungarische Germanistikstudenten besser deutsch sprechen als deutsche Romanistikstudenten französisch oder italienisch.

Freilich sei es mit einiger Drastik gesagt: wer sich heute an deutschen Universitäten zum Germanisten oder Anglisten ausbilden läßt, studiert nicht selten sehenden Auges in die Arbeitslosigkeit hinein. Der international operierende Medienmarkt braucht sie nicht; dort wird vielmehr nach Absolventen gesucht, die in mehreren europäischen Sprachen und Kulturen zu Hause sind. Aber verschiedene Sprachen und Literaturen kann man eigentlich nur in einem Studiengang kennenlernen, der bislang unter den übermächtigen Lehramtsfächern ein Schattendasein geführt hat: der Vergleichenden Literaturwissenschaft. Zu ihren Aufgaben gehört seit je, was von der Germanistik gerade wieder entdeckt worden ist: der interkulturelle Vergleich unterschiedlicher Sprachsysteme. Der Vergleichenden Literaturwissenschaft ist er seit langem bekannt. Rätselhaft dünkt es, wie es etwa der Germanistik oder der Romanistik hat einfallen können, die Literatur der Aufklärungsepoche oder der Romantik als ein von anderen Literaturen abzusonderndes Phänomen der sei's deutschen, sei's französischen Literaturgeschichte zu behandeln. Die Entwicklung keiner der europäischen Literaturen ist aus sich heraus zu verstehen, sondern nur im Kontext mit den anderen.

Durchschneidet insofern die Vergleichende Literaturwissenschaft die (immer noch eifersüchtig bewachten) Grenzen der traditionellen Fremdsprachenphilologien, um analoge Entwicklungen und Sachverhalte in verschiedenen Kulturen studieren zu können, so muß sie sich heute auf die Erfordernisse der Berufspraxis einlassen. Denn es sollen ja in Magisterstudiengängen der Vergleichenden Literaturwissenschaft nicht neue Professoren für Vergleichende Literaturwissenschaft ausgebildet werden, sondern junge Leute, die in der Medienbranche ihr Auskommen finden wollen und sollen. Das heißt: zu den traditionellen Themen wie: 'Das bürgerliche Trauerspiel bei Lessing und Diderot' müssen Themen kommen wie 'Die Verfilmung von Romanen des 19. Jahrhunderts' oder 'Rezensionen literarischer Neuerscheinungen'. Man mag der Adaption von Literatur an die Medien skeptisch gegenüberstehen, sie eher als eine Verwurstung denn als eine Transformation betrachten, sie stellt jedoch ein Faktum dar, vor dem die herkömmliche Literaturwissenschaft nicht die Augen verschließen kann — schon gar nicht, da ihre Studenten die Transformation älterer Literatur in die Medien wie auch die Generation neuer ästhetischer Formen aus den Medien kennenlernen sollen. Wenn die 'Gutenberg Galaxy' sich dem Ende näher sollte (was bei sich steigernder Buchproduktion fraglich ist), so wird Literaturwissenschaft traditionellen Zuschnitts nicht überleben können, indem sie, wie weiland der Vogel Strauß, den Kopf in den Sand ihrer gelehrten Fußnoten vergräbt.

Der Essener Magister-Studiengang ist infolgedessen anders strukturiert als Studiengänge gleichen Namens in Bochum, Bonn, Berlin oder München. Überhaupt stellt er keine Erweiterung oder Hilfswissenschaft der Germanistik oder der Romanistik dar. Es handelt sich um einen grundständigen Studiengang, der sowohl als Haupt- wie auch als Nebenfach belegt werden kann. Darüber hinaus besteht die Möglichkeit der Promotion und der Habilitation. Wollte man das Lehr- und Forschungsprogramm der Essener Komparatistik auf einen bündigen Begriff bringen, so ließe sich sagen, daß die Beziehungen zwischen den Literaturen Deutschlands, Englands, Frankreichs, Italiens und Spaniens behandelt werden. Anschließt sich an das moderne Programm ein kleines antikes, das den Literaturen Athens und Roms gilt. Da die genannten Literaturen vor allem durch Übersetzungen aufeinander gewirkt haben, widmen sich nicht nur Lehrveranstaltungen, sondern auch Forschungsarbeiten der Übersetzungsgeschichte und Übersetzungsproblematik. Nicht vertreten sind im Programm die Literaturen Ost- und Südosteuropas. Man mag die Absenz der slawischen Literaturen als einen Mangel weniger der Essener Komparatistik als des Fachbereichs für Literatur- und Sprachwissenschaften bezeichnen, dem die Komparatistik angehört. Insofern sie auf die west- und südeuropäischen Literaturen bezogen ist, vertritt sie das traditionelle Konzept der europäischen Komparatistik. Daran ändert sich nichts, daß gelegentlich die skandinavischen Literaturen thematisiert werden, die insbesondere im Naturalismus auf die deutsche Literatur eingewirkt haben.

Eine Zeit lang bestand die Hoffnung, daß in den neuen Bundesländern die Komparatistik sich den slawischen Literaturen öffnen möge. Die Hoffnung aber trog, denn deren Slawistik-Seminare sind weithin abgewickelt worden und werden nur zaghaft wieder aufgebaut. Lange wurde in Essen überlegt, ob die Allgemeine und Vergleichende Literaturwissenschaft sich nicht sinnvollerweise 'Europäische Literaturwissenschaft' oder 'Wissenschaft der Europäischen Literaturen' nennen sollte. Denn das ist sie de facto. Je näher die Staaten der Europäischen Union aneinanderrücken wollen, desto zweckmäßiger erscheint es, auch ihre Literaturen nicht getrennt, sondern im Verbund zu studieren. Es stellt nicht eines der geringsten Versäumnisse dar, daß bei der Reorganisation der Universitäten in der untergegangenen DDR darauf verzichtet wurde, das Literaturstudium zu europäisieren. Auch die Neugründung in Erfurt, die Interdisziplinarität auf ihre Fahnen geschrieben hat, richtet doch wieder Dutzende von Professuren für einzelne europäische Nationalliteraturen ein, aber nur eine einzige für Komparatistik. Dabei wäre es an der Zeit, sich vom Konzept der Nationalliteraturen ebenso zu trennen, wie man sich von den Nationalstaaten des 19. Jahrhunderts zu verabschieden beginnt. Wenn es in der Philosophie oder der Kunstgeschichte keine Professuren für neuere deutsche Malerei oder ältere deutsche Philosophie gibt, so kann gefragt werden, ob es unbedingt und ausschließlich solche für deutsche, englische oder französische Literatur geben muß. Die Verschiedenheit der Sprachen verdeckt oft genug nur die Gleichheit nicht so verschiedener Literaturen. Die *Association Internationale de Littérature Com-*

parée sieht vor anderen die Essener Komparatistik als ihren deutschen Stützpunkt an. Sie beteiligt sich nämlich — als einziges deutsches Institut — an der *Histoire Comparée des Littératures de Langues Européennes* und erarbeitet den Band über die europäischen Literaturen zwischen 1760 und 1820.

Die Allgemeine und Vergleichende Literaturwissenschaft begann 1974 mit einer einzelnen Professur. Hiermit war aber — im Rahmen eines eigenständigen Magister-Studiengangs — eine Wissenschaft der europäischen Literaturen nicht zu betreiben. Ausschied auch ein — anderswo praktiziertes — Kooperationsmodell verschiedener Philologien, die jeweils Beiträge zu einem gemeinsam verantworteten Studiengang beisteuern. Es gab Ende der siebziger Jahre und gibt auch heute in Essen nur zwei Philologien: die Anglistik und die Germanistik. Beide kamen als Kontribuenten für einen komparatistischen Studiengang nicht in Frage: die Anglistik wurde als Haupt- oder Nebenfach von den Studenten benötigt, die Komparatistik studieren. Es erschien und erscheint überflüssig, dieselben anglistischen Lehrveranstaltungen sowohl in der Anglistik als auch in der Komparatistik anzubieten, da Studenten in verschiedenen Fächern eben verschiedene Veranstaltungen erwarten. Die Germanistik kam als Kontribuentin nicht in Frage, da sie zur Zeit der Etablierung des Magister-Studiengangs nur über Professoren für Deutsch-Didaktik verfügte. Hieran hat sich bis heute nicht viel geändert. Die Magister-Prüfungsordnung des Essener Fachbereichs schreibt vor, daß das Studium der Komparatistik mit dem Studium einer Fremdsprachenphilologie (nicht: Germanistik) kombiniert werden muß. Wer Komparatistik im Hauptfach studieren will, muß e.g. Anglistik als Nebenfach studieren (und umgekehrt). Hiermit ist die Kombination von Germanistik als Hauptfach mit Komparatistik als Nebenfach ausgeschlossen. Vermißt wird die Germanistik von den Studenten nicht. Das Lehrprogramm enthält zahlreiche Veranstaltungen auch zu Themen der deutschen Literatur, daß ein besonderes Studium der Germanistik überflüssig erscheint.

Bedauerlicherweise hat man bei der Gründung der Universität Essen (1972) darauf verzichtet, einen Studiengang für Romanistik einzurichten. Diese Fehlentscheidung des Essener Gründungssenats zeitigt noch heute Folgen: Ohne Romanistik ist die Allgemeine und Vergleichende Literaturwissenschaft eigentlich nicht zu studieren — nicht zuletzt aus dem Grunde, weil sie sich — wissenschaftshistorisch — aus der Romanistik entwickelt hat. Auch sind die deutsche, die französische und die italienische Literatur so eng miteinander verflochten, daß ihr getrenntes Studium nicht angeraten werden kann. Um einen Magister-Studiengang für Allgemeine und Vergleichende Literaturwissenschaft etablieren zu können, war es infolgedessen notwendig, eine besondere Professur für Romanistik einzurichten, deren Lehrangebot ausschließlich im Programm der Allgemeinen und Vergleichenden Literaturwissenschaft zu finden ist. M. Brunet, der damals französischer Botschafter in Bonn war, ist es zu danken, daß er sich energisch für diese Professur eingesetzt hat.

Verankert ist in der Studienordnung auch das kursorische Studium der antiken Literaturen Griechenlands und Roms. Da sie am Beginn der europäischen Literatur stehen, erschien und erscheint es notwendig, beim Studium der modernen Literaturen daran zu erinnern, daß diese eine Geschichte von mehr als zweitausend Jahren haben. Da es auch die klassische Philologie nicht gab, mußte noch eine besondere Professur für die 'Kulturgeschichte des Griechischen und Lateinischen' eingerichtet werden. Deren Lehrangebot richtet sich außer an die Studenten der Komparatistik auch an die Studenten der Geschichte und der Philosophie.

Angesichts der Bedeutung, die die elektronischen und Bildmedien für die Kultur haben, wurde der Allgemeinen und Vergleichenden Literaturwissenschaft in den achtziger Jahren eine vierte Professur 'Literaturvermittlung und Medienpraxis' zugewiesen.

Die Arbeitsgebiete der Professoren entsprechen den vier Schwerpunkten der Magister-Studienordnung: Antike Literaturen, Europäische Literaturen im Kontext , Romanische Literaturen, Medientheorie/Medienpraxis. Der Studienschwerpunkt 'Literaturvermittlung und Medienpraxis' ist von der Hochschule insbesondere ausgebaut worden und bietet Serviceveranstaltungen für die anderen Fächer des Fachbereichs an. Neben der Mathematik, der Physik und der Chemie dürfte die Komparatistik eines der größten Servicefächer der Hochschule sein. Die Hochschule hält beträchtliche Mittel für Lehraufträge und Gastprofessuren bereit, die ausschließlich an Medienpraktiker (nicht: Medientheoretiker) vergeben werden. Regelmäßig sind Redakteure von Zeitungen, Rundfunk- und Fernsehanstalten, sowie Lektoren von Verlagen in der Komparatistik tätig. Hinzu kommt noch die Gastprofessur des 'Poet in Residence', auf die alle zwei Semester ein Schriftsteller berufen wird. Kurzum: es arbeiten in der Essener Komparatistik gegenwärtig vier reguläre Professoren und drei Gastprofessoren.

Beschäftigungsprobleme haben Absolventen der Essener Komparatistik keine. Viele erhalten noch vor dem Abschluß ihres Studiums Angebote von Verlagen und Zeitungsredaktionen. Andere wiederum werden als Lektoren an europäische Partneruniversitäten vermittelt.

Im Rahmen des ERASMUS-Programms der Europäischen Union, kooperiert die Essener Komparatistik mit Instituten in Amsterdam, Athen, Lyon, Pisa und Triest. Seit Jahren ist ein intensiver Studentenaustausch im Gange. Pflicht eines Essener Komparatistik-Studenten ist es nämlich, mindestens ein Semester an einer Hochschule des Auslands zu studieren: In Essener Seminaren sitzen hinwiederum Studenten aus vielen Ländern Europas, Südamerikas und Asiens (Korea, China). Französische, holländische und italienische Komparatisten veranstalten Blockseminare in Essen.

Mit der beschriebenen Ausstattung und ihrem weitgefächerten Lehrangebot gehört die Essener Komparatistik zu den großen Instituten der Bundesrepublik, neben Berlin und München. Ob freilich das Renommierstück der Essener Universität über die Amtszeit der jetzt tätigen Professoren hinaus erhalten werden kann, steht in den Sternen. Kurzsichtige Stellenstreichungen und Konkurrenz-Neid könnten in wenigen Jahren vernichten, was in zwanzig Jahren mühevoll und erfolgreich aufgebaut wurde.

Siegener Modell! — Modell Siegen? Zum Konzept der Allgemeinen Literaturwissenschaft an der Universität-Gesamthochschule Siegen

Karl Riha

Analog zum 'Konstanzer Modell' und 'Bielefelder Modell' ist es üblich, daß man bei innovativen Hochschulkonzepten von 'Modellen' spricht, die man mit dem jeweiligen Ortsnamen kombiniert, so daß sie den Charakter eines festen Markenzeichens gewinnen, das man als gängigen Kürzel in jede einschlägige Diskussion einbringen kann — warum also nicht (in aller Bescheidenheit) vom 'AL-Modell Siegen' sprechen, war es doch Anfang der siebziger Jahre der dezidierte Gründungs-Auftrag der nordrheinwestfälischen Universitäten-Gesamthochschulen, generell nach neuen Studien-Modellen Ausschau zu halten.

Dabei hatte ich, als ich Mitte der siebziger Jahre von Berlin an die Sieg wechselte, zunächst das Modell der dortigen Technischen Universität vor Augen. Das entsprechende Institut für 'Deutsche Philologie, Allgemeine und Vergleichende Literaturwissenschaft' hatte Walter Höllerer gegründet, der Ende der fünfziger Jahre von der Frankfurter Johann-Wolfgang-Goethe-Universität nach Berlin gewechselt war; ihm ging es seinerzeit darum, am neuen Ort, also im Kontext naturwissenschaftlicher und technischer Fächer, die an diesem Hochschultyp zwangsläufig dominierten, die Rolle der Geisteswissenschaften neu zu bestimmen, wenn sie — beispielsweise als Bestandteil eines Studium generale — wirklich integriert und nicht von vornherein separiert bleiben wollten. Die Gründung eines Instituts 'Sprache im technischen Zeitalter' mit dem Flaggschiff einer gleichnamigen Zeitschrift signalisierte frischen Wind aus eben dieser Richtung: Früher als an anderen Orten, und schon gar an den alteingesessenen Hochschulen, gingen hier Literaturwissenschaft und Linguistik (statt der herkömmlichen, fest in eine Einzelphilologie integrierten Sprachgeschichte) eine fruchtbare Verbindung ein, wurde die Notwendigkeit einer medienwissenschaftlichen Orientierung der Literaturwissenschaft unterstrichen und setzte der Institutsleiter, der als Autor und Herausgeber der Zeitschrift *Akzente* nicht nur in der Literaturwissenschaft, sondern in der Literatur selbst einen Namen hatte, Akzente in Richtung 'literarische Moderne' und 'creative writing', wie er es an amerikanischen Universitäten kennengelernt hatte. Die enge Verbindung zum — ebenfalls von Walter Höllerer begründeten — *Literarischen Colloquium* eröffnete den aktiven Zugang zum kulturellen Leben der Stadt, das speziell in den sechziger Jahren aus diesem Nexus wichtige internationale Impulse erfuhr (etwa durch die Theaterreihe *Modernes Theater auf kleinen Bühnen* mit der erstmaligen Vorstellung des New Yorker *Living Theatre* oder die Lyrik-Präsentation *Ein Gedicht und sein Autor*), und zog einen Studententypus an, dem an dieser lebendigen Partizipation gelegen war, darunter zahlreiche junge Schriftsteller, die sich durch eigene Publikationen rasch einen Namen machen sollten. Sie tendierten, sofern sie sich nicht vorzeitig von der Universität verabschiedeten, zu eigenwilligen Dissertationsthemen, die ihrerseits auf den 'wissenschaftlichen Betrieb' zurückschlugen und ihn zu neuen Ansätzen inspirierten.

Das hier von Berlin Gesagte gilt unter veränderten Vorzeichen auch für die Technische Universität in Stuttgart, deren literarisch-literaturwissenschaftlicher Part bei Fritz Martini lag, für deren inspirierende philosophische Ausrichtung jedoch Max Bense die Gallionsfigur abgab. Die spezifische Anbindung an die Avantgarde-Bewegungen vor dem Zweiten Weltkrieg wie an die diversen Avantgarde-Literaturbewegungen der aktuellen Gegenwart führte hier wie dort zu einem unverwechselbaren Gegenstands-Profil, das sich aus dem Traditionalismus des Fachs löste und neuen Tendenzen Raum gab. Selbstverständlich begegneten sich Fachvertreter aus Berlin und Stuttgart in entsprechenden Forschungszirkeln — wie etwa dem Arbeitskreis 'Trivialliteratur' der Fritz-Thyssen-Stiftung — und wirkten hier an einer Veränderung des Literaturbegriffs mit, die nun auch nach 'unten' zielte und von hier aus eine Ausweitung der Kenntnisse intendierte. Durch die Vermittlung von Freunden, die seinerzeit von Frankfurt aus mit Walter Höllerer nach Berlin gegangen waren, partizipierte ich damals an diesen Herausforderungen und übernahm für den im *Literarischen Colloquium Berlin* publizierten Sammelband *Trivialliteratur* (1965) den Beitrag über „Comic strips“, mithin einen riskanten Ausflug ins 'Abseitige', wie mir noch viele Jahre später traditionelle Kollegen vom Fach offen attestierten.

Was für Berlin galt, war jedoch nicht ohne weiteres an die Sieg übertragbar, und nicht nur, weil hier ein vergleichbares großstädtisches Umfeld mit entsprechenden Akademien, Medien-Anstalten etc. schlichtweg fehlte. Zwar gab es hier eine Ingenieurschule, die als Vorläufer-Institution mit zur Gründungsmasse der Siegener Gesamthochschule gehörte, aber deren eigentlicher Kernbestand, den sie in die Gründung mit einbrachte, war doch eine Pädagogische Hochschule, die nun um Studiengänge für die Sekundarstufen I und II und die ihnen zugeordneten Schultypen ergänzt wurde: den Lehramtsstudiengängen gegenüber wiederum figurierte die neu einzurichtende Allgemeine Literaturwissenschaft als reiner Magisterstudiengang. Dem lag die Überlegung zugrunde, daß bei wachsenden Studentenzahlen der Lehrerberuf als Studienziel der Literaturwissenschaft zunehmend Konkurrenz durch andere Berufsziele bekommen werde, somit auch andere Studiengänge und alternative Studienabschlüsse ins Auge zu fassen seien, wenn man sich denn diesen Herausforderungen gegenüber gewachsen zeigen wollte. Das war die Grundlage, auf der es einen Studienplan einzurichten und den offiziellen Lehrbetrieb zu eröffnen galt.

Den „Entwurf“ der Studienordnung von 1978, dem intensive Gespräche aller am Ort angesprochenen Dozenten und auch der ersten Studenten vorausgingen, eröffneten deshalb Überlegungen zu Studien- und Berufszielen: „Dieser von der Allgemeinen Literaturwissenschaft im Fachbereich Sprach- und Literaturwissenschaften der Universität-Gesamthochschule Siegen angebotene Studiengang“, heißt es dort,

„ist rein literaturwissenschaftlich ausgerichtet".[1] Also aus der fixen Verbindung mit den älteren Abteilungen entlassen, die sonst in den Einzelphilologien zur Pflicht gehörten. Und weiter: „Er ist im Hauptfach autonom und bietet im Nebenfach die Möglichkeit, eine der übrigen im Fachbereich vertretenen Literaturwissenschaften im Sinne einer stärkeren theoretischen Ausprägung und komparatistischen Orientierung auszuweiten. Sowohl als Haupt- wie als Nebenfach erlaubt er darüber hinaus die Kombination mit allen weiteren Disziplinen des Fachbereichs sowie mit Fächern anderer Fachbereiche an der Universität-Gesamthochschule Siegen. Der Studiengang empfiehlt sich für alle Studenten, die ihr Studium nicht mit dem Staatsexamen für Lehrer abschließen wollen und andere Fächerkombinationen vorziehen, als sie im Blick auf die Unterrichtsfächer der Schule für die Lehramtsstudiengänge festgelegt sind; er empfiehlt sich weiter für solche Studenten, die aus den sozialwissenschaftlichen, naturwissenschaftlichen oder wirtschaftswissenschaftlichen Fachbereichen heraus ein Studium der Literaturwissenschaft anstreben und sich dabei nicht auf eine Einzelphilologie festlegen wollen. Qualifizieren kann das Studium für eine spätere Berufstätigkeit z.B. im Verlagswesen (Lektor), bei Zeitungen und Zeitschriften (Journalist oder Redakteur), bei Theater (Dramaturg, Regisseur), Rundfunk und dem Fernsehen (freier Mitarbeiter oder Redakteur), bei den Volkshochschulen (Dozent), den Bibliotheken (Bibliothekar), den Goethe-Instituten des Auslands bzw. Auslands-Aktivitäten des DAAD (Lektor), den Kulturabteilungen der Kommunen, der Länder und des Auswärtigen Dienstes. Für alle diese Berufe ist die Kenntnis mehrerer Literaturen und Sprachen unerläßlich" (ebd.). Da auch andere Fachbereiche ihre Magister-Ordnungen ausarbeiteten, blieb es nicht beim leeren Versprechen, sondern eröffneten sich tatsächlich Fächerkombinationen neuen Zuschnitts — etwa hin zu den Wirtschafts-, Natur- und Ingenieurwissenschaften oder eben von diesen aus hin zur Allgemeinen Literaturwissenschaft als Nebenfach. Dies verdient nicht zuletzt deshalb besondere Erwähnung, weil — darauf aufbauend — in den achtziger Jahren ein eigener medienwissenschaftlich orientierter Studiengang diese Verbindungsmöglichkeiten zu seiner Grundlage machte.

Nun hatte das Ganze — bei allem guten Willen — freilich das folgende Manko, daß mit meiner Berufung nach Siegen für alle Lehr- und Prüfungsaufgaben im Fach lediglich ein Hochschullehrer und ein ihm zugeordneter wissenschaftlicher Mitarbeiter zur Verfügung standen. Genau das aber widersprach allen Auffassungen von universitärem Studium, die ich hatte: sie setzten mit personellen stets auch methodische Alternativen und Kontraste voraus — und Wahlmöglichkeiten speziell auch hinsichtlich der Examina! Da aber mit weiteren Berufungen im Fach kurz- wie langfristig nicht zu rechnen war (eine weitere — eigene — Dozentur für die Allgemeine Literaturwissenschaft wurde in der Tat erst 1996 mit Hilfe einer VW-

[1] „Studienordnung Allgemeine Literaturwissenschaft an der Universität-Gesamthochschule-Siegen. Entwurf. Magisterexamen, Promotion" (1978), 3 S., hier: § 1 Studien- und Berufsziele. Die Formulierungen des „Entwurfs" sind in die derzeit geltende „Studienordnung für den Studiengang Allgemeine Literaturwissenschaft mit dem Abschluß Prüfung zum Magister Artium an der Universität-Gesamthochschule-Siegen vom 8. Juli 1988", 13 S., hier: § 2 (2), wörtlich übernommen worden.

Stiftungsprofessur erreicht), galt es, in andere Richtungen Ausschau zu halten: und so kam ich auf die Idee, aus allen im Fachbereich vertretenen Philologien einzelne Vertreter zu gewinnen, die sich fest zur Allgemeinen Literaturwissenschaft bekannten und dies auch nach außen durch entsprechende (seitens der Universität und des Ministeriums anerkannte) Querstrich-Regelungen dokumentierten. Neben mir, der ich unter Germanistik/AL firmierte, gab es also im Vorlesungsverzeichnis — aus dem Kreis derer, die bereits berufen waren, und dem der weiteren Neuberufungen, die noch im Gange waren — neben einem weiteren Vertreter der Germanistik/AL bald auch Kollegen mit den Denominationen Anglistik/AL bzw. Amerikanistik/AL und Romanistik/AL bzw. Hispanistik/AL. Andere, nicht durch eine solche offene Denomination gebundene Professoren-Kollegen und wissenschaftliche Mitarbeiter sollten von Semester zu Semester die Möglichkeit erhalten, ihre Veranstaltungen, so sie geeignet erschienen, für die Studenten der Allgemeinen Literaturwissenschaft zu öffnen und dies auch hochschulöffentlich zu annoncieren.

Das Lehrangebot der Allgemeinen Literaturwissenschaft setzte sich daher von Anfang an aus Veranstaltungen aller im Fachbereich 3 der Universität-GH Siegen versammelten Philologien zusammen, als da sind[2]:

Im Haupt- wie im Nebenfach:

- — Ältere deutsche Literatur- und Sprachwissenschaft
- — Neuere deutsche Literaturwissenschaft
- — Sprachwissenschaft des Deutschen
- — Englische Literaturwissenschaft
- — Amerikanische Literaturwissenschaft
- — Sprachwissenschaft des Englischen
- — Romanische Literaturwissenschaft
- — Sprachwissenschaft der romanischen Sprachen

Nur im Nebenfach:

- — Französische Literaturwissenschaft
- — Italienische Literaturwissenschaft
- — Spanische/ibero-amerikanische Literaturwissenschaft
- — Sprachwissenschaft der romanischen Sprachen (hierbei wählt der Studierende eine romanische Einzelsprache — Französisch, Italienisch, Spanisch — als Schwerpunkt)
- — Angewandte Sprachwissenschaft.

Dabei wurde im Detail so verfahren, daß die einschlägigen Dozenten zu Beginn des jeweiligen Semesters erklärten, welche ihrer Veranstaltungen sie ausschließlich in der Allgemeinen Literaturwissenschaft anbieten und welche sie aus ihrem Stammfach heraus für interessierte Studenten der Allgemeinen Literaturwissenschaft partizierbar machen wollten: nur so war über die Semester hinweg ein ausreichend breites Lehrangebot zu sichern. Diese Regelung entsprach insofern meinen Grundüberlegungen zum Fach Allgemeine Literaturwissenschaft, als ich davon ausging,

[2] „Ordnung für die Prüfung zum Magister Artium (Magisterprüfung) des Fachbereichs 3 (Sprach- und Literaturwissenschaften) der Universität-Gesamthochschule-Siegen vom 23. Januar 1986", 5 gez. S., hier: § 11.

daß es bei den ins Auge gefaßten Berufszielen, wobei neben dem breiten Spektrum von Verlagen, Zeitungen, Rundfunk- und Fernsehanstalten auch an alle möglichen Kultur-Institutionen zu denken ist, um eine eben solche, die engen Grenzen einer Nationalphilologie überschreitende Kompetenzerweiterung ging. Für Studenten mit der Allgemeinen Literaturwissenschaft als Hauptfach bzw. als Nebenfach zu einem naturwissenschaftlichen oder wirtschaftswissenschaftlichen Hauptfachstudium offerierte sich damit die ganze Trias der herkömmlichen Stamm-Philologien als Studieninhalt, wohingegen Studenten, die bereits eine einzelne dieser Philologien als Hauptfach gewählt hatten, mit Hilfe der Allgemeinen Literaturwissenschaft ergänzenden Einblick in die übrigen Philologien gewinnen konnten. Die Details — darunter die Studiengebiete im engeren Sinn — regelt die genehmigte Studienordnung von 1988 wie folgt:

> Das Studium der Allgemeinen Literaturwissenschaft bezieht sich auf folgende Teilgebiete:
>
> 1. Theorie der Literatur: Poetik und Rhetorik, Ästhetik und Hermeneutik
> 2. Wissenschaftsgeschichte und Wissenschaftstheorie, Geschichte und Methoden der Literaturgeschichtsschreibung, der Literaturkritik und des literarischen Kanons
> 3. Geschichte und Methoden der Textanalyse und Textinterpretation: z.B. Strukturalismus und Formalismus, Literaturpsychologie, Literatursoziologie, Rezeptionsästhetik
> 4. Institutionen und Medien der literarischen Vermittlung: Verlag, Bibliothek, Zeitschrift/Zeitung, Buchhandel, Theater, Film, Funk, Fernsehen, Schule; Gattungs-, Stoff-, Motiv- und Rezeptionsaspekte des Medienwechsels
> 5. Vergleichende Literaturgeschichte und Vergleichende Kulturwissenschaft
> 6. Kreatives Schreiben, Theorie, Geschichte und Praxis literarischer Gebrauchstexte, Theorie und Technik der wissenschaftlichen Edition.[3]

Alle Dozenten, die auf die bezeichnete Weise der Allgemeinen Literaturwissenschaft zugehörten, bildeten nach den allgemeinen Bestimmungen der Universitätsordnung ein der Universität wie dem Fachbereich gegenüber ausgewiesenes Team, das für die Semesterlehrpläne und alle sonstigen Belange des Studienplans verantwortlich zeichnete.

Früh waren wir uns jedoch bewußt, daß eine Steuerung der damals schon gravierenden und seither immer gravierender gewordenen Studienprobleme — das aktuelle Stichwort lautete und lautet: 'Praxisbezug' — nicht am grünen Tisch der Studienordnungen zu leisten war, sondern andere, sehr viel weiterreichende Schritte forderte. Da wir dies erkannten, verpflichteten wir uns den Studenten gegenüber zur Vermittlung studienfachbezogener Praktika, die bereits während des Studiums Einstellungen zu später anvisierten Berufen vermitteln sollten; das führte im Entwurf der Studienordnung zu folgender Formulierung: „Nach Möglichkeit sollen dem Studenten der Allgemeinen Literaturwissenschaft nach Abschluß des Grundstudiums Projektseminare und Veranstaltungen mit Hospitation oder Praktikum

[3] „Studienordnung [...] vom 8. Juli 1988", § 5; vgl. „Entwurf" (1978), § 3.

(bei Verlag, Presse, Funk, Fernsehen, Theater, Bibliothek, Kulturzentren etc.) angeboten werden, die der berufsspezifischen Orientierung dienen."[4]

Ich meinerseits offerierte seit meinen ersten Semestern in Siegen regelmäßige 'Creative-Writing-Kurse', um den Studenten Möglichkeiten zur Erprobung ihrer kreativen Talente auf diesem Terrain zu bieten. Aus einigen dieser Veranstaltungen sind kleine Veröffentlichungen hervorgegangen; aus einem Seminar heraus, das in die Schreibformen der Rezension einführen sollte, entwickelte sich eine Arbeitsgemeinschaft unter dem Titel 'Das Taschenbuch der Woche', die mit ihren Beiträgen über mehrere Jahre hinweg den Kontakt zum örtlichen *Radio Siegen* und der *Siegener Zeitung* suchte: Jeder Mitarbeiter erhielt auf diese Weise einen Stapel von Belegen, die ihre Feuertaufe in den Medien bereits hinter sich hatten. Diese Gruppe arbeitete, was die Auswahl der Rezensionstitel und das Redigieren angeht, zum Schluß weitgehend selbständig.

Selbstverständlich versuchte ich, wo immer dies möglich war, Studenten an Ausstellungsprojekten und anderen Aktivitäten dieser und ähnlicher Art partizipieren zu lassen, wie sie sich zu unterschiedlichen Zeitpunkten aus unterschiedlichen Anlässen immer wieder ergaben, jüngeren Datums zum Beispiel anläßlich einer Mail-Art-Ausstellung im Zusammenhang der 50-Jahr-Feiern zur Gründung des Bundeslandes Nordrheinwestfalen, die neben Siegen auch im Düsseldorfer Landtag und in der Kreisstadt Arnsberg gezeigt werden konnte, anläßlich der Feiern zum 25jährigen Bestehen der Universität-GH Siegen im Rahmen eines internationalen Festivals der Lautpoesie in Zusammenarbeit mit dem *Kultur!Büro* des Kreises Siegen-Wittgenstein oder bei diversen Ausstellungen im Foyer der Bibliothek der Universität-GH Siegen (etwa zu den Medien Bildpostkarte und Reklamebilder, zu Klappbilderbüchern, zu Themen wie Karikatur und verfremdeten Buch-Objekten, visueller Poesie und Dada) u.a.m. In der Regel gehörten die Erstellung eines Katalogs, die Dokumentation per Video etc. fest mit zum Programm, dito die Erarbeitung von Informationsmaterialien für die Medien.

Generell — so unser Ziel — wollten wir dahin wirken, daß die Studenten der Allgemeinen Literaturwissenschaft ihre Magister-Abschlußarbeiten (für die Dissertationen versteht es sich von selbst!) auf einen publikationsfähigen Stand bringen, damit sie auch außerhalb der Universität nachweisen können, womit sie sich in ihrer Studienzeit befaßt haben und zu welchen Ergebnissen sie gekommen sind. Diese Arbeiten sollten deshalb — auch gefördert durch die Praktika und Volontariate — Eigenständigkeit der Themenwahl und des methodischen Ansatzes unter Beweis stellen; Aufgabe der Dozenten sollte es sein, diese Versuche in exakt der Weise zu stützen, daß der Nachweis der Eigenständigkeit auch tatsächlich gelingt. Um den Studenten bereits in ihrer Studienzeit publizistische Erfahrungen zu ermöglichen, wurden diverse Heftreihen ins Leben gerufen, die grundsätzlich auch studentischen Veröffentlichungen offen stehen, so die Heftreihe *MuK* (*M*assenmedien *u*nd *K*ommunikation), die Heftreihe *Vergessene Autoren der Moderne* (Editionen) und die Heftreihe *Experimentelle Texte* (avantgardistische Autoren der

---

4 „Entwurf" (1978), § 5; vgl. „Studienordnung [...] vom 8. Juli 1988", § 7 (2).

Gegenwartsliteratur). Auch an eine aus der Zusammenarbeit mit Schriftstellern und Künstlern der Region resultierende Broschüre mit dem Titel *Meine Stadt* darf erinnert werden. Hinzugekommen ist in den letzten Jahren das Projekt einer interdisziplinären Zeitschrift mit wechselnden Themen unter dem Titel *Diagonal*, das sich für studentische Praktika offeriert, die mit Redaktionsarbeiten, den heute gängigen Techniken der Satzherstellung und des Vertriebs vertraut macht. Unter Interdisziplinarität ist hier neben den herkömmlichen Kontakten der Geisteswissenschaften untereinander speziell auch der Brückenschlag zu den Wirtschaftswissenschaften und den technisch-naturwissenschaftlichen Disziplinen zu verstehen, die — wie ja früh intendiert — zunehmend in den Fächerkombinationen der Studenten der Allgemeinen Literaturwissenschaft auftauchen und somit neue Herausforderungen an die Forschung und Lehre des Fachs darstellen.

Auf unterschiedliche Einladungen hin gab es in den ersten Jahren der nordrheinwestfälischen Gesamthochschul-Neugründungen verschiedene Treffen der Vertreter der Allgemeinen Literaturwissenschaft, aus denen hervorging, daß die Verankerungen des Fachs an den unterschiedlichen Universitätsorten zu unterschiedlichen Resultaten geführt hatten; gleichwohl blieb ein fester Kern an Gemeinsamkeiten, auch wenn es zu keinen spektakulären gemeinsamen Aktionen kam. Übereinstimmend war man der Meinung, daß sich hinter dem Stichwort 'Allgemeine Literaturwissenschaft' ein anderer Anspruch als hinter der traditionellen 'Vergleichenden Literaturwissenschaft' verstecken sollte, der es bekanntlich stets nur um das Wechselverhältnis zweier Philologien — und hauptsächlich: Germanistik/Romanistik, Germanistik/Anglistik — gegangen sei. Wie der Name sagt, sollte eine 'Allgemeine Literaturwissenschaft', die diesen Namen verdient, wirklich auf das 'Allgemeine' abzielen, d.h. auf Kompetenzen im übergreifenden Bereich literarischer Programmatik und Kritik, in Überschreitung der Grenzen zwischen Literatur und Kunst, Literatur und Musik so gut wie zwischen Literatur und Natur- und Wirtschaftswissenschaften und unter Berücksichtigung der medialen Zusammenhänge, die der Literatur ihre Erscheinungsweise als Buch, Radiosendung, Film oder Fernsehsendung vorgeben, bereit zu internationalem Zuschnitt der Interessen, wo dies aus der Sache heraus gefordert ist: etwa in den Examensarbeiten ausländischer Studenten der Allgemeinen Literaturwissenschaft, die aufgefordert werden sollten, ihren mitgebrachten kulturellen Horizont in die Themenstellung einzubringen, da sie nur so in der Lage sind, sich aus der dominierenden Fremdbestimmung in Deutschland zu lösen und ein eigenes Kreativpotential für ihre deutschen Dozenten und Mitstudenten ins Spiel zu bringen. Dahinter stand und steht die Idee einer wechselseitigen Erhellung der Kulturen, die natürlich zunächst den engen Zirkel der europäischen Länder umspannte, ihn nun aber verließ und etwa Ostasien, Afrika etc. mit einschloß.

Wider mein erstes Erwarten zeigte der provinzielle Zuschnitt der Universitätsstadt Siegen nicht nur Nachteile: stärker als in der Großstadt, wo ja 'alles vorhanden' war, forderte er zu eigenen Aktivitäten auf (etwa zur Mitgründung eines Kunstvereins); für die Studenten eröffneten sich bei den lokalen Zeitungen leichter Möglichkeiten zu freier Mitarbeit, als dies in Berlin, Frankfurt oder Hamburg der

Fall war. Allerdings entwickelte sich auch hier — nicht anders als an den großen Universitäten der Großstädte — kein eigenes studentisches Leben mehr, das in Studentenzeitung, Studententheater und studentischem Film-Club seine eigenen — lebendigen und deshalb höchst anregenden — Institutionen gehabt hätte: deren Niedergang war eine negative Begleiterscheinung der Studentenrevolte von 1968/69, die ansonsten ihre unbestreitbaren Verdienste hatte. Die unmittelbare Nachkriegsstudenten-Generation hatte sich hier alternative Zugänge zur kulturellen Praxis geschaffen, die einen eigenen beruflichen Qualifikationswert besaßen. Wie ich aus meinen eigenen Frankfurter Erfahrungen der frühen und mittleren 60er Jahre erinnere, wo ich (in Nachfolge auf Herbert Heckmann, Hanno Reuther und Ror Wolf) mehrere Jahre das Feuilleton der Frankfurter Studentenzeitung *Diskus* leitete, weiß ich, daß man damals aus derlei studentischer Praxis heraus — auch ohne Studienabschluß-Examen — zum freien Mitarbeiter bei den großen Zeitungen und Rundfunkanstalten und dort auch zum festen Mitarbeiter, ja selbst zum Redakteur avancieren konnte. Studium beschränkte sich eben dazumal nicht auf professorale Vorlesungen und Seminare, sondern schloß den studentischen Aktivitätsraum und die alternativen Talente ein, die sich hier erproben und ausprägen ließen.

Da die heutigen Studiengänge der Universitäten — so wohlüberlegt sie konzipiert sein mögen — in dieser Hinsicht defizitär sind und auf längere Sicht defizitär bleiben werden, wären meines Erachtens Überlegungen anzustellen, in welcher Weise berufspraktische Erfahrungen, welche unsere Studenten aus ihrem Studium heraus machen, etwa in der bereits skizzierten Form von Praktika und Volontariaten, aber auch in solchen freiberuflichen Berufs-Erprobungen und sonstigen Formen der Berufsorientierung aus dem Studium heraus, die notgedrungen oft genug zur Finanzierung des Studiums herhalten müssen, mit in die akademischen Qualifikationsprozesse einbezogen werden sollten. Die Vorteile lägen auf der Hand: Ich verweise als herausgegriffene Beispiele lediglich auf das Aufbrechen modischer wissenschaftlicher Terminologien, die an den Universitäten immer wieder einmal grassieren und bei den Studenten oft verhärten, weil ihre Imitation oft selbst schon für eine Qualifikation gehalten wird, oder auf die stark auseinanderlaufenden Vorstellungen von Arbeitstempo, Kreativität und Einfallspotential, die in der Universität an die Arbeitsform des Referats und der Examensarbeit, in der beruflichen Praxis aber an konkrete Aufträge, kollektive Projekte und deren konkrete Anforderungen gebunden sind, die bei aller individuellen Kreativität spezifische Geschwindigkeiten und Fähigkeiten der Koordination und Zusammenarbeit fordern.

Die Studienordnungen, die wir in den sechziger und siebziger Jahren konzipiert haben, um sie in Kraft treten zu lassen, basierten auf Studentenzahlen, die mit den heutigen in keiner Weise zu vergleichen sind. Die Universitäten werden diesem 'run' auf die von ihnen offerierten Studiengänge durch neue Konzepte begegnen müssen, wenn sie sich nicht mit den hohen Studienabbrecherzahlen und der Arbeitslosigkeit trotz abgeleisteter Examina abfinden wollen. Die Lösung könnte in der vermehrten Einrichtung von Fachhochschulen, aber auch in der Übernahme des US-amerikanischen College-Modells liegen. In ihrem Rahmen wären innerhalb der Studienzeit von maximal zwei Jahren Studienabschlüsse möglich, die zugleich mit hohen berufspraktischen Potentialen auf einer breiten Grundausbildung — z.B. Beherrschung unterschiedlicher Recherchier- und Computer-Systeme, Fremdsprachenkompetenz, Versiertheit in bestimmten Textformen (Protokoll, Korrespondenz, Interview) etc. — basieren und somit, weil die Einstellung stimmt, ihren Absolventen wirklich günstige Berufsaussichten auf 'niederem level', niedriger jedenfalls als in den althergebrachten Studienerwartungen, die notgedrungen (weil die Zahlen nicht mehr stimmen) mehr und mehr enttäuscht werden, eröffnen könnten: freilich auch eine wesentlich profundere Motivation zur Weiterführung der einschlägigen Studien, als dies heute der Fall ist. Ein richtiges Zusammenspiel von College bzw. Fachhochschule und Universität vorausgesetzt, wäre dann eine Eingangsprüfung für Studenten, wie sie heute mit zum Katalog einer erneuten Universitätsreform gehört, überflüssig.

Die hier angeschnittene Frage einer erneuten Universitätsreform übersteigt freilich für den Augenblick den Horizont der Studienordnung eines einzelnen Fachs, den ich hier zunächst einmal in Betracht gezogen habe. Man wird jedoch davon ausgehen können, daß sich das in groben Umrissen dargestellte 'Siegener Modell einer Allgemeinen Literaturwissenschaft' (*SMeAL*) — als Stimulus aufgegriffen, entsprechend fortgeschrieben etc. — in einem neuen Rahmen durchaus wird behaupten können. Die Aufspaltung dieser Studienordnung nach College- und Fachhochschulbedürfnissen auf der einen und Universitätsbedürfnissen auf der anderen Seite bietet gegenüber dem augenblicklichen Zustand sogar ausgesprochene Vorteile: Erlaubt sie doch zum einen eine stärkere Zuspitzung auf allgemeine Qualifikationen mit breit gestreuten Berufschancen, verhindert also, daß größere Studentenzahlen sozusagen auf Dauer über dem Niveau ausgebildet werden, das durch ihre tatsächlichen Berufschancen markiert ist, und gewährleistet zum anderen, daß Lehre und Forschung sich wieder jenen Innovationen widmen können, die nun einmal für 'gehobenere' Berufe notwendig sind, wenn sie nicht stagnieren und der Regression verfallen sollen. In diesem Rahmen dürfte es den Fachhochschulen/Colleges wie den Universitäten erneut obliegen, über ihre Studienpläne und deren Kombinierbarkeit, über die Durchlässigkeit der Studienabschlüsse und die Verbindungen zwischen Studium und einschlägigen Berufsfeldern anregend nachzudenken und profund zu befinden: über Erfolg und Mißerfolg entscheidet allein die Effektivität, um die es heute — weiß Gott! — nicht zum besten bestellt ist.

Eine Kontextbestimmung der Vergleichenden Literaturwissenschaft — das Beispiel Vanderbilt

William Franke und John A. McCarthy

I. Vergleichende Literaturwissenschaft an der Vanderbilt University

Die folgenden Ausführungen stammen aus der Feder von William Franke, der Komparatistik an der University of California, Berkeley, studierte, sowie von John McCarthy, der von der Germanistik zur Vergleichenden Literaturwissenschaft stieß. Es wurde zwar versucht, Frankes Argumentation und McCarthys Perspektive so nahtlos wie möglich zusammenzufügen und zu präsentieren, aber das bedeutet nicht, daß der individuelle Stil der beiden Autoren zurechtgestutzt und vereinheitlicht worden wäre. So ist eine Fassade entstanden, die vielleicht nicht völlig makellos sein mag, jedoch entspräche ein rundum einheitliches Gebäude auch nicht dem Zweck des Unterfangens — und dieses lautet nun einmal, die Spannungen innerhalb der Vergleichenden Literaturwissenschaft aufzuzeigen und die daraus resultierende Synergiewirkung zu beschreiben, die das Fach an Vanderbilt letztlich so entscheidend voranbringt. Die Vergleichende Literaturwissenschaft bewegt sich in einem lebendigen Umfeld, das durch eine Mischung aus nostalgischer Sehnsucht nach der traditionellen Literaturwissenschaft, Begeisterung über innovative Theoriemodelle und Faszination von kulturellen und interdisziplinären Ansätzen gekennzeichnet wird.

Die Vergleichende Literaturwissenschaft an der Vanderbilt University ist ein junger Studiengang, der erst in den 60er Jahren entstand. In den 70er Jahren erhielt er entscheidende Unterstützung durch den Dekan des College of Arts and Science, der zur Ansicht gelangt war, daß ein derartiger Studiengang in den Geisteswissenschaften an einer Forschungsuniversität eine wichtige Rolle spielen sollte. Zwar führt der Studiengang im Vergleich mit den anderen von der Universität angebotenen Fächern weiterhin ein bescheidenes Dasein, doch sein Ziel lautet nichtsdestoweniger, bei der Ausbildung des Nachwuchses akademische sowie pädagogische Spitzenleistungen zu erbringen. Das Fach nimmt für sich in Anspruch, besonderen Wert auf die Unterrichtung in verschiedenen Methoden der Literaturkritik, auf Literaturgeschichte und auf eine gründliche Kenntnis der Nationalliteraturen zu legen, während gleichzeitig versucht wird, die Lehrinhalte an die Bedürfnisse der einzelnen anzupassen. Diese Anpassung erfolgt durch die intensive Nutzung des Lehrangebots anderer Studiengänge und Abteilungen.

Für gewöhnlich versucht man in der Vergleichenden Literaturwissenschaft an Vanderbilt, Lehrkräfte aus unterschiedlichen Studiengängen zu gewinnen. Es werden viele Kurse angeboten, die sich kaum einer einzelnen Abteilung alleine zuordnen lassen. Die Vergleichende Literaturwissenschaft an Vanderbilt ist nicht einmal als eigene Abteilung mit eigenem Lehrkörper organisiert. Vielmehr besteht der Studiengang hauptsächlich aus den Angeboten der verschiedenen geisteswissenschaftlichen Abteilungen. In den vergangenen Jahrzehnten hat die Komparatistik an vielen amerikanischen Universitäten genau so ihren Anfang genommen — vergleichbar mit der Frauenforschung und den afroamerikanischen Studien. Im Lauf der Zeit erhielt das Fach dann häufig Abteilungsstatus mit eigenem Lehrkörper und Budget.

Das Fach Vergleichende Literaturwissenschaft an Vanderbilt wird von einem Ausschuß geleitet, dem Lehrkräfte aus verschiedenen modernen und klassischen Sprachenabteilungen und der Philosophie angehören. Darunter sind ein Associate Professor für Vergleichende Literaturwissenschaft, eine Professorin für Geisteswissenschaften und Anglistik (die gleichzeitig Direktorin des Programms ist), ein Professor für Französische und Vergleichende Literaturwissenschaft, und ein Professor für Deutsche und Vergleichende Literaturwissenschaft. An Vanderbilt wird die vorwiegend in der Komparatistik tätige Lehrkraft immer zuerst aufgeführt, und die Verwendung des Titels 'Professor für Vergleichende Literaturwissenschaft' muß vom Aufsichtsrat der Universität genehmigt werden.

Zum Kern der Lehrkräfte gehören also der Direktor für Vergleichende Literaturwissenschaft und eine Person, die vorwiegend in der Vergleichenden Literaturwissenschaft tätig ist. Sie kümmern sich vorrangig um ihre Verpflichtungen in der Komparatistik und erst in zweiter Linie um ihre jeweiligen Abteilungen. Zwei weitere Dozenten in der Vergleichenden Literaturwissenschaft ergänzen den Kern der Lehrkräfte. Sie sind hauptsächlich ihrer jeweiligen Abteilung verpflichtet, müssen aber auch ständig ihr Engagement in der Vergleichenden Literaturwissenschaft demonstrieren, um ihre 'doppelte Staatsbürgerschaft' aufrechtzuerhalten. Der Kern der Lehrkräfte wird durch mehrere zusätzliche Kräfte ergänzt, die in unregelmäßigen Abständen an den Studiengang 'verliehen' werden. Dazu sind nur graduierte Studierende zugelassen, hauptsächlich solche, die einen Ph.D.-Grad anstreben. Die Mitglieder des Kerns sind auch für zahlreiche Lehrangebote in den Geisteswissenschaften und auf Undergraduate-Ebene verantwortlich. Viele Undergraduate-Kurse werden von graduierten Studierenden abgehalten, die oft auch als Assistenten mitarbeiten. Von allen graduierten Studierenden wird erwartet, daß sie Erfahrungen im Unterricht einer Fremdsprache sammeln, um die Voraussetzungen für eine spätere Beschäftigung zu verbessern. Ohne diese Qualifikation sind die Anstellungschancen deutlich geringer. Natürlich könnte der Studiengang mit einem größeren Lehrkörper und speziellen Assistentenstellen in den Fremdsprachenabteilungen, die für die Kandidaten der Vergleichenden Literaturwissenschaft reserviert sind, noch mehr erreichen als in seiner jetzigen bescheidenen Form.

Im Fach Vergleichende Literaturwissenschaft an Vanderbilt können der M.A.- und der Ph.D.-Abschluß erworben werden. Für den M.A.-Abschluß werden 30 Stunden belegter Kurse mit 9 Stunden in Vergleichender Literaturwissenschaft und 21 Stunden in Literatur in zwei Fremdsprachen (von denen eine Englisch sein kann) vorausgesetzt. Jedenfalls muß ein passives Verständnis der beiden Fremdsprachen nachgewiesen werden. Für den Ph.D.-Abschluß wird ein Minimum von

54 Stunden vorausgesetzt: 18 Stunden in Vergleichender Literaturwissenschaft und 36 Stunden in einer modernen oder klassischen Sprachenabteilung. Neben den Möglichkeiten für Graduierte bietet die Vergleichende Literaturwissenschaft auch eine Vielzahl von Undergraduate-Kursen unter 'Geisteswissenschaften' (*humanities*) an. Bisher darf die Vergleichende Literaturwissenschaft auf Undergraduate-Ebene noch nicht als Hauptfach gelehrt werden, doch werden derzeit Überlegungen angestellt, diesen Zustand zu ändern. Man verspricht sich davon eine bessere Einbindung von Tendenzen neben den vordergründigen Themen wie Klasse, Geschlecht, Identitätsbildung, ethnischer Zugehörigkeit und nichtwestlicher Traditionen. Die folgende Skizze soll dazu dienen, den derzeitigen Stand des Denkens zu umreißen. Bisher herrscht noch keine völlige Übereinstimmung über den endgültigen Aufbau des vorgeschlagenen Hauptfachs, doch ist man sich einig darüber, daß die Vergleichende Literaturwissenschaft anspruchsvoller sein muß als ein Hauptfach in Englisch. Im Idealfall hätte sie nicht nur eine starke komparative Komponente, sondern auch eine interdisziplinäre. Sie würde also Philosophie und Literatur, Geschichte und Literatur, Anthropologie und Literatur, Naturwissenschaften und Literatur, Frauenforschung, Homosexuellenforschung (*queer studies*), Kulturwissenschaften, Kritiktheorie oder eine ähnliche Kombination vereinen. Im Hauptfach würden mindestens 42 Stunden belegter Kurse verlangt werden (das entspricht 14 Kursen). Dazu wurde die folgende Kursverteilung vorgeschlagen:

(I) 9 Stunden Geisteswissenschaften;

(II) 15 Stunden Auslandsliteratur in der Zielsprache in Kursen der Fortgeschrittenen- oder Graduiertenebene mit mindestens 9 Stunden in derselben Fremdsprache und Literatur;

(III) 6 Stunden Englisch oder übersetzter Literatur, die nicht in den Geisteswissenschaften angeboten werden (um eine Doppelzählung zu verhindern);

(IV) 6 Stunden interdisziplinäre oder fächerübergreifende Kurse;

(V) 3 Stunden in einem Fortgeschrittenenseminar, in dem 'wirklich komparative' Studien von zwei oder mehr Nationalliteraturen durchgeführt werden.

Die letztgenannte Kategorie ist enorm wichtig, um die 'komparative' Triebkraft des vorgeschlagenen Hauptfachs zu unterstreichen. Natürlich müßte die Zahl der Lehrkräfte in der Vergleichenden Literaturwissenschaft deutlich erhöht werden, wenn ein regelmäßiges Fortgeschrittenenseminar angeboten würde, dessen Leiter in der Lage wäre, die einzelnen sprachlichen Interessen in möglichen Hauptfächern abzudecken (Italienisch, Deutsch, Französisch, Japanisch, Griechisch, etc.). Natürlich braucht man drei bis vier Dozenten als Leiter eines derartigen Seminars, um eine Rotation in angemessenen Intervallen und eine kritische Perspektive zu gewährleisten. Ohne ein solches Fach würde man dem neugierigen Studierenden eine wichtige Erfahrung der Synthesebildung vorenthalten. Schließlich wäre es im Hauptfach möglich, wenigstens einige nichtwestliche Traditionen zu berücksichtigen, und es werden Versuche unternommen, Kurse in der literarischen und kulturellen Tradition Indiens, Japans und Chinas einzurichten.

Die Zukunft der Vergleichenden Literaturwissenschaft an Vanderbilt — aber auch auf nationaler Ebene — hängt weitgehend davon ab, ob sich genug Studierende für dieses Hauptfach interessieren, denn die Absolventen der Vergleichenden Literaturwissenschaft werden eines Tages ihren eigenen Arbeitsplatz in solchen erweiterten Studienangeboten finden. Sie können nicht mit Graduierten aus den Abteilungen der Nationalliteraturen konkurrieren, die über ihren eigenen Fachbereich hinaus kulturwissenschaftliche und interdisziplinäre Erfahrungen erworben haben. Es ist also zwingend notwendig, daß die Vergleichende Literaturwissenschaft als Metadiskurs gelehrt und gelernt wird, der eine breite Palette von Erfahrungen und Paradigmen abdeckt, ohne im Hinblick auf die Disziplinen zu 'marginalisiert' oder zu einseitig ausgerichtet zu erscheinen. Das Programm an Vanderbilt versucht, sowohl auf Graduate- wie Undergraduate-Ebene die Komplexität hinter der Vergleichenden Literaturwissenschaft aufzuzeigen. Im Graduiertenstudium werden die Studierenden dazu ermuntert, diese Komplexität zu meistern.

So weit die Skizze der verwaltungstechnischen Aspekte der Vergleichenden Literaturwissenschaft an Vanderbilt. Da sich das Programm ständig weiterentwickelt, achtet man besonders auf die Debatten, die über die Zukunft des Fachs geführt werden, und reagiert sehr sensibel auf die gestaltenden Kräfte in den Geisteswissenschaften insgesamt. Im folgenden beschreiben wir unsere Sichtweise des aktuellen Zustands und der Zukunftsaussichten der Vergleichenden Literaturwissenschaft in den USA am Beispiel des Vanderbilt-Modells.

II. Allgemeiner Zustand und Zukunftsaussichten der Vergleichenden Literaturwissenschaft

Das offizielle Organ der *Modern Language Association of America* (*MLA*) *Profession 89* untersuchte in einer Reihe von Beiträgen von Barbara Herrnstein Smith, Dominick LaCapra, Susan Stewart und Stanley Fish die Einflüsse, denen die Literaturwissenschaft Ende des 20. Jahrhunderts ausgesetzt ist. Das Heft stand unter dem Motto „Aufbruch, Ausbruch, Zusammenbruch — die Grenzen der Literaturwissenschaft" (*Breaking Up/Out/Down — The Boundaries of Literary Study*).[1] *Profession 92* wartete mit Überlegungen über die aktuellen 'Diskurse der Wahrheit' mit Positionspapieren von Kritikern wie Mario J. Valdés, Raymond Williams, Nancy Miller und Hayden White auf. Henry Louis Gates, Jr. lieferte einen Beitrag über den „Pluralismus und seine Unzulänglichkeiten".[2] Diese Anzeichen dafür, daß es im Getriebe der literaturwissenschaftlichen Felder knirscht, mündeten in einen kollektiven Notruf wegen der immer schlechteren Beschäftigungsaussichten für Literaturkritiker und -historiker und der wachsenden Kluft zwischen Graduiertenprogrammen und der Realität des Arbeitsmarkts.[3] Und das ist nur die Spitze des Eisbergs.

---

1 *Profession 89*. Hg. Phyllis Franklin. New York 1989.

2 *Profession 92*. Hg. Phyllis Franklin. New York 1992.

3 Siehe z.B. *Profession 94*. Hg. Phyllis Franklin. New York 1994, sowie das *Bulletin of the American Departments of Foreign Languages* 27. 3 (1996). Das *ADFL*-Bulletin ist das offizielle Organ der Fremdsprachenabteilungen in Nordamerika.

Die schlechte Seite daran ist die, daß sich die Vergleichende Literaturwissenschaft in den Vereinigten Staaten in einer Krise befindet. Sowohl das Bulletin der *International Comparative Literature Association* (*ICLA*) als auch das Bulletin der *American Comparative Literature Association* (*ACLA*) berichten regelmäßig über deren Ausmaße. Der sog. Bernheimer Bericht vom Mai 1993 bestätigte den Ernst der offiziellen Reaktion auf diese Krise und zeichnete den Weg in die Zukunft.[4] Das zentrale Identitätsmerkmal der Komparatistik, die vergleichende Analyse der Nationalliteraturen, ihrer Leitmotive, Themen und Persönlichkeiten, ist bedroht, weil der Aufstieg der interdisziplinären und Kulturwissenschaften ihr neue Konkurrenz bietet. Unter demselben Druck stehen die Abteilungen für Nationalliteraturen. Alle sehen sich gezwungen, sich in unterschiedlicher Weise neu zu ordnen, um auch im 21. Jahrhundert als akademische Einheit lebensfähig zu sein. Zur schlechten Seite gehört es auch, daß die eurozentrischen Abteilungen für Nationalliteraturen in ihren kritischen Ansätzen und ihren Grundlagen den Studiengängen der Vergleichenden Literaturwissenschaft immer ähnlicher werden. So haben die Kulturwissenschaften in starkem Maße dazu beigetragen, daß der Westen das asiatische und karibische Erbe besser würdigte. Aber trotzdem würde nicht jeder zustimmen, daß es in der Vergleichenden Literaturwissenschaft oder in den Abteilungen der Nationalliteraturen wirklich eine Krise gibt. Die graduierten Studierenden, die sich auf dem Arbeitsmarkt umsehen, haben allerdings ein ausgesprochen klares Bewußtsein dessen, was vor sich geht. Ihre Chancen sind minimal, wenn sie nicht entweder Kritiktheorie, Kulturwissenschaften oder eine interdisziplinäre Ausrichtung vorweisen und neben Englisch noch in anderen Sprachen unterrichten können. Hinzu kommt noch die antiintellektuelle Stimmung in der amerikanischen Gesellschaft.

Wie schon erwähnt, bereichert die Vergleichende Literaturwissenschaft die intellektuelle Kraft der Geisteswissenschaften an Vanderbilt in entscheidendem Maße. Die Vergleichende Literaturwissenschaft sollte an jeder respektablen Universität fruchtbar sein, denn sie ist das Bindeglied zwischen vielen unterschiedlichen Diskursen. Trotzdem herrscht noch das Mißverständnis vor, daß die Vergleichende Literaturwissenschaft in Konkurrenz zu anderen Programmen und Abteilungen in den Geistes- und Sozialwissenschaften stehe, mit denen es Überschneidungen gebe. Grabenkriege flammen immer wieder auf. Im wesentlichen jedoch stellt die Vergleichende Literaturwissenschaft eine Verstärkung der einzelnen Disziplinen dar. Institutionelle Probleme treten dort auf, wo Kollegen und Administratoren nicht erkennen, daß die Vergleichende Literaturwissenschaft einen Metadiskurs enthält, der über die einzelnen Diskurse der Disziplinen hinausgeht und sie zusammenführt. Aus diesem Grund entzieht sich die Vergleichende Literaturwissenschaft einer klaren Definition, obwohl die Universität, die als Taxonomie des Wissens organisiert ist, von ihren Disziplinen in der Regel klare Definitionen fordert. Aus diesem Grund ist es besonders wahrscheinlich, daß sie allen möglichen nicht ein-

[4] Charles Bernheimer et al.: „A Report to the ACLA. Comparative Literature at the Turn of the Century". In: *Bulletin of the American Comparative Literature Association* 25. 1 (1994), 14-22. Vgl. das *ACLA*-Bulletin 27. 2 (1996), dessen Beiträge den Bernheimer-Bericht diskutieren.

zuordnenden intellektuellen Projekten und Ansätzen eine Heimat bietet. Sie wird zu einem symbolischen Ausdruck des zeitgenössischen Geistes, der sich allen reduzierenden Klassifikationen entzieht, selbst wenn damit die Chance auf eine kohärente Systematisierung verspielt wird. Da verwundert es nicht, wenn es manchen Administratoren und Kollegen tatsächlich schwerfällt, das eigentlich Charakteristische an diesem Programm zu verstehen. Das offensichtlichste Merkmal der Vergleichenden Literaturwissenschaft ist nämlich gerade ihre Offenheit für eine undefinierbare und unvorhersehbare Bandbreite von Anwendungen und Anpassungen. Da man die Grenzen des 'Geschriebenen' kaum beschreiben kann, ist das Konzept der Literatur selbst unbestimmt. So ist es wenig überraschend, wenn die Rolle der Vergleichenden Literaturwissenschaft, die an der Universität am deutlichsten wahrgenommen wird, die eines Jokers ist. Dies liegt an der zwangsläufigen Unvollständigkeit und radikalen Unbestimmtheit des Prozesses der Abgrenzung zwischen Disziplinen. Das Beiwort 'vergleichend' scheint zugegebenermaßen zu implizieren, daß dieses Fach als eine Art Kombination zu verstehen ist, die sich aus anderen Elementen aus der Gesamtheit der Studiengänge und Abteilungen einer Universität zusammensetzt. So sind die naheliegenden Definitionen im Sinne von Überschneidungen nationaler und linguistischer Grenzen der verschiedenen Abteilungen zu erklären, die sich einzelnen Literaturen, Sprachen und Kulturen widmen.

So bietet auch die Interdisziplinarität — die Zusammenführung der Literatur im engen, kanonischen Sinne mit Texten und Modellen anderer Disziplinen, wie der Philosophie, Psychologie, Anthropologie, der schönen Künste, Theologie oder sogar der Physik und Mikrobiologie — eine Möglichkeit, die Vergleichende Literaturwissenschaft als eine Kombination von Elementen zu definieren. In diesem Sinne könnte man die Vergleichende Literaturwissenschaft ganz allgemein als eine Disziplin beschreiben, in der man 'mit mehr als einer Literatur umgeht.' Seit Nietzsches radikaler Epistemologie ist es üblich geworden, von verschiedenen Codes als Texten unterschiedlicher Art zu sprechen. Der Vergleich des 'Texts' der Wellen-Partikel- Kontroverse in der Nuklearphysik, des Zeitkontinuums in der Astrophysik, der autopoietischen Erzeugung von DNS-Strängen, der nonlinearen neuralen Netzwerke oder des Aufstiegs und Niedergangs von Zivilisationen mit traditionellen literarischen oder philosophischen Texten stellt ein legitimes Anliegen auf der Suche der Komparatisten nach Wissen und Ästhetikverständnis dar. Auf den Druck dieser Einflüsse ist es zurückzuführen, daß die Vergleichende Literaturwissenschaft kaum auf einen begrenzten Bereich des akademischen Spektrums reduziert werden kann. Vielmehr tritt sie auf der gesamten Bandbreite, vor allem in den Sozial- und Geisteswissenschaften, in Erscheinung. So könnte man sagen, daß die Vergleichende Literaturwissenschaft — wenn auch nicht zwangsläufig unter diesem Namen —, sogar innerhalb der einzelnen akademischen Abteilungen und Disziplinen betrieben werden kann, während diese auf eine sich verändernde Welt reagieren und sich fast ohne Verzögerung an zunehmend multi-ethnische und multikulturelle Studentenschaften anpassen.

In den Vereinigten Staaten wurden bisher viele neue Trends den Abteilungen der Vergleichenden Literaturwissenschaft und Organisationen wie der *American Com-*

parative Literature Association (*ACLA*) zugeordnet. Das Fach begünstigt die ständige neue Entstehung von neuen Identitäten in der Literatur- und Kulturkritik, wie an Strömungen wie dem Dekonstruktivismus, dem neuen Historizismus, der Postkolonialismusforschung, dem Feminismus, der Psychoanalyse, der Semiotik, der Kritik der Ideologien und in der jüngsten Vergangenheit an den Kulturwissenschaften und der nichtlinearen Dynamik deutlich wird. All diese kritischen Ansätze werden bei ihrer Anwendung auf die Literatur für gewöhnlich mit dem Etikett 'theoretisch' versehen. Aber das Interesse an der Literaturtheorie ist wahrscheinlich der gemeinsame Nenner von Wissenschaftlern und Studierenden geworden, die in den Programmen und Abteilungen der Vergleichenden Literaturwissenschaft arbeiten. Andererseits sind eine große Anzahl der führenden Kritiker und Theoretiker der Kulturwissenschaften in den Fachbereichen Anglistik und Philosophie beheimatet. Diese Tatsache wiederum wirkt der Herausbildung einer fest umrissenen akademischen Einheit, die sich der Vergleichenden Literaturwissenschaft widmet, entgegen. Das trifft an Vanderbilt auf Personen zu wie Jay Clayton (Anglistik), Margaret Doody (Anglistik), Jay Bernstein (Philosophie) und David Wood (Philosophie), die in den vergangenen Jahren Kurse zur Kritischen Theorie beigetragen haben. Vanderbilt stellt in dieser Hinsicht keine Ausnahme dar.

Die theoretische Reflektion über Literatur in ihren verschiedenen Erscheinungsformen sowie die Infragestellung traditioneller Annahmen der Literaturkritik wird in der Vergleichenden Literaturwissenschaft durch den Mangel an einem definierten Korpus wie 'französische Literatur' und spezifischen kritischen Methoden und Verfahren wie *explication de texte* enorm gefördert. Aber da es in jeder Disziplin Projekte gibt, die nationale und linguistische Grenzen sowie die Grenzen der Gattung und Epochen herausfordern und methodologische Paradigmen erneuern, führt die Vergleichende Literaturwissenschaft fast überall dort, wo Literatur studiert wird, eine nicht klar abgegrenzte, allgegenwärtige Existenz. So kommt es, daß die wichtigste Rolle der Vergleichenden Literaturwissenschaft häufig die eines Katalysators zwischen den verschiedenen Disziplinen und Abteilungen der Universität ist. Trotzdem dürfte es auf der Hand liegen, daß ein Kurs über das 'Theater in der Weltliteratur' eher in ein Programm der Vergleichenden Literaturwissenschaft als in eine Abteilung für eine Nationalliteratur gehört. Was man mit einem Philosophiekurs über Ästhetiktheorie von Kant bis Hegel oder Nietzsches Philosophie als Literatur anfängt, ist nun tatsächlich eine komplizierte Angelegenheit. Die Ästhetik ist eindeutig eine Angelegenheit der Philosophen, so wie auch die eindeutig literarische Qualität der aphoristischen Philosophie Nietzsches, aber beide sind auch Gegenstand literaturwissenschaftlicher Interessen. Eine Möglichkeit, um diese Schwierigkeit zu bewältigen, besteht darin, diese Kurse auch in der Vergleichenden Literaturwissenschaft zu ungunsten der Philosophie anzubieten, womit weder der Vorrang noch die Legitimität der Vergleichenden Literaturwissenschaft herausgestrichen werden. Man kann (und sollte vielleicht) dafür plädieren, das Kursangebot in der Vergleichenden Literaturwissenschaft um einen Ästhetikkurs zu bereichern, den ein Philosoph abhält, oder einen Kurs über die Foucaultsche Archäologie des Wissens, für den ein Historiker verantwortlich ist, auch wenn Philosophen und Historiker ihre Fragen anders als Literaturkritiker stellen. Entscheidend scheint die Annäherung an den Text sowie der tatsächliche Inhalt des Textes. Beide Faktoren müssen bei der Entscheidung berücksichtigt werden, was (hauptsächlich) zur Vergleichenden Literaturwissenschaft gehört.

Der Einführungskurs für graduierte Studierende, die an Vanderbilt ein Doktorandenprogramm beginnen, heißt 'Anwendung und Herausbildung der Literaturtheorien'. In den 90er Jahren betrachtete man, wie schon im vorangegangenen Jahrzehnt, einen 'Theorie'-Kurs unter dem Aspekt der Berufsausbildung als unvermeidliche Weihe für dieses Studienfach. Für Vanderbilt ist es charakteristisch, daß man sich in der Vergleichenden Literaturwissenschaft weigert, die nackten theoretischen Paradigmen zu lehren (dieses Wissen kann man sich ohne weiteres in den Abteilungen Philosophie und Anglistik aneignen). Das Vanderbilt-Modell vermeidet die Präsentation von Literaturtheorien als eine Litanei von 'Ismen' und untersucht lieber, wie sich theoretische Fragen aus den literarischen Werken ergeben und diese wieder beeinflussen. Die 'Literatur' wird so vielfältig wie nur möglich vorgestellt. So wurden schon religiöse Werke wie Augustinus' *Confessiones* oder Theresia von Avilas *Castillo interior*, anthropologische Texte von Lévi-Strauss, psychoanalytische Meditationen von Jung und zahlreiche andere Textsorten, die unbegrenzten Stoff für die literaturwissenschaftliche Theoriebildung liefern, behandelt. Neben derartigen Werken werden auch anerkannte Klassiker der Literaturtheorie von Barthes und Bachtin, Derrida und Kristeva, Benjamin und Boccaccio gelesen. Aber selbst die bewußt ausgewählten theoretischen Werke in diesem Zusammenhang erweisen sich als literarische Bemühungen, wobei das Attribut 'literarisch' undefiniert bleibt und eher dazu dient, eine Einengung auf schon vorhandene Systeme zu verhindern. Der Kurs wird im übrigen von einem Team geleitet, in der Regel von zwei Mitgliedern des Kerns der Lehrkräfte, was zwangsläufig eine dialektische Auseinandersetzung in die Diskussionen einbringt.

Diese Offenheit gegenüber der Domäne des 'Literarischen' zeigt sich auch in anderen wichtigen Kursen in der Vergleichenden Literaturwissenschaft, etwa im eher traditionellen CLT 313: 'Literarische Analyse — ein formalistischer Ansatz', oder im innovativeren CLT 315: 'Wissenschaft und Literatur — Kreativität und Metapher', oder in CLT 318: 'Die Grenzen der Gattung'. Während im erstgenannten Kurs ein formalistischer Ansatz für die Analyse von Theaterstücken, Romanen und Gedichten gewählt wird, untersuchen die letztgenannten beiden Kurse die kreative Wiedergabe innovativer Rekonfigurationen in wissenschaftlichen und literarischen Texten sowie den Begriff des Literarischen in nicht-kanonischen Formen des Schreibens. Die Beschäftigung mit Epochen, Gattungen und Motiven sorgt auf eher traditionelle Weise für eine Breite des Angebots (so gibt es Kurse über die Aufklärung, den Realismus, Nietzsches Einfluß auf die Literatur, den Don Juan-Mythos oder den Humor in der Rennaissance). Und natürlich zeigt sich die Rolle der Theorie auch deutlich in den Kursen über Hermeneutik, Modernismus und die kontinentale Philosophie.

Insgesamt wird die Literatur als offen für die Theoriebildung, aber nicht von ihr beherrschbar betrachtet, was in der Tat eine neue Perspektive dieses Fachs darstellt.

Diese Orientierung wird nicht nur konkret im Kursangebot sichtbar, sondern sie manifestiert sich auch in der Forschungsarbeit der Lehrkräfte in der Vergleichenden Literaturwissenschaft an Vanderbilt. Dazu gehört etwa eine wichtige neue Interpretation, die den Roman nicht innerhalb enger historischer Grenzen als eine im 18. Jahrhundert entstandene Gattung betrachtet — eine Sichtweise, die gerne von englischen Romanhistorikern verbreitet wird —, sondern sie bezieht die Antike und den Orient ein, wobei einige ihrer Höhepunkte in den Erzählungen der hellenistischen Zeit und im chinesischen Mittelalter gesehen werden. Diese revisionistische Atmosphäre an Vanderbilt fördert die Beschäftigung mit literarischen Randerscheinungen wie dem Essay, dessen Theorie aus einer Habermas-Perspektive umgeschrieben wurde. Das Verfassen von Essays wird als die Suche nach immer neuen Möglichkeiten der Konsensfindung dargestellt und durch eine Orientierung auf die Leserrezeption beeinflußt, mit der eine Dialektik des Verstehens gefördert werden soll.

Aus dieser neuen Umgebung und Orientierung ist auch eine Deutung der *Göttlichen Komödie* durch die Augen der hermeneutischen Revolution des 20. Jahrhunderts entstanden, die auf der Basis von Dantes mittelalterlicher theologischer Sichtweise und der poetisch-interpretierenden Praxis umgekehrt wieder Heidegger und Gadamer und bestimmte inhärente Grenzen des modernen hermeneutischen Horizonts kritisiert. Der Dialog mit den neuen Entwicklungen in den Naturwissenschaften wie etwa der Komplexitäts-, Katastrophen- und Chaostheorie hat die Lehre und Forschung in der Vergleichenden Literaturwissenschaft an Vanderbilt ebenfalls beeinflußt.

Nietzsches Ermahnung, die Polarität zwischen Gut und Böse zu überwinden, beweist, wie es dem Studiengang gelingt, Grenzen zu überschreiten. Zur Zeit untersucht ein Doktorand in seiner Dissertation den Ursprung der Science Fiction-Literatur, den er in Reaktionen der Rennaissance auf das Entstehen der neuzeitlichen Naturwissenschaften ansiedelt. Gerade das letztgenannte Unterfangen erinnert an die Anfänge der Vergleichenden Literaturwissenschaft an Vanderbilt in den 70er und 80er Jahren unter Leitung von Hans Joachim Schulz, dessen Forschungsschwerpunkte auf der Science Fiction sowie der marxistischen Theorie und den deutsch-amerikanischen kulturellen Beziehungen lagen.

In Amerika ist man mehr als anderswo grundsätzlich bereit zu 'erneuern'. Diese innovative Energie hat die Entwicklung und Gestaltung der Vergleichenden Literaturwissenschaft an Vanderbilt entscheidend beeinflußt. Gleichzeitig bezogen Wissenschaftler in der Vergleichenden Literaturwissenschaft an Vanderbilt wie in den gesamten USA viele ihrer wichtigsten Anregungen aus der klassischen philosophischen und kritischen Tradition, vor allem der kontinentalen. Zweifellos hat die philosophische Literaturkritik einige ihrer großartigsten Höhepunkte in der Vergleichenden Literaturwissenschaft in Amerika gefunden. An Vanderbilt wurden die kontinentale Philosophie und ihre Sichtweise der Literatur von Anfang an grundlegend mit den Inhalten der Vergleichenden Literaturwissenschaft verknüpft. Eine starke Philosophie-Abteilung mit Schwerpunkt auf kontinentalen Strömungen und dem poststrukturalistischen Denken hat die Vergleichende Literaturwissenschaft begleitet und ihr für viele Jahre ihr typisches Erscheinungsbild gegeben.

Diese Schlüsselrolle der Philosophie, vor allem derjenigen französischen und deutschen Ursprungs, ist aber nicht unumstritten. Oft genug begegnet man typisch amerikanischen Versuchen, aus diesem Rahmen und aus der akademischen Tradition des 'Denkens' insgesamt auszubrechen. Die Kulturwissenschaften stellen in nicht geringem Ausmaß einen solchen Versuch dar, auch wenn sie eigentlich durch marxistisches Gedankengut inspiriert werden, wie es etwa Raymond Williams propagiert. Im vergangenen Jahr formulierte die Jahreskonferenz der *ACLA* diese Polarität so: 'Literatur zwischen Philosophie und Kulturwissenschaften'. Dies ist nun derzeit in den Vereinigten Staaten die am heißesten umstrittene Frage im Kampf um die Identität der Vergleichenden Literaturwissenschaft. Hier tritt die Trennlinie zwischen vielleicht unvereinbaren literaturwissenschaftlichen Ansätzen unter den Komparatisten in den Vordergrund. Soll die theoretische Reflektion über Literatur und Kritik als eine Art des 'Denkens' fortgesetzt werden, so wie es in der Vergangenheit der Fall war, oder sollte genau dieses vererbte Konzept abgeschafft werden, um kulturelle Schaffenskräfte in einer neuen demokratischen Umgebung ohne hierarchische Beschränkungen freizusetzen, und um die allgemeinen kulturellen Schaffenskräfte diesen Beschränkungen zum Trotz anzuerkennen?[5]

Die Tatsache, daß die unterschiedlichen Meinungen zu dieser Frage immer noch unter dem gemeinsamen Dach der Vergleichenden Literaturwissenschaft an Vanderbilt wie auch an anderen Universitäten in den Vereinigten Staaten bestehen, deutet darauf hin, daß es sich hier um eine falsche Dichotomie handeln könnte. Dann wäre der gemeinsame Nenner aller Komparatisten, der die Basis ihrer Auseinandersetzungen schafft, bisher noch von niemandem adäquat definiert worden. Auf jeden Fall kann jede erkennbar alte Denkweise auch mit neuen Augen betrachtet werden. In der Tat ist die Infragestellung der Tradition und des Kanons so alt wie die Tradition selbst, und diese Skepsis ist unabdingbare Voraussetzung für ihre Pflege. Daß die Vergleichende Literaturwissenschaft die radikalsten Tendenzen einschließt, um sich die kulturelle und kritische Tradition anzueignen und sie gleichzeitig zu verlassen, vermittelt eine Vorstellung davon, welch gewaltige Aufgabe sie erfüllt und aus welch breiter Palette von Möglichkeiten sie dabei schöpfen kann.

Dies ändert jedoch nichts an dem Problem, daß dieser kritische und hinterfragende Standpunkt nicht nur in der Vergleichenden Literaturwissenschaft 'zu Hause' ist, sondern in allen geisteswissenschaftlichen — und sogar naturwissenschaftlichen — Disziplinen. Der schnelle Aufstieg der *Society for Literature and Science* (die derzeit keine Hauptstütze der Abteilungen für Vergleichende Literaturwissenschaft ist), ist ein Zeichen für die starken Kräfte, die heute in intellektuellen Kreisen am Werk sind und die Vergleichende Literaturwissenschaft eher von außen als von innen bereichern. Die Tatsache, daß sich Englischabteilungen in den vergangenen Jahren so eifrig den Kulturwissenschaften zugewandt haben, und die Franzö-

---

[5] Vgl. Bernheimer: „A Report to the ACLA" (= Anm. 4), 16-17.

sisch-, Spanisch- und Deutschabteilungen sich auf eigenes Betreiben in Abteilungen für Französisch-, Spanisch- und Deutsch-*Studien* (z.B: 'German Studies') verwandelt haben, ist ein weiteres Zeichen dafür, daß die Identität der Vergleichenden Literaturwissenschaft, die einen einzigartigen Ansatz verfolgt und einen klar umrissenen, für ihren ausschließlichen Gebrauch reservierten 'Text'-Korpus hat, keineswegs unveränderlich ist.

Die Zukunft der Vergleichenden Literaturwissenschaft in den USA ist weniger bedroht als die Zukunft etwa der Germanistik, da sie kultur- und fächerübergreifende Impulse in ihr eigenes Gefüge der Fragestellungen absorbiert und dadurch eine breite intellektuelle Anziehungskraft garantiert.[6] Als eine Art Metadiskurs setzt die Vergleichende Literaturwissenschaft nicht-komparative Bereiche zu ihren eigenen Versuchen in Beziehung und versucht, ansonsten kakophone Stimmen in Einklang zu bringen. Es überrascht denn auch nicht, daß sie eher am Rand und nicht im Zentrum einer Disziplin beheimatet ist — dort, wo sie sowohl nach außen wie nach innen blicken kann. Um Mißverständnissen vorzubeugen: Die Kulturwissenschaften werden vielleicht am besten in den Sprachenabteilungen betrieben, wo man über eine eindeutige Kenntnis der jeweiligen Sprache verfügt, einen klaren Schwerpunkt auf ein spezifiziertes Phänomen legt, das diachron und synchron in allen Variationen verfolgt werden kann, und — das ist am wichtigsten — wo all dies in der Zielsprache geschieht. Aber diese Stärke ist gleichzeitig auch eine Schwäche. Ein guter Komparatist, der zwei oder drei Sprachen beherrscht, kann die Kulturwissenschaften mit größerem Nachdruck verfolgen als sein Kollege in der Englisch-Abteilung, der in der Einsprachigkeit gefangen ist. Während die Paradigmen wissenschaftlicher Revolutionen und die Kreativität in den physischen und mentalen Welten den Geisteswissenschaftlern spannende Chancen bieten, trifft man selten einen Geisteswissenschaftler, der im wissenschaftlichen Diskurs mehr als ein Dilettant wäre. Die Vergleichende Literaturwissenschaft ist an Vanderbilt ebenso wie landesweit eine Art beweglicher Zielscheibe: Sie wird nicht einfach als ein *modus operandi* oder ein ausgewählter Textkorpus oder bestimmtes Sprachenmedium definiert, sondern die Definition ergibt sich aus der Abstimmung von Prozeß und Inhalt bei der Konstruktion von Sinn.

---

[6] Siehe Gerald Gillespie: "The Graduate Curriculum: Notes on What's Right /Wrong with It". In: *The Future of Germanistik in the USA: Changing our Prospects.* Hg. John A. McCarthy, Katrin Schneider. Nashville 1996, 91-98.

Die Autorinnen und Autoren

Claudia Brodsky Lacour, Professorin für Vergleichende Literaturwissenschaft am Department of Comparative Literature an der Princeton University in New Jersey

William Franke, Associate Professor für Italienisch und Komparatistik an der Vanderbilt University in Nashville, TN

Peter Gendolla, Professor für Literatur, Kunst, Neue Medien und Technologie (LiKuMed) an der Gesamthochschule-Universität Siegen

Horst Albert Glaser, Professor für Allgemeine und Vergleichende Literaturwissenschaft an der Gesamthochschule-Universität Essen

Ursula Link-Heer, Professorin für Allgemeine und Vergleichende Literaturwissenschaft an der Universität Bayreuth

John McCarthy, Professor für Deutsch und Komparatistik an der Vanderbilt University in Nashville, TN, Direktor der Graduate Studies am Department of Germanic and Slavic Languages.

Karl Riha, Professor für Germanistik und Allgemeine Literaturwissenschaft an der Gesamthochschule-Universität Siegen

Volker Roloff, Professor für Romanische Literaturwissenschaft mit bes. Berücksichtigung der Hispanistik an der Gesamthochschule-Universität Siegen, Sprecher des Siegener Graduiertenkollegs 'Intermedialität'

K. Ludwig Pfeiffer, Professor für Anglistik/Literaturwissenschaft an der Gesamthochschule-Universität Siegen

Siegfried J. Schmidt, Professor für Publizistik und Kommunikationswissenschaft an der Westfälischen Wilhelms-Universität Münster

Carsten Zelle, Hochschuldozent für Neuere Deutsche Literaturwissenschaft und Allgemeine Literaturwissenschaft an der Gesamthochschule-Universität Siegen

Peter V. Zima, Professor für Vergleichende Literaturwissenschaft an der Universität Klagenfurt

Made in the USA
Las Vegas, NV
06 November 2024